Friedrich Ewert

Themenzentrierte Interaktion (TZI) und pädagogische Professionalität von Lehrerinnen und Lehrern

Erfahrungen und Reflexionen

Mit einem Geleitwort von
Prof. Dr. Barbara Friebertshäuser

VS RESEARCH

Bibliografische Information Der Deutschen Nationalbibliothek
Die Deutsche Nationalbibliothek verzeichnet diese Publikation in der
Deutschen Nationalbibliografie; detaillierte bibliografische Daten sind im Internet über
<http://dnb.d-nb.de> abrufbar.

Dissertation Johann-Wolfgang-Goethe-Universität Frankfurt am Main, 2007

1. Auflage 2008

Alle Rechte vorbehalten
© Deutscher Universitäts-Verlag und VS Verlag für Sozialwissenschaften |
GWV Fachverlage GmbH, Wiesbaden 2008

Lektorat: Christina M. Brian / Ingrid Walther

Der Deutsche Universitäts-Verlag und der VS Verlag für Sozialwissenschaften sind Unternehmen
von Springer Science+Business Media.
www.duv.de
www.vs-verlag.de

Umschlaggestaltung: KünkelLopka Medienentwicklung, Heidelberg
Satz: D.A.S.-Büro Schulz, Zülpich
Gedruckt auf säurefreiem und chlorfrei gebleichtem Papier
Printed in Germany

ISBN 978-3-8350-7010-3

Geleitwort

Lehrerinnen und Lehrer mit ihren Qualifikationen und Defiziten stehen gegenwärtig im Fokus öffentlicher und disziplinärer Debatten. Zur Diskussion stehen in diesem Zusammenhang auch Konzepte der Aus- und Weiterbildung zur Stärkung der pädagogischen Professionalität. Angestrebt ist dabei eine Professionalität, welche über die Vermittlung von Fachwissen hinaus auch die Freude am Lernen weckt und Schülerinnen und Schüler in allen Aspekten ihrer Persönlichkeit optimal wahrzunehmen und zu fördern vermag.

Es fällt jedoch auf, dass selten bereits vorliegende Konzepte geprüft werden und zudem die Lehrerinnen und Lehrer mit ihren Erfahrungen selbst kaum zu Wort kommen. Dieses Forschungsdesiderat bildet den Ausgangspunkt der vorliegenden empirischen Studie, die untersucht, inwieweit die Themenzentrierte Interaktion (TZI) ein hilfreiches Konzept sei, um zu einem höheren Grad an pädagogischer Professionalisierung zu gelangen.

Themenzentrierte Interaktion (TZI) ist eine Methode der Gruppenarbeit, die auf Gedanken der Psychoanalyse und der Humanistischen Psychologie basiert und von Ruth Cohn seit Mitte der 1950er Jahre zunächst in den USA entwickelt wurde und sich inzwischen besonders im pädagogischen und therapeutischen Bereich in Europa verbreitet hat. Ziel dieses Ansatzes ist die Förderung ganzheitlicher Arbeits- und Lernprozesse, wobei die persönlichen Erfahrungen der Individuen, das Thema bzw. die zu verhandelnde „Sache" und die Interaktionen in der Gruppe im Kontext der gegebenen Rahmenbedingungen als gleichwertig beachtet werden und in eine Balance zueinander zu bringen sind. TZI will lebendiges Lernen ermöglichen und die persönliche Entwicklung aller an einem Prozess Beteiligten fördern. Das Konzept wird seit einigen Jahrzehnten auch für die Schule sowie außerschulische Formen des Unterrichts (etwa die Hochschulausbildung) nutzbar gemacht.

Friedrich Ewert fragt in seiner Studie nach den Merkmalen pädagogischer Professionalität und nutzt das Habituskonzept von Pierre Bourdieu, um zu den generativen Schemata des untersuchten Feldes zu gelangen. Er hat 18 narrative Interviews mit Lehrerinnen und Lehrern geführt, die in Institutionen von der Sonderschule bis zur Universität tätig sind und TZI praktizieren. Der Zugang zu diesem Feld wurde dadurch erleichtert, dass der Autor selbst in TZI ausgebildet ist und dieses Konzept in seiner eigenen Lehrtätigkeit an einem Gymnasium praktiziert hat. Untersucht wird, welche Voraussetzungen, Rahmenbedingungen und Schwierigkeiten bei der Umsetzung von TZI zu beachten sind und welchen konkreten Einfluss das Konzept auf die pädagogische Professionalität nimmt. Merkmale eines pädagogischen Habitus von Lehrerinnen und Lehrern, in den die Vorgaben des TZI-Feldes eingegangen sind, werden herausgearbeitet. Dazu gehören im Kern: das Handlungsmuster der Arbeit mit Gruppen, ethische Haltungen wie Schülerzentriertheit, Echtheit, Wertschätzung von Verschiedenheit, Suche nach Spielräumen für Innovationen und nicht zuletzt die Selbstreflexion. Die Erkenntnisse der Fachkultur-Forschung dienen dazu, den in hochschulischen und beruflichen Sozialisationsprozessen erworbenen fachspezifischen Habitus der Befragten analytisch zu erfassen. Das im Feld der TZI akkumulierte kulturelle und soziale Kapital wird für die betreffenden Lehrerinnen und Lehrer zur Ressource. Dennoch gibt es auch Passungsprobleme zwischen einer komplexen schulischen Berufskultur und dem Konzept der TZI, unter denen die befragten Lehrkräfte zum Teil leiden.

Entstanden ist auf diesem Weg eine interessante und anregende Studie, die Einblicke in die schulische Welt, in Bildungs- und Ausbildungsprozesse von Lehrenden vermittelt und anschaulich macht, wie die TZI in den beruflichen Alltag integriert werden kann und sich zur Lösung bestimmter in der Lehrtätigkeit auftretender Probleme als geeignet erweist.

Die Studie liefert Antworten auf die Frage, wie durch das professionelle Handeln im Rahmen der TZI das Lernen für Lehrende und Lernende zur Freude werden kann, indem ein persönlicher Bezug zum Lehrstoff, zur sozialen Gruppe insgesamt sowie zu jedem einzelnen Gruppenmitglied hergestellt und dabei zugleich der institutionelle Rahmen von Schule mit ihren Anforderungen an Lehrende und Lernende berücksichtigt wird. Auf der Basis biographisch orientierter Interviews gewinnen wir Einblicke in das Leben, Denken und professionelle Handeln von Lehrerinnen und Lehrern, die mit TZI in unterschiedlichen Kontexten gearbeitet haben. Das Konzept der Themenzentrierten Interaktion erweist sich dabei als ein wichtiger Baustein, um im Rahmen der Lehreraus- und -weiterbildung die pädagogische Professionalität von Lehrenden zu fördern. Mit diesem Ergebnis stellt die vorliegende Studie einen wertvollen und anregenden Diskussionsbeitrag dar, dem in der gegenwärtigen Professionalisierungsdebatte in der Lehrerbildung eine breite Leserschaft zu wünschen ist.

Barbara Friebertshäuser

Vorwort

Leben in und mit Gruppen war ein Thema meines Lebens und wird nun nach meiner Lehrerlaufbahn noch einmal ein zentrales Thema einer wissenschaftlichen Untersuchung.

In einer Familie mit vier Kindern aufgewachsen, war ich später längere Zeit in Jugendgruppen teilnehmend und leitend tätig. In meinem Beruf als Lehrer mit den Fächern Latein, Sozialwissenschaften, Sport bereitete mir nicht nur die Vermittlung von Wissen Freude, sondern auch das Anteilnehmen an der Entwicklung der Kinder und Jugendlichen und gemeinsame Aktionen mit ihnen in Klassen- und Studienfahrten.

Als Lehrer nahm ich regelmäßig an Fortbildungsmaßnahmen teil, die sowohl meine Fächer betrafen als auch zu allgemein pädagogischen und Wissen erweiternden Gebieten gehörten, wie sie im Kontaktstudium (SCHEURL), in Funkkollegs (Erziehungswissenschaft, Pädagogische Psychologie, Beratung in der Erziehung u. a. m.) und in staatlichen Veranstaltungen zur Lehrerfortbildung angeboten wurden.

1984 nahm ich im Rahmen dieser Aktivitäten an einem Seminar der Themenzentrierten Interaktion (TZI) mit dem Thema „Leben – Lernen – Leiten" teil, das einerseits mir vertraute und von mir bereits praktizierte Verhaltensweisen vermittelte, andererseits aber auch neue Dimensionen für mich und meine berufliche Arbeit eröffnete. Besonders wertvoll wurden mir der Gedanke und das Erlebnis der Balance, die in einer allmählichen Verinnerlichung mich und andere in Zukunft vor Überforderung besser schützen sollten.

Nach einer weiteren TZI-Ausbildung bis zum TZI-Diplom war ich nebenberuflich in der Lehrerfortbildung, besonders in der gemeinsamen Ausbildung von Schülervertretern und Verbindungslehrern, in der Vermittlung von TZI und Stressprävention tätig. Nach meiner Pensionierung bot ich Bildungsurlaube für „Arbeit in Gruppen" an der Volkshochschule und TZI-Seminare an Hochschulen an.

In dieser wissenschaftlichen Arbeit spüre ich den Wirkungsmechanismen der TZI auf die Entwicklung pädagogischer Professionalität nach. Das könnte auch einen Beitrag zur Diskussion um die Lehrerfortbildung bedeuten.

Das Doktorandenkolloquium bei Frau Prof. Dr. Friebertshäuser bot mir für diese Forschung eine ausgezeichnete Plattform. An dieser Stelle will ich mich für die inspirierende Leitung und die klärenden Beiträge der Teilnehmerinnen und Teilnehmer herzlich bedanken, ebenso für die Aufgeschlossenheit meiner Interviewpartnerinnen und Interviewpartner und die geduldige Unterstützung meiner Frau.

Friedrich Ewert

Inhaltsverzeichnis

Geleitwort 5
Vorwort 7
Inhaltsverzeichnis 9
Abbildungs- und Tabellenverzeichnis 12

1   Einleitung 13

2   Was ist Themenzentrierte Interaktion? 17
    2.1   Strukturen der TZI. Kritikpunkte und Grenzen 19
          2.1.1   Axiomatische Grundaussage als Basis der
                   Themenzentrierten Interaktion 20
          2.1.2   Existenzielle Postulate der TZI 22
          2.1.3   Das Strukturmodell der TZI als Methodik 23
          2.1.4   Hilfsregeln 25
          2.1.5   Gruppentechniken 26
          2.1.6   Kritikpunkte und Grenzen der TZI 27
    2.2   Entstehungsgeschichte der TZI 32
    2.3   Vermittlungswege und Ausbildung zur TZI 39
    2.4   TZI in pädagogischen Kontexten 43

3   Pädagogische Professionalität im Blick der Forschung 45
    3.1   Machttheoretische Position 45
    3.2   Systemtheoretische Position 46
    3.3   Interaktionistische Position 47
          Exkurs: Schulinspektion in Hessen 50
    3.4   Strukturtheoretische Position 51
    3.5   Gemeinsamer Strukturkern professionellen Handelns 55
    3.6   Aufgaben- und kompetenztheoretische Position 56
    3.7   Berufsbiographische Aspekte zur pädagogischen Professionalität 58
    3.8   Überblick und Zusammenfassung der Theorien zur
          pädagogischen Professionalität 59
    3.9   Pädagogisches Handeln als Vermittlung 60

3.10 Anschlüsse der TZI an Positionen der pädagogischen
        Professionalität 62
        3.10.1 Machttheoretische Position 62
        3.10.2 Systemtheoretische Position 62
        3.10.3 Interaktionistische Position 62
        3.10.4 Strukturtheoretische Perspektive 63
        3.10.5 Kompetenztheoretische Position 64
        3.10.6 Berufsbiographische Position 65
        3.10.7 Pädagogisches Handeln als Vermittlung 66

4   Methodische Zugänge zum Feld der TZI 68
    4.1   Qualitative und quantitative Forschung in der
          Erziehungswissenschaft 68
    4.2   Grounded Theory, Datenerhebung, Theoretisches Sampling 72
          4.2.1   Datenerhebung in der Grounded Theory: das Interview 72
          4.2.2   Auswahl der Befragten – „Theoretisches Sampling" 74
    4.3   Die Rolle des Forschers 78
    4.4   Auswertungsstrategien 81

5   Erfahrung mit der TZI in der pädagogischen Praxis 89
    5.1   Erhebung des Datenmaterials 89
          5.1.1   Durchführung der Interviews 91
          5.1.2   Verlauf der Interviews 92
    5.2   Dichte Beschreibungen der Interviewpartnerinnen und -partner 94
          5.2.1   Gerda Iser 95
          5.2.2   Thea Elsner 99
          5.2.3   Tanja Lenz 103
          5.2.4   Luise Palmer 107
          5.2.5   Tabea Diehl 109
          5.2.6   Gabi Nolde 113
          5.2.7   Renate Martens 116
          5.2.8   Ronald Euler 121
          5.2.9   Ludwig Kanig 124
          5.2.10 Erika Härtel 127
          5.2.11 Gisela Weber 131
          5.2.12 Uwe Fiedler 135
          5.2.13 Sonja Reinhardt 139
          5.2.14 Thomas Roth 142
          5.2.15 Rita Ebner 146
          5.2.16 Dora Lührs 149

       5.2.17 Monika May.. 151

       5.2.18 Rudolf Lehmann 154

  5.3   Pädagogische Professionalität im Kontext der TZI:
       Zum pädagogischen TZI-Habitus....................................... 157

       5.3.1 Akademische Fachkultur und TZI-Studienkultur
            als Felderfachspezifischer Sozialisation 157

       5.3.2 TZI-Studienkultur als Feld fachspezifischer Sozialisation 160

       5.3.3 Passungsprobleme zwischen einer komplexen
            schulischen Berufskultur und TZI............................. 162

       5.3.4 TZI-Kurse als Anregungspotenzial für eine erweiterte
            berufliche Passung.. 169

       5.3.5 Das Habituskonzept in seiner Ausprägung als
            pädagogischer TZI-Habitus 181

       5.3.6 Ausführliche Darstellung der in den generativen
            Schemata enthaltenen Dispositionen für einen typisierten
            pädagogischen TZI-Habitus..................................... 184

       5.3.7 Pädagogischer TZI-Habitus und sein Verhältnis
            zu den Theorien pädagogischer Professionalität.......... 190

6   Ausblick auf Forschungsdesiderate.. 196

Literaturverzeichnis 199

Anhang... 207

Abbildungs- und Tabellenverzeichnis

Abb. 1:   Musterverteilung bei Lehramtsstudierenden, Referendaren
und Lehrern mit unterschiedlichem Dienstalter (nach
SCHAARSCHMIDT 2004, zit. in: TERHART 2006, S. 46)........ 165

Abb. 2:   Überblick „TZI-Habitus" – Elemente eines professionellen
TZI-Habitus nach BOURDIEUs Dispositionen
in den Schemata 183

Tabelle 1: Übersicht über verschiedene theoretische Perspektiven auf
Professionalität.. 59

Tabelle 2: Berufsbiographische Daten der Interviewpartnerinnen
und -partner (Namen sind anonymisiert) 90

1 Einleitung

Dieses Forschungsprojekt geht zwei Fragen nach:

1. Welche Beziehungen bestehen zwischen dem Konzept der Themenzentrierten Interaktion und den verschiedenen Positionen der pädagogischen Professionalität?

2. Inwieweit ist das Konzept der Themenzentrierten Interaktion geeignet, die eigene Arbeit von Lehrerinnen und Lehrern zu verbessern und wie sähe dann eine Professionalität aus, die sich durch besondere Merkmale der TZI auszeichnet?

Die Beantwortung der ersten Frage ist insofern ein Desiderat in der Forschung, als das TZI-Konzept eine vielseitige Anwendung in pädagogischen Feldern erfahren hat und diese Wirkungsarten und Wirkungsmöglichkeiten auch beschrieben worden sind. Es gibt aber noch keine systematische Untersuchung, die das TZI-Konzept mit den verschiedenen Positionen pädagogischer Professionalität in Beziehung setzt und eine ihr eigene Antwort auf die dort aufgeworfenen Fragen gibt.

Mein Ansatz zur Beantwortung dieser ersten Frage beschreitet dabei folgenden Weg: Ich lege zunächst im zweiten Kapitel die Strukturen des TZI-Konzeptes dar und nehme dabei Hinweise auf Kritik und Grenzen mit hir ein. Ferner beschreibe ich die Entstehung des TZI-Konzeptes durch ihre Begründerin Ruth COHN und die Wege, auf denen dieses Konzept weiter vermittelt wird, sowie seine Auswirkung auf verschiedene Bereiche der Pädagogik.

Im dritten Kapitel gilt mein Blick der pädagogischen Professionalität, wie sie sich im Bereich der Forschung in den verschiedenen Positionen widerspiegelt. Anschließend zeige ich Anschlüsse des TZI-Konzeptes an diese Positionen.

Für die Beantwortung der zweiten Frage stellt die Beantwortung der ersten Frage eine Voraussetzung dar. Sie dient als Hintergrund für die weitere Forschung, die nun die Form einer qualitativen empirischen Forschung annimmt und sich der Frage zuwendet: Wie entfaltet das TZI-Konzept in der Fort- und Weiterbildung seine Wirksamkeit? Auch hier liegt ein Desiderat der Forschung vor, das Ewald TERHART so formuliert: „Wie allgemein bekannt, krankt die Reformdebatte über Lehrerbildung an dem weithin fehlenden empirisch gesicherten

Wissen über die Wirkung ihrer unterschiedlichen Varianten" (TERHART 2006, S. 34). Eine Variante einer wirksamen Lehrer- Fort- und Weiterbildung – so meine Hypothese – stellt die TZI-Fort- und Ausbildung dar. Diese Hypothese, die auf eigener Erfahrung und unsystematischen Beobachtungen beruht, wurde von mir genauer untersucht. Dazu habe ich eine qualitative Forschung mit zwei unterschiedlichen methodischen Herangehensweisen betrieben, die in der Wissenschaft als Triangulation bezeichnet werden. Es handelt sich dabei um den berufsbiographischen Ansatz und die typisierende Strukturierung von Philipp MAYRING. Die Basis dafür bildete die Grounded Theory, die sich mit beiden Ansätzen verbinden lässt. Juliet CORBIN beschreibt die Grounded Theory als

> „eine qualitative Forschungsmethodologie, deren Endzweck die Theoriebildung auf der Basis von empirischen Daten ist. (…) Die Grounded Theory gründet auf der Prämisse, dass das Leben komplex ist und es zur Verantwortung des Forschenden gehört, so viel als möglich von dieser Komplexität zu erfassen. (…) Die Grounded Theory ist eine offene und explorative Methodologie. (…) Jede/r Benutzer/in gibt ihr seine oder ihre persönliche Perspektive und kombiniert sie mit anderen philosophischen Orientierungen, Forschungsperspektiven und -trends" (CORBIN 2003, S. 70-75).

Eine Besonderheit der Grounded Theory ist der allmählich voranschreitende, prozesshafte Charakter der Forschung, der sich u. a. darin ausdrückt, dass die Datensammlung selbst prozesshaft ist und im Austausch mit bereits gewonnenen Erkenntnissen aus den ersten Daten erfolgt.

Im vierten Kapitel, das die methodischen Zugänge zum Feld der TZI darstellt, beschreibe ich mein eigenes prozesshaftes Vorgehen in der Datensammlung und der Entwicklung meiner Auswertungsstrategien.

Auf diese Weise ist es zu Interviews mit 18 Lehrerinnen und Lehrern sowie Dozentinnen und Dozenten gekommen, die mich ihren Zugang zum TZI-Konzept und seine weitere Auswirkung auf ihr Berufsleben erfahren ließen. Die Berufsfelder erstrecken sich auf die Institutionen von der Sonderschule bis zur Universität. Berufsqualifikationen für den Unterricht aller Fächer sind in den unterschiedlichen Schulen vertreten.

Die Bedeutsamkeit der TZI und die Erlebnismuster der Befragten kommen durch die Form des narrativen Interviews in den Blick. Dies gewährleistet, dass die Perspektive derjenigen erkundet wird, die Erfahrungen mit dem TZI-Konzept in der Lehrerarbeit gesammelt haben.

Für die Auswertung des umfangreichen Materials ergab sich die Frage nach einer angemessenen Methode. Eine exemplarische Auswahl und Bearbeitung einiger Berufsbiographien im Sinne einer ausführlichen Analyse – beispielsweise nach der Methode von Fritz SCHÜTZE, wie sie mir zuerst vorschwebte – erschien unangemessen. Als Lösung, die die beschriebene Breite im Berufsleben

der Lehrenden berücksichtigt, bot sich die von Clifford GEERTZ (1983) entwickelte und von Barbara FRIEBERTSHÄUSER erläuterte Dichte Beschreibung[1] für alle Lehrer/innen an. Dichte Beschreibung „bezeichnet eine Form der
schriftlichen Darstellung von Feldforschungsergebnissen, bei denen Szenen, Ereignisse, Erfahrungen, Dialoge literarisch verdichtet und im Kontext der untersuchten Kultur präsentiert werden" (FRIEBERTSHÄUSER 2003, S. 33).

So sind im fünften Kapitel 18 Dichte Beschreibungen entstanden. Ich entnehme dem jeweiligen Interview ein Motto, stelle es an den Anfang und beschreibe dann die wesentlichen Erfahrungen der Interviewpartner/innen mit dem
TZI-Konzept.

Um zu einer Typologie des besonderen Stils einer pädagogischen TZI-Professionalität zu gelangen, war das Zusammenwirken von drei methodischen Faktoren erforderlich. Zum Überblick über die Fülle des Materials konnte ich das
computergestützte Programm von MAXqda nutzen. Für die ordnende Zusammenfassung des Materials bot sich die Methode der typisierenden Strukturierung
von Philipp MAYRING an: „Solche ‚Typen' müssen nicht immer Personen sein,
es können auch typische Merkmale sein, allgemein markante Ausprägungen auf
einer Typisierungsdimension" (MAYRING 2003, S. 90). Für die Dimensionen
der Typisierung greife ich auf das Habituskonzept von Pierre BOURDIEU zurück. Die darin enthaltenen generativen Schemata eignen sich als Dimensionen
für eine Typisierung. Die mit Hilfe der computergestützten Analyse codierten
und den „allgemein markanten Ausprägungen" der Lehrer/innen zugeordneten
generativen Schemata führen zu dem Entwurf eines pädagogischen TZI-Habitus.
Er deckt in spezifischer Weise die in den Positionen der pädagogischen Professionalität geäußerten Anforderungen ab, wie es unter Bezugnahme auf Kern-
merkmale des pädagogischen TZI-Habitus von mir dargestellt wurde.

Im Anschluss an die Ergebnispräsentation weise ich im sechsten Kapiteln
auf Forschungsdesiderate hin, die im Zusammenhang mit meiner Forschung stehen. Dabei gehe ich auf die zurzeit lebhafte Diskussion um Kompetenzen und
Standards ein, die mich parallel zu meiner Forschungsarbeit begleitet hat und auf
die ich nachfolgend noch einen kurzen Blick werfe.

Ich begann meine Arbeit 2003, als die Kultusministerkonferenz (KMK)
noch keine Kompetenzen und Standards formuliert hatte. Diese Begriffe stehen
zurzeit in der pädagogischen Diskussion im Vordergrund. Beide Begriffe, professionelle Standards und Kompetenzen, stehen in einem wechselseitigen Verhältnis, wie es in den Grundsatzbeiträgen des 3. Bandes der „Erziehungswissenschaft: Professionalität und Kompetenz" (OTTO u. a. 2002) zum Ausdruck
kommt.

---

1   Ich verwende diesen Ausdruck wie Stephan Wolff im Artikel über Clifford GEERTZ (WOLFF
    2004, S. 84f) als feststehenden Begriff.

Ewald TERHART tritt der Kritik an Standards für die Lehrerbildung, nur „Ausdruck der falschen Idee einer seriellen Erzeugbarkeit von zergliederten Lehrerkompetenzen" zu sein, mit folgenden Argumenten entgegen:

> „Dies trifft jedoch nicht zu, denn die Ansätze zur Reorganisation der Lehrerbildung (…) stütz(en) sich auf berufsbiographische Studien über Kompetenzaufbau und Identitätsentwicklung im Lehrerberuf. Insofern liegt kein naiver Glaube an Technologisierbarkeit von (Ausbildung zu) beruflichem pädagogischen Handeln vor. Der Anspruch auf Professionalität im Lehrerhandeln wird nicht technologisch verkürzt – er wird durch die Definition von berechtigten öffentlichen Ansprüchen in eine verantwortbare Form gebracht" (TERHART 2006, S. 36).

In dieser Argumentation finde ich mich mit meiner Forschungsarbeit wieder. Die im pädagogischen TZI-Habitus ausgewiesenen Kompetenzen können einen Beitrag zu weiteren Forschungen auf dem Gebiet der Debatte über Standards und Kompetenzen leisten, von der Ewald TERHART sagt: „Insgesamt gesehen steht die Standard-Debatte erst am Anfang" (TERHART 2006, S. 41).

2 Was ist Themenzentrierte Interaktion?

Das Konzept der Themenzentrierten Interaktion (TZI)hatte ursprünglich den Namen „Lebendiges Lernen", und dies ist auch der von Ruth COHN, der Begründerin dieses Konzeptes, bevorzugte Begriff. 1966 war in einer Gruppe um Ruth COHN in den USA nach wochenlangem Suchen mit „Living Learning" der Name gefunden, ein „Begriff, der den Prozess des Lernens als lebendig, spannend, aktiv (und „with it") charakterisieren würde" (COHN 1989, S. 13). Damit sollte zum Ausdruck gebracht werden, dass der Mensch mit all seinen Potenzialen auf den Gebieten der Wahrnehmung, des Verstandes, des Gefühls, des Körpers in diesem Lernprozess engagiert sein kann und in Interaktion mit einer Gruppe an der Lösung einer Aufgabe, an der Bearbeitung eines Themas, einer Sache, dem Es (It) beteiligt ist und dies unter Beachtung des Umfeldes (Globe) im engeren und weiteren Sinne. Eine dynamische Balance soll zwischen dem Ich, dem Wir, dem Es und dem Globe strukturierend vermitteln, lebendiges Lernen und Kommunizieren initiieren und erhalten. Aus diesem Verständnis erwuchs dann der Name „Themenzentriete Interaktion", der den Sachverhalt zwar etwas genauer, aber nie hinreichend beschreibt. So sind in diesem Begriff beispielsweise nicht die unverzichtbaren Grundvoraussetzungen, die so genannten Axiome mit ihren Aussagen zur Stellung des Menschen in dieser Welt, zu Werten und zu Entscheidungen, enthalten und auch nicht die daraus hervorgehenden beiden Postulate: die Chairperson[2] zu entwickeln und Störungen im Gruppenprozess sowie Verstörtheiten des Individuums den Vorrang einzuräumen.

Was mit diesem Konzept in der Praxis erreicht werden soll und wozu eine TZI-Ausbildung befähigen soll, ist in der Einleitung zur Weiterbildung beschrieben, die die FernUniversität Hagen unter dem Titel: „Weiterbildendes Studium, Themenzentrierte Interaktion: Leitung und Moderation in Gruppen (...)" anbietet:

„TZI ermöglicht

— sich selbst und andere so zu leiten, dass entwicklungsfördernde Prozesse initiiert und Kommunikation verbessert wird;

---

2   Zur näheren Erläuterung des Begriffs bei ausführlicher Darstellung des Konzepts siehe S. 13 dieser Arbeit.

–   Selbständigkeit und Eigenverantwortung im Kontakt mit anderen zu stärken;

–   Wissensvermittlung lebendig und in Beziehung zu den beteiligten Personen zu gestalten;

–   in Betrieben und Institutionen die Arbeitsnotwendigkeiten mit Achtung vor der Person und der zwischenmenschlichen Beziehung zu verbinden;

–   Gremien, Organisationen, politische Veranstaltungen usw. im Sinne lebendiger Kommunikation zu leiten

–   sowie Rivalität und Konkurrenz zugunsten von Kooperation zu vermindern und damit die Arbeit in Gruppen effektiver zu gestalten."

(FernUniversität Hagen 2004).

Die FernUniversität will mit diesem Studium „den Erweb sozialer Kompetenzen" ermöglichen (ebd.).

Für Lehrende ergibt sich die Frage, ob durch eine TZI-Ausbildung ihre Kompetenzen und im Zusammenhang damit auch ihre Professionalität gefördert wird, und wenn ja, wie diese Förderung aussieht und was sie bewirkt. Im Vorgriff auf eine später erweiterte Darstellung der Professionalität und ihrer Beziehung zur TZI gebe ich hier eine Definition der Professionalität wieder:

„Der Begriff der Professionalität vermag einen Zugang zum situativen Handeln, zur Wissensbasis des Handelns und zur Qualität der personenbezogenen Dienstleistung herzustellen. Professionalität meint die Einheit von Wissen und Können sowie die Fähigkeit, widersprüchliche Phänomene nicht nur auszubalancieren, sondern eben diese auch noch angemessen zu reflektieren" (KADE/NITTEL/SEITER 1999, S. 130).

Diese Definition lässt sich auf alle Bereiche pädagogischer Aktivität anwenden und so muss die Qualität einer TZI-Ausbildung auch an ihr gemessen werden. Dementsprechend lässt sich auf dieser sehr allgemeinen Ebene die Forschungsfrage so formulieren:

Wird durch eine TZI-Ausbildung bei den Lehrenden die Qualität des pädagogischen Handelns – mit entsprechender Wissensbasis und auch im Ausbalancieren widersprüchlicher Phänomene – zusammen mit einer angemessenen Reflexion dieses Handelns in der Einheit von Wissen und Können erkennbar gefördert und sichtbar?

Zunächst werde ich das TZI-Konzept mit seiner Struktur und seinen Grenzen genauer darstellen, dann den Weg von Ruth COHN zu diesem Konzept schildern, die Ausbildung zum Erlernen von TZI beschreiben und schließlich einen Einblick in pädagogische Kontexte der TZI geben.

2.1 Strukturen der TZI. Kritikpunkte und Grenzen

Ruth COHN hat ihr Konzept, das auch als ein System untereinander verbundener Elemente angesehen werden kann, schrittweise aus ihren Erfahrungen mit der Psychoanalyse und den mit dem Oberbegriff „Humanistische Psychologie" bezeichneten anderen Konzepten entwickelt. Eine Darstellung dieser Entwicklung gibt sie erstmals in der Publikation „Von der Psychoanalyse zur Themenzentrierten Interaktion. Von der Behandlung einzelner zu einer Pädagogik für alle" (COHN 1975). Sie kam allmählich zu der Überzeugung, dass in interaktiven Gruppen mit einer partizipierenden Gruppenleitung eine Verbindung zwischen sachlichem und zugleich persönlich bedeutsamem Lernen zu erreichen ist und dies zugleich einen präventiven pädagogisch-therapeutischen Einfluss ausüben kann. Ein zentrales Anliegen ist ihr dabei die Entwicklung der Chairperson, die in diesem Konzept inhaltlich eine besondere Ausprägung erfährt und im Rahmen der Darstellung des Systems genauer zu beschreiben sein wird. Um einen klärenden Blick auf die verschiedenen Ebenen des Systems und ihre Beziehungen zueinander zu werfen, ist zunächst auf das Theorie-Praxis-Verhältnis einzugehen. Denn wie mit dem Begriff der Psychoanalyse eine Theorie und eine Praxis gemeint ist, kann auch mit der TZI beides bezeichnet sein. Dabei lässt sich aus der Theorie nicht unmittelbar eine Praxis ableiten. Das ist in allen Konzepten und in allen Berufen so, die sich auf zwischenmenschliche Zusammenhänge beziehen (vgl. REISER 1995, S. 11-16). In der Selbstdarstellung der TZI wird dieses Problem, die „fundamentale Konstellation", mit folgenden Worten beschrieben:

> „TZI ist in ihren axiomatischen Voraussetzungen, existentiellen Postulaten und methodischen Grundstrukturen nicht eine Art (im logischen Sinne) ‚übergeordnetes' Strukturgefüge, aus dem in rein rationaler Weise theoretische Aussagen und Handlungsanweisungen deduktiv abgeleitet werden können. Der Eigenart von TZI wird eher eine Auffassung gerecht, die in ihr ein ‚Kerngefüge' sieht, eine Art generatives Kernsystem. Dieser ‚Kern' enthält ein explizites und implizites Potential an praktischen und theoretischen Aussagen, die – aufgedeckt, entfaltet und präzisiert – das System hinsichtlich seiner theoretischen Reichweite und konkreten Anwendungsmöglichkeiten fundieren und erweitern. Wichtig dabei ist, dass neben rationalen, objektivierenden Denkoperationen Intuition, anteilnehmendes Verstehen, meditativ gewonnene Einsichten, subjektive Gefühle und ein organismisch (ganzheitlich) verwurzelter Sinn für Werte (vgl. COHN/FARAU 1984, S. 467ff.) u. a. m. als integrative Elemente eines vernunftgeleiteten Erkenntnisprozesses anzusehen sind" (MATZDORF/COHN 1984, S. 53).

2.1.1   Axiomatische Grundaussage als Basis der Themenzentrierten Interaktion

Für Ruth COHN bedeuten die Axiome den „Boden, auf dem die TZI-Methodik verstanden werden muss, und die entscheidenden Voraussetzungen für die gruppentherapeutische und pädagogische Intention der TZI. (...) Ohne die Anerkennung dieser Grundsätze wird TZI-Methodik zur sich selbst verneinenden Technologie" (COHN 1984, S. 357). Ruth COHN wehrt sich gegen mechanistische Anwendungen ihrer praktischen Hinweise. So berichtet sie beispielsweise, dass in einer Gruppe starr auf der Hilfsregel insistiert wurde, sich per „ich" und nicht per „man" zu artikulieren. Damit wurde der erste zaghafte Versuch eines Redebeitrages einer Frau erstickt (ebd. S. 362).

COHN nennt 3 Axiome die „untereinander in einem interdependenten Zusammenhang" stehen; „ihre Reihenfolge ist aus logischen und pragmatischen Gründen jedoch nicht umkehrbar" (MATZDORF/COHN 1993, S. 55):

> „1. *Der Mensch ist eine psycho-biologische Einheit und ein Teil des Universums.* Er ist darum gleicherweise *autonom und interdependent.* Die Autonomie des einzelnen ist umso größer, je mehr er sich seiner Interdependenz mit allen und allem bewusst wird.
>
> 2. *Ehrfurcht gebührt allem Lebendigen und seinem Wachstum.* Respekt vor dem Wachstum bedingt bewertende Entscheidungen. Das Humane ist wertvoll, Inhumanes wertbedrohend.
>
> 3. Freie Entscheidung geschieht innerhalb bedingender innerer und äußerer Grenzen; Erweiterung dieser Grenzen ist möglich"
>
> (COHN 1984, S. 357-358, Hervorhebung im Original).

COHN ordnet das erste Axiom der Anthropologie, das 2. Axiom der Ethik und das 3. Axiom der pragmatischen Politik zu. Eine vertiefende Interpretation der Axiome sowie ihres gesamten Systems erfolgte in ihrer Zusammenarbeit mit MATZDORF (MATZDORF/COHN 993, S. 39-92). Für die Strukturbeschreibung der TZI ist der Blick, den REISER „unter erziehungswissenschaftlicher Perspektive (auf) TZI als pädagogisches System" wirft, von besonderem Interesse (vgl. REISER, 1995, S. 11-94).

Für Helmut REISER sind die auf der Theorieebene angesiedelten Axiome als Gegensatzeinheiten anzusehen, die Probleme formulieren und in ihrem dialektischen Aufbau These, Gegenthese und Synthese vereinen. So enthält das 1. Axiom die Gegensatzeinheit von Autonomie und Interdependenz. Darin liegt eine enorme Spannkraft für die individuelle und die kulturelle Entwicklung, wenn Menschen sich des komplexen Bedingungsgefüges unseres Seins, der Verschränkung und Zusammenhänge auf den verschiedensten Ebenen und Bereichen, wie z. B. „Nähe und Distanz, Abgrenzung und Annäherung, Innenperspektive und Außenperspektive, Subjektorientierung und Realitätsorientierung" (REI-SER 1995, S. 18) bewusst werden.

Bewusstwerdung ist ein zentraler Begriff bei COHN und zugleich Ziel ihres Bemühens. Was die Psychoanalyse Einzelnen im Prozess der Bewusstwerdung ermöglicht, dazu möchte sie viele Menschen in schrittweiser Entwicklung hin zu einer Veränderung der inneren und äußeren Realität befähigen und damit auch auf die gesellschaftlichen Verhältnisse Einfluss nehmen, ohne erst auf bessere äußere Bedingungen zu warten.

Im 2. Axiom sieht Helmut REISER eine „Unschärfe". Ruth COHN führt dazu aus: „Human sein bedeutet zum Beispiel, keine Lebewesen zu quälen und nie mehr von ihnen zu töten, als zur Lebenserhaltung und -förderung (speziell des Menschen) nötig ist, wobei der Begriff des Tötens auch das Abtöten von seelischen und geistigen Fähigkeiten einbezieht" (COHN 1984, S. 358). Diese Formulierung bleibt vage. Ebenso sind „Lebendiges" und das „Humane" nicht gleichbedeutend, wie es der Kontext zunächst nahelegt. Denn in der Natur des „Lebendigen" gibt es auch das Gesetz des Stärkeren und eine Ordnung des „Fressens und Gefressenwerdens", ebenso wie das Humane nicht ohne die kulturelle Setzung und Prägung in Erscheinung tritt, so dass man zwischen Humanität und Leben auch einen Gegensatz sehen kann, der mit der Notwendigkeit bewertender Entscheidungen in die Synthese mündet. Die Notwendigkeit der Entwicklung eines Wertebewusstseins für unser Handeln wird an anderer Stelle von Ruth COHN eindringlich mit Blick auf die derzeitige Weltlage und die „anthropologischen Wurzeln unseres Seins und Denkens" beschrieben. Denn: „In diesem ethisch-sozialen Axiom stehen die Wert- und Sinnhaftigkeit unseres Einzeldaseins und die unserer sozialen, natürlichen und kosmischen Umwelt im Mittelpunkt" (MATZDORF/COHN 1993, S. 60-63).

Letztlich geht die ganze Axiomatik für Ruth COHN auf die jüdisch-christliche Regel „Liebe Deinen Nächsten wie Dich selbst" zurück.

> „Das einzig Neue war wohl, dass ich sie explizit als Grundlage in eine therapeutische und pädagogische Systematik integriert habe. (...) Das, was ich Humanum nenne, der Respekt vor allem Leben und speziell für die Menschen, kann religiös begründet werden oder auch nur ethisch. Das muss jeder für sich selbst entscheiden" (COHN 1979, S. 25).

Im 3. Axiom findet Helmut REISER wiederum die Dialektik in den Gegensatzpaaren „Freiheit der Entscheidung" und „bedingende innere und äußere Grenzen" und die Synthese in der möglichen „Erweiterung dieser Grenzen": „Hier wird in einer optimistischen Aufforderung die im ersten Axiom angesprochene Verschränkung von Autonomie und Verbundenheit verstärkt" (REISER 1995, S. 20).

2.1.2 Existenzielle Postulate der TZI

Die existenziellen Postulate ergeben sich für COHN aus „der Klärung grund-
legender existentieller Phänomene und Axiome. (...) Ihre Forderungen sprechen
aus, wie die Axiome im persönlichen Leben und Gruppenleben zum Ausdruck
kommen sollen.

> „1. Sei dein(e) eigene(r) Chairman/Chairwomen, sei die Chairperson deiner selbst.
> Dies bedeutet:
>
> – Sei dir deiner inneren Gegebenheiten und deiner Umwelt bewusst.
>
> – Nimm jede Situation als Angebot für deine Entscheidungen. Nimm und gib,
>   wie du es verantwortlich für dich und andere willst"

(COHN 1984, S. 358-359).

Ruth COHN spricht mit „inneren Gegebenheiten" die ganze Fülle der Möglichkeiten menschlicher Erfahrung an und beschreibt sie näher. Mit dem Bewusstwerden der Umwelt kommt erneut die Interdependenz ins Spiel. Gemeint sind
damit die Begrenzungen durch „Menschen, Natur, soziale Gegebenheiten". Für
die Arbeit in einer Gruppe bedeutet dieses Postulat:

> „Übe dich, dich selbst und andere wahrzunehmen, schenke dir und anderen die glei-
> che menschliche Achtung, respektiere alle Tatsachen so, dass du den Freiheitsraum
> deiner Entscheidungen vergrößerst. Nimm dich selbst, deine Umgebung und deine
> Aufgabe ernst. Meine eigene Chairperson zu sein bedeutet, dass ich mich als einzig-
> artiges, psycho-biologisches, autonomes Wesen anerkenne – begrenzt in Körper und
> Seele, in Raum und Zeit und lebendig im lernenden, schaffenden Prozess. Ich bin
> verantwortlich für meine Anteilnahme und meine Handlungen, nicht aber für die der
> anderen. Ich kann jedoch anbieten und biete an, so gut ich kann. Ich bin nicht all-
> mächtig; ich bin nicht ohnmächtig; ich bin partiell mächtig. Und ich bin immer nur
> meine eigene Leitperson und nie die des anderen, außer wenn dieser seine Bewusst-
> heit verliert oder noch nicht erreicht hat" (COHN 1984, S. 359-360, übernommen
> aus COHN 1975, S. 121).

Dieses Postulat einschließlich seiner Auslegung kann als oberstes Lehrziel der
TZI angesehen werden. Es zeigt Parallelen, Ähnlichkeiten und Anschlussmög-
lichkeiten zu Formulierungen anderer Bildungsziele, insbesondere da, wo es um
die Erziehung zu Selbständigkeit und sozialer Verantwortung geht.

Ruth COHN stellt dem 1. Postulat ein 2. Postulat an die Seite, das „die
Wirklichkeit des Menschen anerkennt".

> „2. Störungen und Betroffenheit haben Vorrang.
> Störungen fragen nicht nach Erlaubnis, sie sind da: als Schmerz, als Freude, als
> Angst, als Zerstreutheit; die Frage ist nur, wie man sie bewältigt. Antipathien und

> Verstörtheiten können den einzelnen versteinern und die Gruppe unterminieren; un-
> ausgesprochen und unterdrückt, bestimmen sie Vorgänge in Schulklassen. (…) Ent-
> scheidungen entstehen dann nicht auf der Basis realitätsbezogener Überlegungen,
> sondern unterliegen der Diktatur von Störungen" (COHN 1984, S. 360).

Dieses Postulat hat eine wechselhafte, zum Teil recht fruchtbare Diskussion ausgelöst, wobei es auch zu Missverständnissen kam, weil der Kontext oft nicht
beachtet wurde.[3] Natürlich ist der Begriff „Störungen" schillernd und die Forderung besteht zunächst nur darin, auf Störungen zu achten, woher sie auch immer
kommen mögen. COHN kennt aus der Psychoanalyse die Bearbeitung des Wi-
derstands vor der des Inhalts, erweitert aber den Begriff der Störungen in der TZI
auf „alle inneren emotionalen Vorgänge und äußeren Gegebenheiten, die zur Zuwendung zum Thema oder der Aufgabe querliegen" (MATZDORF/COHN 1993,
S. 69). Entsprechend breit muss auch das Feld der Bearbeitung und des Umgangs
mit Störungen sein, wobei Verleugnung und Abwehr keine angemessenen Formen darstellen, hingegen Innehalten und Bewusstwerdung der Situation erste
Schritte zur Lösung sein können.

Helmut REISER sieht im 1. Postulat mit der Betonung der freien Entscheidung und im 2. Postulat mit der Betonung „der Abhängigkeit von nicht willent-
lich entscheidbaren Einflüssen von innen und von außen" auch ein dialektisches
Verhältnis zwischen „These und Gegenthese (in) einer Gegensatzeinheit". Sie
„formulieren gemeinsam die Synthese einer Wahrnehmung von (innerer und
äußerer) Realität und persönlicher Entscheidung, wobei ich Wahrnehmung nun
im doppelten Sinne als Gewahrwerden und Verantwortungsübernahme verwende" (REISER 1995, S. 22). Da die Postulate die Ebenen der TZI, die Axiome
und das Strukturmodell, miteinander verknüpfen sollen, sind sie einerseits „ein
Teil der Theorie und durchziehen andererseits auch die Ebene der Methode und
die Ebene der Techniken wie ein roter Faden" (REISER 1995, S. 21).

2.1.3 Das Strukturmodell der TZI als Methodik

Das Strukturmodell der TZI ist bereits im Anfang dieses Kapitels kurz beschrieben. Es geht um die

> „Arbeitshypothese, dass jede Person (Ich), die Interaktion der Gruppe (Wir) und die
> Arbeit an einer Aufgabe (Es) als gleichgewichtig angesehen werden sollen und der
> gegenseitige Einfluss von Gruppe und Umfeld beachtet werden muss. Symbolisch
> kann diese Konstellation als gleichseitiges Dreieck in einer vielschichtig-transparen-

---

3   Vgl. OCKEL, Anita und Ruth COHN 1993, S. 255ff., RAGUSE, Hartmut 1987b, S. 133ff. und
     1995, S.13ff.

ten Kugel ausgedrückt werden. (...) Die Anerkennung und Förderung der Gleichgewichtigkeit der Ich-Wir-Es-Faktoren im Globe ist die Basis der TZI-Gruppen-
arbeit und -leitung" (COHN 1984, S. 353).

Das Dreieck in der Kugel – vereinfacht in einem Kreis dargestellt – ist als besonderes Erkennungszeichen der TZI bekannt geworden. Im Gruppenprozess erlan-
gen die einzelnen Eckpunkte (Ich, Wir, Es) samt den Verbindungslinien untereinander und der Globe je nach Thema unterschiedliches Gewicht, sollen aber in
einer *dynamischen Balance* gehalten werden. COHNs Ausführungen zu den einzelnen Aspekten (vgl. COHN 1984, S. 354-357) des *Ich* entsprechen inhaltlich
den bereits gemachten Ausführungen zur Chairperson. Wenn das Bewusstsein
für die Vielfalt der eigenen „inneren Strömungen und Motivationen" wächst,
dann ist damit auch eine Chance gegeben, andere Menschen in der Vielfalt ihrer
Erfahrungen zu verstehen und ihnen offen und tolerant zu begegnen. Das *Wir* erhält seine Gestalt durch die Interaktion der einzelnen Ichs und gewinnt an Stärke,
wenn die Mitglieder sich nicht selbst aufgeben, sondern sich mit zentraler Verantwortung für sich selbst und mit partieller Verantwortung für die Gruppe einbringen. Das *Es*, genauer das Thema (in keinem Fall das Freudsche Es), sollte
von der Leitung im Hinblick auf die Gruppe und eventuell mit der Gruppe so
formuliert werden, dass es „von allen Ichs als eigenes Anliegen und in Bezogen-
heit aufeinander gewollt und getragen wird. (Dann) besteht eine optimale Arbeitssituation" (ebd., S. 355). In der Entwicklung und Formulierung von Themen
hat die TZI eine eigene Kultur entwickelt, in der ich den Grund für eine starke
intrinsische Motivation in Gruppen sehe. Für Ruth COHN ist der *Globe*, gleich-
sam in konzentrischen Kreisen um das Dreieck gelagert, immer auch in der
Gruppe gegenwärtig, einmal durch die einzelnen Mitglieder in ihrem Gewordensein und ihren Lebenssituationen sowie durch die Einbettung in einen raum--
zeitlichen Zusammenhang. Ruth COHN sieht eine leicht mögliche Vernachlässigung dieses Aspektes, wobei Abwehr und Resignation eine Rolle spielen, etwa
die Auffassung, dass man nicht alles berücksichtigen könne, mit sich selbst genug zu tun habe, wenig Einfluss nehmen könne und sich bescheiden müsse.
Demgegenüber verlangt sie: „Wir müssen uns mit den Einwirkungen des Globe
auf uns und unseren Einwirkungen auf ihn beschäftigen" (ebd., S. 356). Dazu gehört im Rahmen der Gruppengestaltung eine Antizipation von Ort, Zeit und Mit-
gliedern, das Beachten von hineinwirkenden Hierarchiestrukturen, das Erkunden
der jeweiligen gesellschaftlichen Situation und das Bedenken möglicher Ein-
flussnahme durch die Gruppe, aber auch die Beachtung globaler Kontexte und
Einflüsse durch die Außenwelt (Katastrophen, Krisen usw.). Die *Dynamische
Balance* („dynamic balancing") spielt in dieser Methodik eine zentrale Rolle.
Leitungspersonen entwickeln ein Gespür dafür, wenn Tendenzen zu Einseitig-
keiten/zum Übergewicht eines Faktors auftreten oder andere Perspektiven zum

Zug kommen sollten. Sie intervenieren dann entsprechend. Das kann auch als Bruch erlebt werden. Für Helmut REISER sind

> „Einheit und Unterschiedlichkeiten die Gegensätze, die in der Figur der dynamischen Balance zur Synthese kommen: Je mehr ich der Eigengesetzlichkeit der je eigenen Perspektiven gewahr werde, umso besser kann ich Verbindungen zu den anderen Perspektiven knüpfe. Je mehr ich mir der Interdependenz der Perspektiven bewusst bin, umso mehr kann ich der Eigendynamik der je eigenen Perspektiven gerecht werden" (REISER 1995, S. 25).

Mit der Beachtung und Ausübung der dynamischen Balance ist der Leitung einer TZI-Gruppe eine bedeutsame und nicht leichte Aufgabe gestellt. Denn nach dem Konzept der TZI-Methodik mit dem Prinzip des partizipierenden Leiters sind „Gruppenleiter in erster Linie Teilnehmer, also Menschen mit eigenen Interessen, Vorlieben, Gedanken und Gefühlen, und erst in zweiter Linie Gruppenleiter mit einer speziellen Funktion" (COHN 1984, S. 368). So zeigt sich in dieser Doppelrolle auch wieder eine dialektische Denkstruktur: einerseits Prozesse mit einer gewissen Distanz beobachten und lenken, andererseits sich selbst am Prozess beteiligen und dann gelegentlich auch Leitungsfunktionen delegieren (vgl. REISER 1995, S. 26).

2.1.4 Hilfsregeln

Ursprünglich waren die Hilfsregeln zur Förderung der Kommunikation gedacht. Die mechanisierte Anwendung in Institutionen ohne Bezug auf den Geist der Axiome und Postulate, denen die Regeln helfen sollten, lässt Ruth COHN sehr zurückhaltend damit umgehen:

> „Ich führe Hilfsregeln nur dann explizit ein, wenn sie mir im Augenblick hilfreich zu sein scheinen, und nicht als programmierte Gebote. Ohne Eingebundenheit der Hilfsregeln in eine humane Haltung und ohne Verständnis für die Axiome und Postulate dienen sie dem Antigeist, den sie bekämpfen wollen; der Antigeist heißt Intoleranz und Dogmatismus." Ein Beispiel für eine Hilfsregel lautet: „Sei authentisch und selektiv in deinen Kommunikationen. Mache dir bewusst, was du denkst, fühlst und glaubst, und überdenke vorher, was du sagst und tust. (...) ‚Selektive Authentizität' war, historisch gesehen, meine passionierte Antwort auf den diktatorischen, undifferenzierten Anspruch vieler experimenteller und Encountergruppen auf ‚totale Offenheit'" (COHN 1984, S. 363-364).

In der Begründung für die selektive Authentizität weist Ruth COHN auf die Beachtung der gegenseitigen Vertrauensbereitschaft und Verständigungsfähigkeit hin. Selektive Authentizität drückt damit etwas vom Stil der TZI aus, und darin spiegelt sich wiederum Autonomie und Interdependenz wider.

Vier weitere Hilfsregeln betreffen folgende Haltungen: sich mit Verallge-
meinerungen zurückzuhalten, für die eigenen Fragestellungen auf die persönliche
Bedeutung der gestellten Frage hinzuweisen, mit Interpretationen zurückhaltend
zu sein und lieber persönliche Reaktionen auszusprechen, die Signale des eigenen Körpers und die der anderen zu beachten. Diese Hilfsregeln könnte man
bereits der Ebene der Techniken zuordnen.

2.1.5 Gruppentechniken

Da TZI keine direkte Ausbildung für einen Beruf anbietet, sondern ausschließlich Selbst- und Gruppenleitung lehrt, liegen in den einzelnen Berufen bereits
Techniken vor und können, sofern sie den Axiomen nicht widersprechen, sondern in Haltung und Methode der TZI integrierbar sind, in die Gruppenarbeit mit
einbezogen werden. Ruth COHN führt unter dem Titel „Gruppentechniken" eine
Reihe von Möglichkeiten auf, die je nach Befähigung und Situation angewandt
werden können:

> „Meditationsübungen, Rollenspiele, bestimmte Gestalttechniken, Gestaltungsthera-
> pie (Selbst- und Wir- Erfahrung mit Farben, Musik und Ton), verbale und nonver-
> bale Kommunikations- und Wahrnehmungsübungen (nach innen und nach außen),
> Bewegungs- und Entspannungsübungen, Stoffvermittlungstechniken (Didaktik, Me-
> dien) und andere Hilfen aller Art für die jeweiligen Wissens- und Aktionsbereiche.
> Unerlässlich sind für professionelle TZI-Gruppenleiter Flexibilität im schöpferi-
> schen Ansatz sowie Kenntnisse, wie Gruppenprozesse und Arbeitsklima durch
> Strukturen gefördert und wodurch sie behindert werden können. (...) Die meisten
> Misserfolge bei der TZI-Gruppenarbeit resultieren aus Unkenntnis des jeweiligen
> Globe und nicht genügend durchdachter Strukturen im Prozess" (COHN 1984,
> S. 369-370).

Ein besonderes Augenmerk wird in der TZI auf die Sozialformen Plenum, Halb-
gruppe, Kleingruppe, Zweiergruppe und Einzelarbeit gelegt.
    Hiermit schließe ich die Strukturbeschreibung der TZI ab. Zur Veranschau-
lichung des TZI-Konzeptes sind im Anhang zwei Graphiken enthalten: Anhang
H zeigt „das TZI-Haus" als Modell für die TZI, Anhang I das Strukturmodell der
TZI.
    Im Folgenden werde ich mich kritischen Äußerungen gegenüber der TZI
zuwenden, ohne die das System unzureichend dargestellt wäre.

2.1.6 Kritikpunkte und Grenzen der TZI

Für intern geäußerte Kritik gibt es ein wichtiges Organ zur Weiterentwicklung der TZI und seiner Auseinandersetzung mit den geistigen und gesellschaftlichen Strömungen: die seit 1987 halbjährlich erscheinende Zeitschrift „Themenzentrierte Interaktion" mit ihren wiederkehrenden Rubriken „Themenschwerpunkt, Allgemeine Beiträge, Theoretische Beiträge, Beiträge aus der Praxis, Buchbesprechungen". Diese Zeitschrift bietet auch den Ort zur Artikulation unterschiedlicher Meinungen und Kritik, wie es im ersten Heft als Ziel formuliert ist, nämlich „ein Forum zu schaffen, in dem wir uns den kritisch prüfenden sowie weiterführenden Reflexionen stellen und den Austausch mit dem Außen suchen: anderen gruppenpädagogischen und -therapeutischen Ansätzen, sowie mit allen, denen unsere Arbeit der Kritik oder des Fragens würdig erscheint" (WILL-INTERNATIONAL 1987, Editorial, ebd. S. 2).

Dispute haben in dieser Zeitschrift stattgefunden, liefen auch auf anderen Ebenen. Ich will mich auf *„Brennpunkte der Diskussion"* beschränken. So ist das 4. Kapitel der „Einführung in die Themenzentrierte Interaktion, Autoren: Helmut REISER unter Mitarbeit von Andrea DLUGOSCH" (FernUniversität Hagen 1997, S. 68) überschrieben. Die Autoren nennen darin vier Kritikpunkte: „Unvollständigkeit, Überschätzung und Überfrachtung, Harmonisierung und Vermeidung von Aggressionen, Trivialisierung". Ich werde auf diese Kritikpunkte in jeweils unterschiedlicher Ausführlichkeit eingehen.

Bezüglich der *Unvollständigkeit* hat Astrid SCHREYÖGG in der „Themenzentrierten Interaktion" (1993a, S. 12-28) einen Artikel „ Globe – die unbekannte Größe. Ein Versuch zur Präzisierung des Kontextverständnisses in der TZI" verfasst. Insgesamt schien mir der Artikel von hoher Wertschätzung der TZI und einfühlsamer Beschreibung einzelner Bereiche der TZI zu zeugen. In einer Erwiderung (1993b, S. 70-72) auf die Replik von Helmut REISER (1993b, S. 52-72) bestätigt Astrid SCHREYÖGG, dass sie keine intime Kennerin der TZI-Szene sei, durch ihre „langjährige Beschäftigung mit benachbarten Ansätzen und ihre Lehre (SCHREYÖGG 1993b) aber zur ‚TZI-Freundin' geworden" sei. Sie habe zur Präzisierung des Ansatzes und der Lehre der TZI aus „exzentrischer Position" einen Beitrag leisten wollen, was sicher auch Helmut REISERs Absicht sei. In ihrem oben genannten Artikel hebt Astrid SCHREYÖGG hervor, dass die TZI innovativ die künstlichen Trennlinien zwischen Therapie, Pädagogik und Supervision aufhebe und – abgesehen vom Psychodrama – sich als einziges Handlungsmodell darstelle, „das nicht nur individuelle und beziehungsmäßige Faktoren einbezieht, sondern (als Handlungsmodell) beansprucht, auch den Kontext (‚globe'), insbesondere im Sinne der Sozialität, zu berücksichtigen". Diesen Globe sieht sie weder bei COHN noch bei nachfolgenden Autoren umfassender präzisiert. In der Humanistischen Psychologie fehle bei fast allen Autoren „der Blick dafür, dass Strukturen sozialer Systeme nicht nur Gefahren von Destruktion, sondern auch Potentiale zur Stabilisierung menschlichen Daseins in sich bergen" (BERGER/LUCKMANN1966). Auch bei Ruth COHN werde der Globe „meistens nur als Störung verhandelt". Dabei ergebe sich nach GRAUMANN (1977) ein „prinzipiell dialektisches Verhältnis des Menschen gegenüber sozialstrukturellem Eingebunden- Sein, das zwischen Sicherung und Bedrängnis oszilliert" (SCHREYÖGG 1993a, S. 13-15).

Für eine ausführliche Darstellung der Einordnung dieser Gedanken in ein Gesamtsystem nach SCHREYÖGG und der Replik von REISER, der darin „Die TZI als pädagogisches System" als Vorentwurf zu seinem bereits zitierten Buch entfaltet, ist hier nicht der Raum. Helmut REISER legt in seiner Replik die mangelnde Übereinstimmung beider Systeme dar, kann einige Behauptungen klarstellen und widerlegen, so z. B., dass TZI eine wenig entwickelte Praxeologie habe und in eines von mehreren gestaltpädagogischen Konzepten einzuordnen sei, greift aber die von Astrid SCHREYÖGG aufgedeckten Schwachstellen auf. Er findet sie beim Globe in „oft recht naiv aus einem gut gemeinten Alltagsverständnis heraus geäußerten und für bare Münze genommenen Annahmen über ökologische, ökonomische und politische Zusammenhänge", erachtet den angemahnten weiteren Ausbau der „in der TZI angelegten systemischen Perspektiven, um Prozesse in Gruppen und Organisationen besser verstehen zu können" als wertvoll und hält auch die aus der kulturellen Tradition der TZI herrührende und „innerhalb der TZI-Diskussion mitunter spürbare Theoriefeindlichkeit für berechtigt". Das lasse sich aber nicht für *die* TZI schlechthin verallgemeinern. (REISER 1993b, S. 68-69)

Die folgenden Kritikpunkte gehen vor allem auf Hartmut RAGUSE zurück. Daher sei dieser hier mit einigen Selbstaussagen, die er zu Beginn seines Artikels „Kritische Bestandsaufnahme der TZI" macht, kurz vorgestellt (vgl. RAGUSE 1993, S. 264-277). Er war von den Herausgebern des Sammelbandes „TZI, Pädagogisch-therapeutische Gruppenarbeit nach Ruth C. Cohn" (Hrsg. LÖHMER/ STANHARDT) zu diesem Beitrag aufgefordert worden und bekennt: „Mein Weg führte von der Themenzentrierten Interaktion zur Psychoanalyse und nicht umgekehrt." Es war dies allerdings die Rückkehr zu etwas bereits Bekanntem, nachdem er schon zuvor der klassischen Psychoanalyse Freuds begegnet war, die schließlich einer seiner Schwerpunkte wurde. Vor seinem ersten Kontakt mit der TZI machte er die „langjährige intensive Erfahrung einer psychoanalytischen Gruppe". 1970 stieß er auf einen Aufsatz von Ruth COHN „das Thema als Mittelpunkt interaktioneller Gruppen". Die intensive Erfahrung aus der psychoanalytischen Gruppe wollte er als angehender Theologe in herkömmliche Arbeitsgruppen einbringen, wofür der Artikel von Ruth Cohn eine Lösung anzubieten schien. Ihm wurde „blitzartig die bahnbrechende Neuerung klar: alle Themen auf ihre existentielle Bedeutung, auf ihre Symbolhaftigkeit hin zu befragen, kein ich-fernes Lernen mehr". Vor Beginn seines Vikariats 1972 besuchte er einen ersten TZI-Kurs bei Ruth COHN und machte eine sehr gute Erfahrung mit der TZI, „zu der sich später noch einige ähnliche gesellten". Allerdings trugen seine analytischen Vorerfahrungen allmählich auch zu Skepsis und Ärgernis bei, wenn in der Gruppe das Vorurteil von der „verkopften" Psychoanalyse gepflegt wurde, alles anschaulich und erlebbar sein musste und Unmut hervorrief, wenn er und andere „auf einer abstrakten Ebene verstehen wollten, was in der Gruppe geschah". Sein Schwerpunkt verlagerte sich auf „die Verbindung von TZI und Supervision und die Möglichkeit, mit Hilfe von TZI in Gruppen mit literarischen Texten zu arbeiten".

Aus der später folgenden Analyse meiner Interviews wird ersichtlich werden, dass einige von RAGUSEs kritischen Äußerungen Beachtung gefunden und die TZI weitergebracht haben. So ist heute z. B. eine Reflexion des Gruppengeschehens auf hohem Niveau zu beobachten, wie dies auch Helmut REISER in seinem „Modell zur Reflexion von Unterricht nach der Themenzentrierten Interaktion" anbietet (REISER 1995, S. 125-146).

Überschätzung kann im Bereich der therapeutischen Wirkung von TZI eintreten. Ruth COHN macht in einer begrifflichen Klärung ihre Position deutlich:

> „Pädagogisch-therapeutisch ist jede Situation, die dem psychisch eingeengten Menschen hilft, Zugang zu sich selbst und zu anderen zu finden, d. h. deutlicher zu empfinden, präziser wahrzunehmen, tiefer zu fühlen, klarer zu denken und (…) seiner autonom-interdependenten Wirklichkeit Rechnung zu tragen. Psychotherapie dient der Auflösung fehlgeleiteter und fixierter Strebungen oder dem Erwecken verkümmerter Möglichkeiten; Pädagogik bezieht sich auf die Erfüllung und Erweiterung des freien Potentials. (…) Pädagogik ist die Kunst, Therapien antizipierend zu ersetzen, Therapie ist nachträgliche Pädagogik" (COHN 1975, S.176ff.).

Inwieweit sich therapeutische Wirkungen, die von Teilnehmern an TZI-Gruppen berichtet werden, in den TZI-Persönlichkeitskursen, in der TZI-Supervision, im Klassenzimmer oder anderswo in Gruppen mit TZI-Leitern ereignen, hängt von vielen Faktoren ab und darf nicht automatisch und generell erwartet werden, denn auf Störungen wird ja nur in dem Maße eingegangen, wie sie lebendiges Lernen behindern. Ruth COHN betont, dass TZI keine therapeutische Berufsausbildung gibt, für Therapie gäbe es geeignetere Verfahren. Hartmut RAGUSE hat den Eindruck, dass in TZI-Gruppen – im Vergleich zur Psychoanalyse –

> „viel zu viel mit einem viel zu geringen Aufwand probiert" würde. Nur wenn „der TZI-Gruppenleiter in einem geduldigen Erlebens- und Verstehensprozess daran arbeite, (...) dass Verhaltensänderungen in Richtung einer weitergehenden Bewusst-

werdung (entstehen), dann allerdings hat TZI eine therapeutische Wirkung, die viel-leicht nicht so weit geht wie die der Analyse, aber doch mit ihr vergleichbar ist" (RAGUSE 1987, S. 139-140).

Überfrachtung sieht Hartmut RAGUSE in einer Tendenz, alles, was irgendwie bedeutsam scheint, in TZI-Seminaren aufzugreifen, wie: „Friedenspolitik, Öko-logie, Feminismus, Religion, Esoterik". Obwohl er selbst einigen dieser Strö-mungen nahestehe, scheint ihm diese Anreicherung der TZI die notwendige Be-arbeitung etwa von „weniger Gutem, sogar Destruktivem" zu behindern und außerdem in dem Bestreben, zu allem etwas zu sagen, eine Selbstüberschätzung darzustellen (RAGUSE 1993, S. 274). Ähnlich äußert sich an einer Stelle Mat-thias KROEGER anlässlich der Festrede zum 80. Geburtstag von Ruth COHN im Jahr 1992 mit den Worten: „Die flippigen und unnötig subjektivistischen zirkusartigen Ränder, die unseren Programmen und Kursverzeichnissen nach außen wie nach innen schaden, könnten noch etwas schrumpfen" (KROEGER 1992, S. 49). Wenn ich mir das deutsche Seminarverzeichnis von 2007 ansehe, dann stelle ich eine Entwicklung fest: Es fehlen darin die eben angesprochenen Kursausschreibungen und es zeigt sich eine Konzentration auf die wesentlichen Inhalte des TZI-Systems.

Harmonisierung und Vermeidung von Aggression in der TZI hat einen weit-reichenden Disput ausgelöst. Das kommt allein darin zum Ausdruck, dass es in der Reihe von Veröffentlichungen „Aspekte Themenzentrierter Interaktion" einen Sammelband mit „Aggressionen in Gruppen" (1994, Hrsg. Karin HAHN u. a.) gibt, an dem elf Autoren – u. a. auch Hartmut RAGUSE – beteiligt sind und in dem die verschiedenen Theorien der Aggression in ihrer Beziehung zum Phänomen Gruppe behandelt werden. Wenn Ruth COHN auch der „Humanisti-schen Psychologie" zugerechnet wird, so zeigt sich allein in ihrer Forderung, Störungen als Realität anzusehen, sie zu beachten und in angemessener Form damit umzugehen, dass sie keineswegs ein nur optimistisches Bild vom Men-schen hat, sondern um den „Schatten" und um die Aggression im Menschen weiß. Ihre Ansicht kommt in dem veröffentlichen Gespräch mit Helga HERR-MANN und Matthias KROEGER zum Ausdruck. (COHN 1994a u. a., S. 193-268) und ist in einem gekürzten Vorabdruck dieses Gespräches mit dem Titel „Der schützende und produktive Rahmen der Aggressionsbehandlung in der TZI" (COHN 1994b u. a. S. 34-49) wiedergegeben. Mit „Rahmen" sind hier zum einen die unterschiedlichen Bereiche gemeint, in denen TZI angewandt wird, wie Schule, Betriebe, Supervision, Ausbildungs- und Persönlichkeitsgruppen etc. In diesen Bereichen gibt es einen jeweils unterschiedlichen Tiefgang der Beziehun-gen und der Bearbeitung von existenziellen Fragen. Zum anderen meint der Rah-men aber auch die gesamte Konstellation in einer jeweiligen Gruppe.

Während für einige TZI-Vertreter die Entwicklung einer Gruppe innerhalb eines TZI-Wochenkurses in fünf Phasen stattfindet und an zweiter Stelle in der Regel eine Aggressionsphase steht (RUBNER/RUBNER 1991, S. 34-48), übt Peter ROHNER an dieser Phaseneinteilung Kritik mit Hinweis auf die Vielfalt der möglichen Konstellationen und Wechselwirkungen im Gruppenablauf sowie Alternativen zur Gestaltung der „Machtkampfphase" (ROHNER 1992, S. 50-55; vgl. auch die Replik von RUBNER/RUBNER 1993, S. 50-64). In ähnliche Richtung gehen die Meinungen von Ruth COHN und ihren Gesprächsteilnehmern. In der Zusammenfassung heißt es,

> „dass Aggressionen als ‚Produktivfaktor' für persönliche Entwicklung und Gruppenprozesse nützlich sein können. Sie seien es jedoch nur unter bestimmten Voraussetzungen, die von dem Globe, der Struktur, dem Gruppenziel und dem Leitungsverhalten bestimmt werden. Ein produktives themenzentriertes Arbeiten kann ebenso durch Aggressionsvermeidung wie durch weltanschauliche Überhöhung behindert werden." (COHN 1994 b u. a., S. 34)

Trivialisierung der TZI geht zum Teil darauf zurück, dass ihre Aussagen vielen so einleuchtend erscheinen, ihre Anregungen teils positive Alltagswirklichkeit widerspiegeln und – bei sinngemäßer Anwendung – auch Wirkung zeigen. Die Gefahr und der Missbrauch liegen in der rezeptartigen, schematischen Anwendung, gegen die sich Ruth COHN wehrt. Helmut REISER spricht von der Notwendigkeit einer operativen Anwendung der TZI, das heißt, „dass in jedem Fall überlegt wird, ob die Regel aus dem Verständnis ihres Zweckes her angewendet oder modifiziert oder für diesen Fall für nicht zutreffend erachtet wird". Er sieht eine weitere Trivialisierung darin, dass die Axiome schon als fertige Antworten und nicht als Grundlage des Nachdenkens über die in ihnen enthaltenen Problemformulierungen und Paradoxien genommen werden. Weitere Trivialisierungen bestehen für ihn darin, dass „die Sätze des theoretischen Konstrukts und einzelne Aussagen Ruth COHNs wie kanonische Sätze tradiert und immer wieder ausgelegt und bestätigt werden". Allerdings beeindruckte ihn auch der Satz von Ruth COHN: „Alles Wesentliche ist trivial". Er sieht in ihm ein „Gegengift gegen überkomplexes Denken", stellt ihm aber auch den Gegen-Satz zur Seite: „Das Triviale ist sehr kompliziert" (REISER 1997, S. 75-76).

Kritische Diskussionen wurden seit Helmut REISERS Darstellungen im Jahr 1997 auf den Internationalen Austauschworkshops und innerhalb des Lehrkörpers auf den jährlichen Konferenzen geführt, dazu kommen weitere kritische Veröffentlichungen. Ich konnte hier nur exemplarisch einen Ausschnitt wiedergeben.

2.2   Entstehungsgeschichte der TZI

Nähert man sich der Entstehungsgeschichte der TZI in Verbindung mit der Gestalt ihrer Begründerin, so liefert Ruth COHN selbst dazu vielfältiges Material. Die eben genannte Publikation stellt eine Auswahl ihrer Schriften seit 1950 dar. Dabei spiegelt der 1. Teil „Von der Psychoanalyse zur Erlebnistherapie" ihre „Entwicklung als Psychotherapeutin auf dem Hintergrund der Entwicklungsgeschichte der Psychotherapien in den Vereinigten Staaten" wider (S. 10-109), erst der 2. Teil „Lebendiges Lernen: Themenzentrierte Interaktion (TZI)" entfaltet das Konzept der TZI (S. 110-215), woran sich wiederum der 3. Teil „Autobiographisches: Lebendiges Lernen in meinem Leben" anschließt (S. 216-236). Eine weitere Quelle ist das umfangreiche Werk „Gelebte Geschichte der Psychotherapie. Zwei Perspektiven" (Alfred FARAU und Ruth C. COHN 1984), in dem sie zunächst das Fragment aus Alfred FARAUS Nachlass über eine „Geschichte der Psychotherapie" an den Anfang stellt (S. 11-196) und sodann ihre eigene Entwicklungsgeschichte im Kontext der Psychotherapie der 60er und 70er Jahre schildert (S. 199-651). Eine andere Form der Annäherung stellt das Buch „Es geht ums Anteilnehmen" (1989) dar, in dem COHN nach einer Einführung in die Themenzentrierte Interaktion in neun Gesprächen mit unterschiedlichen Partnern Facetten ihres Lebens und Wirkens zeigt. Schließlich bringt sie 1994 in der Zeitschrift „Gruppendynamik" (25. Jg. 4, S. 345-370) den Aufsatz „Gucklöcher. Zur Lebensgeschichte von TZI und Ruth C. Cohn" interessierten Lesern die „Quellen und Bächlein, aus denen TZI hervorgegangen ist" (S. 345) nahe. Den Begriff „Gucklöcher" wählt sie in Anspielung auf jene Durchblickfenster zur Landschaft während einer Reise durch den Tunnel zum Schweizer Jungfraujoch (S. 347).

Auf diese wesentlichen Quellen, neben denen natürlich weitere existieren, werde mich im Folgenden stützen. Nach der bereits erfolgten Darstellung des Systems der TZI werde ich mich nachfolgend deren Entstehungsgeschichte zuwenden, dies insbesondere vor dem lebensgeschichtlichen Hintergrund ihrer Gründerin.

Ruth C. Cohn ist 1912 in Berlin als jüdische Deutsche geboren. Sie wuchs in ökonomisch gesicherten, bürgerlichen Verhältnissen in einem „im Wesentlichen liebevollen Elternhaus" auf. Dazu äußert sie: „jüdisch sein oder nicht hatte mir nicht viel in meiner Kindheit bedeutet. Meine Eltern dachten und lebten in kosmopolitischen Ideengängen" (COHN 1975, S. 221). Vor 1932 hatte sie persönlich keinen Antisemitismus, weder in der Schule noch auf der Straße, erlebt, während hingegen ihr Vater von Lehrern und Mitschülern als Jude schlecht behandelt worden war und dies so erlebte, dass etwaiges Fehlverhalten ihm stets vor allem in seiner Eigenschaft als Jude angelastet worden war. So schärfte er Ruth und deren drei Jahre älterem Bruder Gerhard ein: „Ihr beide dürft nichts

Unrechtes tun." Schon als Kind entwickelt Ruth Cohn ein starkes Gefühl für Recht und Ungerechtigkeit, was sowohl den häuslichen Bereich, z. B. bei der zeitweisen Bevorzugung ihres Bruders, als auch soziale Ungerechtigkeiten in ihrer Umgebung betraf. Besonders beeindruckte sie auch der Strafrichter und Amtsgerichtsrat Onkel Ernst, wenn er bei Tisch von Angeklagten erzählte, bei denen die Schuldfrage unklar war und es um das richtige Strafmaß ging. „Und richtig musste es sein nach Recht und Gerechtigkeit. So liebte ich ihn sehr. Ganz von fern. Er war näher an Gott, dem Gerechten, als ich je zuvor einen Menschen gekannt hatte" (COHN 1994, S. 345-347).

Den Anfang ihrer „leidenschaftlichen Liebe zu allem lebendigen Lernen" führt Ruth COHN auf das Initiieren und Beobachten des Wachstums in den Blumenkästen auf ihrem Balkon zurück. Seit dem fünften Lebensjahr legte sie zeitig im Frühjahr Wicken- und Feuerbohnensamen in die Kästen, beobachtete hingebungsvoll das erste Sprießen und pflegte die Pflanzen weiter (COHN 1975, S. 217).

Ihr erstes psychotherapeutisches Erlebnis hatte Ruth COHN anlässlich eines Sommeraufenthaltes in einem Kinderheim an der Nordsee, in dem sie sich vor ihrem neunten Geburtstag zur Stärkung ihrer Gesundheit aufhielt. Ein gleichaltriges Mädchen hatte wie sie furchtbares Heimweh; Tränen flossen, sie fassten Vertrauen zueinander und gestanden sich gegenseitig ihre „größten Sünden" ein. Ruth stahl seit einigen Monaten Schokolade aus einer Porzellandose ihrer Eltern, konnte damit trotz ernsthaften Bemühens nicht aufhören und belog dazu noch ihren Vater, der ihr Straffreiheit zusicherte, wenn sie die Wahrheit sagen würde. Sie hatte ein schlechtes Gewissen, denn sie hielt Lügen für „eines der schlimmsten Verbrechen", zumal dadurch der Verdacht auf andere Menschen fiel. Ihre neue Freundin wiederum konnte sich für das, was sie angestellt hatte, nicht entschuldigen und fühlte sich deshalb schlecht. Da kam Ruth eine „psychotherapeutische" Idee:

> „Wir leben doch in verschiedenen Städten (Dresden und Berlin). Wir müssen uns versprechen, dass wir einander sofort schreiben, wenn ich Schokolade genommen und du dich nicht entschuldigst hast! Dann werden wir uns so voreinander schämen, dass wir es bestimmt nicht wieder tun werden."

Das wirkte und war für beide ein voller Erfolg.

In der Deutung dieser Erfahrung meint Ruth COHN, dass der offene, verständnisvolle Umgang und die gegenseitige Unterstützung zu diesem Erfolg beigetragen hätten, ferner, dass das Aussprechen eines Konfliktes in einer Vertrauensbeziehung bereits „eine kathartisch-heilsame Wirkung" habe und dass „diese kindlich-therapeutische Intuition und ihr Erfolg wahrscheinlich Einfluss auf (ihren) psychotherapeutischen Weg gehabt" habe (COHN 1984, S. 210-211).

Der Weg zur Psychoanalyse begann für Ruth COHN 1932, als ihr Freund von der Tätigkeit seiner Mutter als Psychoanalytikerin erzählte. Sie lernte die Mutter dann selbst kennen, hörte von ihrer Arbeitsweise und von den Geschichten aus dem Leben der Klienten. Sie „faszinierte die Möglichkeit, Menschen, denen es schlecht ging, von ihrem Kummer zu befreien und gleichzeitig ihre Lebensgeschichte zu erfahren". An der Universität, in Heidelberg und Berlin, erlebte sie seit den Jahren 1930/31 in ihrem Studium der Psychologie und Nationalökonomie antisemitische Gewalt. Sie hatte Hitlers „Mein Kampf" gelesen und emigrierte am 31. März 1933 nach Zürich, wo die Psychoanalyse das Zentrum ihres Lebens wurde. In Zürich behielt sie nur Bleiberecht als Studentin, konnte deshalb nicht promovieren und studierte daher alles, was mit der Psychoanalyse im Zusammenhang stand: Psychologie im Hauptfach, vorklinische Medizin, neurologische und psychiatrische Vorlesungen mit klinischen Fallbesprechungen, Philosophie, Literatur, Theologie, Pädagogik.

Überschattet wurde ihre Züricher Zeit, die mit ihrer Einwanderung in die USA 1941 endete, durch das innere Miterleben der Ereignisse in Deutschland. Das führte auch nachts zu Alpträumen. Sie erinnert sich: „Das Grauen der Zeit erlebte ich sehr tief. Dass ich in Zürich leben konnte, erschien mir als ein seltsam schicksalhaftes Geschenk. Es blieb mein Leben lang für mich eine entscheidende Aufforderung, etwas mit dieser Gabe anzufangen, was einem Dank entspräche" (COHN 1984, S. 212-213). Ruth COHN war in Zürich zur Psychoanalytikerin ausgebildet worden. Dazu gehörten sechs Jahre lang sechs psychoanalytische Sitzungen pro Woche auf der Couch. In den letzten Schweizer Jahren praktizierte sie psychoanalytische Therapie in dem Asyl Littenheid und behandelte Patienten privat in „Kontroll-Analyse". Die Lehranalyse war für sie trotz mancher Unzulänglichkeiten eine wichtige Basis für ihre „spätere persönliche und berufliche Praxis" (vgl. COHN 1984, S. 210-221). Denn die darin erfahrene Zuwendung und „wohltuende Wirkung uneingeschränkten Vertrauens" gaben ihr „Hoffnung und Glauben an humane Lebens- und Erziehungsmöglichkeiten." Aber:

> „Da war durch alle meine Studienjahre die quälende Frage: Können wir nicht Psychoanalyse und psychodynamische Erkenntnisse dazu benutzen, großen Menschengruppen zu helfen, dem Erziehungs- und Organisationswesen – anstatt nur einzelnen Patienten? Können große Gruppen sadomasochistische Fixationen, Illusionen und Vorurteile überwinden? Die Arbeit an meiner themenzentrierten interaktionellen Methode ist der Ausdruck der treibenden Kraft dieser Frage" (COHN 1975, S. 7 und 222).

So können Ruth COHNs Tätigkeiten in den Jahren 1941-1955 in den USA als Schritte zu diesem Ziel angesehen werden. Sie studierte weiter, sie lehrte, sie betrieb eine eigene psychotherapeutische Praxis in New York City, sie erzog ihre beiden Kinder Heidi Ursula, geb. 1940, und Peter Ronald, geb. 1944, nach der

Scheidung 1946 von Hans-Helmut Cohn allein und das alles bei zeitweise einge-
schränkter Gesundheit.

Ruth COHNs erste Tätigkeit in New York war eine Ausbildung in „Early
Childhood Progressive Education" an der „Bankstreet School" (später College),
wobei sie in verschiedene kindlich-jugendliche Entwicklungstheorien und in die
Gedankenwelt von Pestalozzi, Dewey, Piaget, Montessori eingeführt wurde.
Zugleich hatte sie an demselben Institut praktische Unterrichtstätigkeit mit 2 ½-
bis 6-jährigen Kindern. Der Grund für diese pädagogische Arbeit lag darin, dass
Ruth COHN keine Ärztin war, so dass sie nach den Statuten des Psychoanalytischen Institutes „trotz einer hervorragenden Ausbildung" nicht Mitglied werden
durfte. Man riet ihr, analytisch mit Kindern zu arbeiten, „das könnte unter Pädagogik fallen". „Bankstreet" wurde rückblickend für Ruth COHN zum Inbegriff
lebendigen Lernens, weil man den Spuren des sich entwickelnden Kindes mit
vielseitigen Anregungen folgte und ihnen als eigenständigen Persönlichkeiten
auch Raum für eigene Entscheidungen gab. Einen Punkt kritisierte sie sehr, die
„offenkundige Diskriminierung der Erwachsenen". Sie erlebte sich als Sklavin
der Kinder, die nur deren Ansprüche zu erfüllen hatte, wobei für eigene Gefühle
und Bedürfnisse kein Raum war. „Die Herrschaft der Kinder über die Erwachsenen schien mir ebenso gefährlich zu sein wie die der Erwachsenen über die Kinder." Eine ähnliche Realitätsverkennung erlebte sie später bei den deutschen
antiautoritären Kindergärten. Trotzdem gab „Bankstreet" Ruth COHN die
Grundlage für ihre spätere pädagogisch-therapeutische Arbeit (vgl. COHN 1984,
S. 225 und 324-329).

Im Bereich der Psychoanalyse durchlief Ruth COHN eine Entwicklung unter dem Einfluss von SULLIVANS interpersoneller Beziehungstherapie. Ihm zu-
folge konnten Menschen, die in ihrer Kindheit nicht genügend Empathie erfahren
hatten, durch empathisches Verständnis innerhalb der Therapie eine entsprechende Entwicklung allmählich nachholen. Er gab die abstinente Neutralität des Psy-
choanalytikers auf, für ihn war „der Therapeut ein partizipierender Beobachter"
(COHN 1984, S. 235-237).

Die Couch hatte Ruth COHN schon zu Anfang ihrer amerikanischen Praxis
aufgegeben, die Patienten durften sehen und sich frei bewegen. Nun ging sie
noch einen Schritt weiter, was zu einer „radikalen Veränderung (ihrer) psychoanalytischen Praxis" führte. Nach klassischem Verständnis war körperliche Berührung während einer Therapie tabu. Doch ein Ereignis verunsicherte Ruth
COHN in dieser Hinsicht. Eine Patientin hasste ihre Arbeit, ihren Körper und
schwieg nach einleitenden Worten fast ein Jahr lang, zeigte auch wenig Reaktionen auf Ruth COHNs Fragen, Aussagen, Hypothesen und schrieb nur nach den
Sitzungen einsichtsvolle Briefe über ihre Erfahrungen in der Therapiestunde.
Nachdem Ruth COHN einmal mehrere Wochen krank war, fiel die Patientin

beim Wiedersehen Ruth COHN um den Hals und fing an, fließend zu sprechen. Der körperliche Kontakt in dieser Situation hatte den Bann des Schweigens gebrochen. In den folgenden Sitzungen konnte der körperliche Kontakt bald reduziert und ganz aufgegeben werden, die Sprache blieb erhalten. Berührung in der Therapie galt jedoch geradezu als unethisch, was Ruth COHN u. a. auch während ihres Berichts auf einem „Symposion über Psychotherapie" (1948) über diesen Fall vorgeworfen wurde. Doch im Gefolge ihrer Erfahrungen, die sie als 16-jähriges Mädchen in der Gymnastik bei einer Mitarbeiterin der Gindler-Schule und aufgrund ihrer Lehranalyse gemacht hatte, kam Ruth COHN nach dem eben geschilderten Erlebnis dazu, die beiden Erkenntnisse – die von Gindler und die der Psychoanalyse –, dass nämlich das Bewusstwerden körperlicher Empfindungen Heilungsprozesse im Körper und dass das Bewusstsein von Gefühlen und ihren psychischen Zusammenhängen seelische Heilungsprozesse auslösen können, zu verbinden (vgl. COHN 1984, S. 235-254). Doch nicht nur das: Offenbar konnten auch Erfahrungen auf körperlicher Ebene wiederum psychische Heilungsprozesse auslösen. Ausführlich hat sie das in zwei Beiträgen dargelegt (COHN 1975, S. 11-32). Eine weitere entscheidende Wendung erlebte Ruth COHNs Arbeit in der psychoanalytischen Gruppentherapie (vgl. COHN 1984, S. 255-262).

Ein weiterer Tabubruch Ruth COHNs bestand in einem 1955 von ihr veranstalteten „Gegenübertragungsworkshop", der zur Keimzelle der TZI werden sollte (vgl. COHN 1994, S. 350-354). Sie war Mitglied und schließlich Chairperson der Ausbildung in der 1948 gegründeten „National Psychological Association for Psychoanalysis" (NPAP) geworden, die auch Nichtmedizinern offenstand. Hier untersuchte sie Schwierigkeiten, besonders von Anfängern, mit Situationen der Gegenübertragung. Wenn ein erwachsener Mensch die mit den Erlebnissen aus seiner frühen Kindheit verbundenen Affekten später auf andere Personen, insbesondere den Therapeuten oder Autoritätspersonen, überträgt, so nennt die Psychoanalyse das Übertragung. Der komplementäre Vorgang des Therapeuten in Bezug auf den Patienten heißt Gegenübertragung. Da Übertragungen häufig unbewusst erfolgen, ist die Übertragung des Patienten auf den Therapeuten erwünscht, um so das ursprüngliche Erlebnis und den damit verbundenen Affekt bewusst zu machen, ihn besser einordnen, durchschauen und in seiner Wirksamkeit auflösen zu können. Aber wie kann der Therapeut seine Gegenübertragung durchschauen, die den Therapieprozess mitunter behindert? „Erfahrene" Psychoanalytiker meinten auf diesem Gebiet keine Probleme zu haben oder gaben dies kaum zu und „lebten dementsprechend nach dem Muster von ‚des Kaisers neuen Kleidern'" (COHN 1994, S. 349). So war es für Ruth COHN nicht möglich, bei der NPAP ein Seminar über Gegenübertragung einzurichten, obwohl sie von der Notwendigkeit eines solchen Angebots überzeugt war. Eine

Kollegin teilte ihre Meinung und bot auf privater Ebene einen Gegenübertragungsworkshop für sie an.

Um die Studentinnen und Studenten zu ermutigen, von ihren eigenen Schwierigkeiten zu sprechen, rang sie sich dazu durch, sich selbst bloßzustellen und einen eigenen Fall vorzutragen. Dabei war sie sich zugleich der Missbilligung ihrer Ausbildungskollegen gewiss. Sie beurteilt ihre Entscheidung rückblickend so: „Daß ich den Mut aufbrachte, meine Schwierigkeiten mit einer Patientin in freien Assoziationen vorzutragen, war eine schwere, doch zweifellos die fruchtbarste Entscheidung meines professionellen Lebens." Schon während des lauten Assoziierens fiel ihr einiges ein, was sie in der Therapie mit der betreffenden Patientin, einer bekannten Chemie-Professorin, hinderte. Ihre Gegenübertragung bestand darin, dass sie diese Frau für so klug hielt, dass sie alles schon wisse. Das war ein Gefühl, das sie als kleines Kind gegenüber ihrem Vater hatte. Mit der Gruppe erging es ihr genauso. Denn während ihres Sprechens dachte sie, dass die jungen Kolleginnen sicher schon wüssten, worin ihr Problem bestand.

Im Anschluss an ihr nicht unterbrochenes Assoziieren „entstand eine rege, leidenschaftliche Interaktion zwischen den Teilnehmenden. Manche fühlten mehr mit der Patientin, manche mit mir, manche mit eigenen Situationen als Therapeutinnen oder Patientinnen". Ihr eigenes Problem konnte weiter geklärt werden. In diesem Gegenübertragungsworkshop und auch den folgenden fühlte sich Ruth COHN

> „zum ersten Mal nicht nur als Therapeutin oder Lehrerin der Gruppe, sondern als
> Partner im Leben. Dies verminderte nicht meine Funktion als Leiterin der Gruppe,
> weder in der Einzel- noch in der Gruppentherapie noch in der sich langsam ent-
> wickelnden Methodik der Themenzentrierten Interaktion" (COHN 1994, S. 351).

Der Gegenübertragungsworkshop verbreitete sich bald als Ausbildungselement für Psychoanalytiker. Ihre Erfahrungen damit veröffentlichte Ruth COHN erst 1961 (deutsch COHN 1975, S. 33-63). Die Erfolge führt sie auf die Gleichgestelltheit innerhalb der Gruppe – ohne jede Besserwisserei – zurück und damit verbunden auf ein kooperatives Zusammenarbeiten in dem Wunsch, den Patienten und sich gegenseitig zu helfen, von fixierten Störungen zu befreien. Die Teilnehmer nahmen sich selbst, die Kollegen und die Patienten als Menschen sehr ernst, sie waren keine „Behandlungsobjekte". Sie hielten Gedanken und Gefühle in einer gleichwertigen Balance, wobei sie Betroffenheit zeitlich den Vorrang vor kognitiver Durcharbeitung gaben. COHN selbst leitete zwar strukturell, gab sich aber nicht als Expertin aus, sondern suchte selbst nach ihren blinden Flecken und profitierte von den Kenntnissen der jungen Kollegen. Hier sind bereits wichtige Elemente der TZI im Ansatz enthalten.

Ruth COHN wurde von verschiedenen Seiten – u. a. von großindustriellen Firmen – zur Beratung eingeladen, etwas zur Verbesserung der ganzen Organisation und Zusammenarbeit zu leisten. Sie ging hin, ohne genau zu wissen, was sie dort erwartete und wie sie genau arbeiten würde, aber meist waren die Resultate positiv. Heute würde man ihre damalige Arbeit als Organisations- oder Teamberatung bezeichnen. Um ihrer Vorgehensweise in nicht therapeutischen Gruppen näher auf die Spur zu kommen, zog sie sich einen Sommer lang zurück und beobachtete dann gezielter die Art ihrer Arbeit. Dabei kam sie zu folgendem, hier verkürzt dargestellten Ergebnis:

- Sie setzt ein Thema oder deduziert es aus dem Gruppenprozess, beachtet die Beiträge Einzelner mitsamt dem emotionalen Hintergrund und der Interessenlage und fördert Meinungs- und Gefühlsäußerungen, insbesondere, wenn sie positiv und konstruktiv sind.

- Auf persönliche Probleme (Störungen) geht sie nur so lange ein, wie es für den einzelnen und die weitere Interaktion notwendig ist.

- Sie ist selbst Mitglied mit der zusätzlichen Funktion, die Arbeit am Thema, die Interaktion in der Gruppe und eventuelle Störungen mitsamt dem hineinwirkenden Globe wahrzunehmen, sich für diesen Prozess nach ihrem Urteil und ihrer Intuition einzusetzen und so alles in einer dynamische Ich-Wir-Es-Globe-Balance zu halten.

- Sie nimmt jeden Menschen, einschließlich sich selbst, sehr ernst, so dass bei dieser Wertschätzung auch negative und aggressive Aspekte konstruktiv behandelt werden können.

In einem Traum von einer gleichseitigen Pyramide mit vier Eckpunkten findet COHN das Symbol für ihre Konzeption der Gruppenarbeit, wobei sie die Hypothese hinzufügt, dass die vier Punkte gleichgewichtig behandelt werden sollen. Aus visuellen Gründen wandelt sie das Symbol in ein gleichseitiges Dreieck – umgeben von einer Kugel – um.

Die Gleichgewichtshypothese definiert die methodische Grundlage der Gruppenleitung nach TZI und wird zum Unterscheidungsmerkmal von anders akzentuierten Gruppenverfahren. Zur Klarstellung:

> „Es geht nicht um ein statisches, sondern um ein lebendig-dynamisches Gleichgewicht. Die dynamische Balance dieser Faktoren im Arbeitsprozess im Bewusstsein zu haben, ist eine der wesentlichen expliziten Faktoren der TZI. Die dynamische Balance im Gruppenleiten im Bewusstsein zu haben, ist ebenso leicht theoretisch zu erfassen wie schwierig zu praktizieren. Dies gilt gleichermaßen auch für das persönliche Leben im Alltag, weil wir uns dann weder von der individuellen

Egozentrizität noch dem persönlichkeitsgefährdenden Kollektivismus überwältigen lassen" (COHN 1994, S. 352-254).

Die philosophische Grundlage zum methodischen Modell der TZI und seine Einbettung in ein Gesamtsystem erfolgten in Teilnahme und Auseinandersetzung mit den in den 60er Jahren aufkommenden neuen psychologischen Bewegungen, wie z. B. Gestalttherapie, Transaktionsanalyse, Psychodrama, Familientherapie. Abraham Maslow fasste diese Bewegung unter dem Begriff der „Humanistische Psychologie" zusammen und sah sie als dritte Kraft neben der Psychoanalyse als erster und der Verhaltenstherapie als zweiter Kraft an. COHN wurde im Zuge der allmählichen Verlagerung ihrer Tätigkeit von den USA nach Europa um die 70er Jahre im deutschen Sprachraum bald als eine Exponentin dieser Bewegung angesehen. (COHN 1984, S. 299-427)

2.3   Vermittlungswege und Ausbildung zur TZI

Die TZI fand ihre erste organisatorische Ausgestaltung 1966 mit der Gründung des „Workshop Institute for Living Learning" (WILL) in New York, einem Institut für Ausbildung, Forschung und Praxis von TCI. Nach Einladung zu Therapie-Kongressen in Europa, 1968 nach Wien, 1969 nach Bonn, ferner nach London und Lindau, wo Ruth COHN jeweils TZI und andere Methoden demonstrierte und verschiedentlich Kontakte aufnahm, erfolgte 1972 die Gründung von WILL-Europa in Zürich. 1974 kehrt Ruth COHN ganz nach Europa zurück. Sie nahm ein begrenztes Angebot zur Beratung der Ecole d'Humanité, einer internationalen Privatschule, an, das ihr einen Wohnsitz in Hasliberg-Goldern (Schweiz) gab und die Möglichkeit bot, privat Praxis, Supervision, Kurse und Workshops zu gestalten. Von dort hat sie die Entwicklung der TZI durch vielfältige Ausbildungskurse gefördert und weiter begleitet. Organisatorisch war sie nur in der Gründungsphase beteiligt. Sie war davon überzeugt, dass es für die Entwicklung der TZI von Vorteil sei, wenn die Gründerin sich vor ihrem Tod in den Hintergrund begebe und die neu ausgebildeten Gruppenleiter/innen das Konzept auf der Grundlage der bewährten Prinzipien vertieften, erweiterten, modifizierten. Sie erlebte „mit großer Freude" dies schon zu ihren Lebzeiten. Im deutschsprachigen Raum bestand ein großes Interesse an Aus- und Weiterbildung innerhalb der verschiedenen Berufe und dadurch entstanden Anpassungen, Modifikationen, neue Techniken. Eine weitere Bereicherung für die TZI stellte die Verpflichtung dar, eine andere Methode im Rahmen der Ausbildung kennenzulernen. Ruth COHN meint: „Die Erfolge mit diesem offenen System machen es wahrscheinlich, dass TZI viel Zeit zur Weiterentwicklung haben wird" (COHN 1994,

S. 360-366). Im Jahr 2002 wurde das bisherige Werkstattinstitut für Lebendiges Lernen in „Ruth Cohn Institute for TCI – International" umbenannt, das einziger autorisierter Anbieter der Ausbildung zum Gruppenleiten in Themenzentrierter Interaktion ist.

An diesem Punkt könnten zwei Fragen von Interesse sein: Wie sieht die TZI-Ausbildung vor dem Hintergrund von Ruth COHNs eigenen Entwicklungsschritten aus und wie erleben Teilnehmer/innen ihrer Kurse sie selbst in der Vermittlung von TZI? Die letzte Frage findet eine Antwort in den „Dichten Beschreibungen" der Interviewpartner/innen, der ersten Frage wende ich mich jetzt zu.

Die bisherigen Ausführungen zum System der TZI und dem Prozess ihrer Entstehung bei Ruth COHN dürften klar gemacht haben, dass eine Integration dieses Konzeptes in die eigene Arbeitsweise nicht im Schnelldurchlauf zu erreichen ist, sondern dass die Entwicklung der Persönlichkeit und das Erlernen von Methoden und Techniken seine Zeit braucht. Im Folgenden stütze ich mich auf Darlegungen aus dem „Studienbuch für die Ausbildung in Themenzentrierter Interaktion (TZI), Ausbildungsrichtlinien" von 2003.

Die TZI-Ausbildung ist zweiteilig. 1. In der Grundausbildung vermittelt sie grundlegende Fähigkeiten für das Leiten von Gruppen und schließt mit dem „Zertifikat Grundausbildung in TZI" ab. 2. Darauf aufbauend wird die Fähigkeit erarbeitet, TZI in unterschiedlichen Situationen des Berufs- und Tätigkeitsfeldes kompetent und flexibel anzuwenden und im Vergleich mit anderen Verfahren kognitiv zu erläutern. Der Abschluss ist das TZI-Diplom.

Zu 1. *Ziele*: Die Grundausbildung strebt den Erwerb der Fähigkeit an, grundsätzliche Elemente der TZI in Haltung und Methode ins eigene Berufsfeld einzubringen und zu erproben. Dazu gehört die bewusste Weiterentwicklung der eigenen Persönlichkeit im Sinne von TZI, die Kenntnis der TZI-Methodik und -Didaktik, Reflexion der eigenen Rolle in oder gegenüber Organisationen/Institutionen.

Struktur: Es sind mindestens insgesamt 108 Arbeitseinheiten (AE) zu je 90 Minuten in 3 Methoden- (M) und 3 Persönlichkeitskursen (P) mit jeweils 18 AE zu belegen. Das kann im Baukastensystem – in der Regel über mehrere Jahre verteilt – oder in einem festen Ausbildungsgang – meistens in einem Zeitraum von ca. 2-3 Jahren – jeweils mit unterschiedlichen Ausbildungsleitern erfolgen. Hinzu kommt eine schriftliche Arbeit, in der Aspekte aus einem eigenen TZI-Anwendungsbereich in Theorie und Praxis reflektiert werden, eine schriftliche Empfehlung, die auf einer Selbsteinschätzung und der Beurteilung der schriftlichen Arbeit durch eine/n Lehrbeauftragte/n basiert, sowie ein Zertifikatsworkshop (9 AE), in dem die bisherige Ausbildung reflektiert, der persönliche und berufliche Standort bestimmt und Perspektiven für die Weiterbildung entwickelt werden.

Inhalte: In den Persönlichkeitskursen, die im Kontext von Person, gesellschaftlicher Verantwortung und beruflicher Tätigkeit gesehen werden, geht es um die weitere Entwicklung der im TZI-Kontext stehenden wichtigen Kategorien von

- Haltung mit Verinnerlichung der Balance von Autonomie und Interdependenz sowie Respekt vor der eigenen Biografie und der der anderen Gruppenteilnehmer/innen;

- Intuition, basierend auf „Klarheit der Wahrnehmung, ausreichender Speicherung entsprechender Fakten, geschultem Denken, unblockierten, wachen Gefühlen" (COHN 1975, S. 134ff.).

- Selbst- und Fremdwahrnehmung einschließlich eines verantwortlichen Umgangs mit sich selbst und anderen und einer Erweiterung der Handlungskompetenz.

In den Methodenkursen geht es um die Erfahrung und kognitive Durchdringung der TZI-Methodik und -Didaktik, dem „Handwerkszeug" der TZI und seiner Bedeutung für die eigene Berufstätigkeit. Das schließt als Themen ein:

- Praktische Bedeutung der Axiome und Postulate;

- Vier-Faktoren-Modell der Steuerung von Prozessen in Lern- und Arbeitsgruppen;

- Themenfindung, -formulierung, -einführung;

- Strukturierung von Lern- und Arbeitsprozessen;

- Gruppenprozesse und ihre Dynamik;

- Partizipierende Leitung und Leitungsinterventionen;

- Erkennen und benennen von Störungen.

Zu 2. Die Aufbauausbildung ist ein individualisierter Weg. Die in der Grundausbildung genannten Ziele und Inhalte werden vertieft, hinzu kommt eine Reihe von weiteren Elementen, auf die ich im Zusammenhang mit der nun darzulegenden Struktur eingehe. Die Ausbildung beginnt mit einem fünftägigen Einstiegsworkshop (18 AE), in dem die persönlichen Lernanliegen aufgespürt, formuliert und in dem Entwurf eines eigenen Curriculums im Studienbuch festgehalten werden. Weiter erfolgen Informationen über die Rolle der Peergruppe, das Studium erforderlicher Literatur und Hinweise auf andere Gruppenverfahren. Es sind mindestens 6 Kurse zu je 18 AE (insgesamt 108 AE) durchzuführen. Dazu gehören:

a. Persönlichkeitskurse, in denen es um eine vertiefte Wahrnehmung der eigenen Persönlichkeit im Umgang mit schwierigen Situationen im eigenen Bereich und dem von Gruppen geht, ferner um die weitere Entwicklung der Kommunikationsfähigkeit und der emotionalen Kompetenz.

b. Vertiefungskurse mit intensiver Auseinandersetzung zur Methode, Haltung, Theorie und Philosophie der TZI sowie deren Anwendung in unterschiedlichen Arbeitsfeldern.

c. Supervisionskurse als Supervision im fortgeschrittenen Ausbildungsstadium für die TZI-Anwendung im Arbeitsfeld und für die Klärung der Berufsrolle.

d. Krisenkurse, in denen es um den Erwerb von Kenntnissen über Krisen im Gruppenprozess, die Auswirkung von Persönlichkeitsstrukturen und psychopathologischen Verhaltensweisen auf den Gruppenprozess, adäquate Formen von Prävention und Intervention in nichttherapeutischen Gruppen, Erweiterung des eigenen Handlungsspielraums in Konflikten sowie Krisen und Störungen in Zusammenhang mit der Struktur der eigenen Persönlichkeit geht.

e. Andere Gruppenverfahren als pädagogische oder therapeutische Modelle sollen mindestens einmal in Ergänzung und in Auseinandersetzung mit der TZI kennengelernt werden. Als Beispiele werden hierfür u. a. genannt: Gruppendynamik, Psychodrama, Gestaltarbeit, pädagogisches Rollenspiel, Transaktionsanalyse, Gesprächsführung, Organisationsentwicklung.

Parallel zu den Kursen besteht eine Peergruppe, die sich selbst organisiert, mindestens 20 AE ohne und 20 AE mit Supervision umfasst und dazu dient, Erfahrungen im eigenen Lernprozess und Berufsfeld auszutauschen, sich im Leiten einer Gruppe zu üben und sich bei Gelegenheit supervidieren zu lassen.

Der Abschluss des Kurses setzt zwei Empfehlungen von Lehrbeauftragten voraus, davon eine zu einem Leitungsprozess, meist in der Co-Leitung, sowie eine weitere, die aus der Beurteilung eines selbst durchgeführten Anwendungsprojektes und einer dazu verfassten schriftlichen Arbeit resultiert.

Die Ausbildung endet mit dem Abschlussworkshop (9 AE), in dem der Ausbildungsweg reflektiert und evaluiert sowie die eigene Rollengestaltung im Berufsfeld und im RCI als Diplomierte/r bedacht wird.

Auf die gesonderte Ausbildung zur/zum TZI-Lehrbeauftragten (Graduierten) mit einer eigenen Studienordnung sei hier nicht eingegangen.

2.4 TZI in pädagogischen Kontexten

TZI „bietet keinen Ersatz an für Grundausbildung in den jeweiligen Berufen. (…) Sie enthält jedoch therapeutisch pädagogische Elemente, die für alle Berufe und Tätigkeiten wertvoll sind " (COHN 1975, S. 8). Diese Vision einer breiten Anwendungspraxis hat sich in den über 30 Jahren nach der ersten organisatorischen Gründung in Intervallen bis heute (2006) zunehmend realisiert. Unter dem Dach des „Ruth Cohn Institute for TCI – International" gibt es internationale Organisationen in Belgien, Deutschland, Luxemburg, den Niederlanden, Österreich, Polen, der Schweiz, Ungarn, Indien sowie vier Fachgruppen. Zu diesen gehören TZI für Theologen; für Lehrende in Schule, Hochschule, Aus- und Fortbildung von Lehrerinnen und Lehrern; Supervision e.V. sowie TZI in der Wirtschaft. Für alle Fachgruppen gilt: Sie

- pflegen den kollegialen Austausch,

- setzen sich mit aktuellen Anforderungen und Fragestellungen auseinander,

- streben eine professionelle Anwendung der TZI in ihrem berufsspezifischen Feld an und entwickeln dafür Überlegungen zu den berufsspezifischen Anteilen im TZI-Aufbaustudium zum Diplom,

- entwickeln die TZI durch Forschung und Veröffentlichungen weiter,

- organisieren jährliche Fachtagungen (vgl. www.tzi-forum.com).

Die Themen der Fachgruppen sowie darüber hinausgehende, die gesamte TZI betreffende Themen und Fragen finden zum einen in der schon erwähnten Halbjahreszeitschrift „Themenzentrierte Interaktion" mit unterschiedlichen Schwerpunktsetzungen Ausdruck und werden zum andern in einer umfangreichen und sich stetig erweiternden Literatur dargestellt.[4]

Weitere Foren für die Weiterentwicklung der TZI sind die jährlich stattfindenden Treffen der ca. 125 Graduierten[5] und eine ebenfalls jährlich stattfindende „Werkstatt für Fortbildung und Forschung". Außerdem kommen von dem im Vorstand von RCI International vertretenen „Ressort Wissenschaft" Impulse zur wissenschaftlichen Weiterentwicklung der TZI.

Die Anwendung der TZI im pädagogischen Bereich ist vielfältig. Im Bereich der Hochschule/Universität befassen sich einerseits wissenschaftliche Studien mit der Bedeutung von TZI im Rahmen der Hochschule (z. B. PORTELE/

---

4   Vgl. zur TZI-Literatur REISER 1997 und www.tzi-forum.com

5   Graduierte sind die – aufgrund einer besonderen Ausbildung – von RCI International lizenzierten Lehrbeauftragten zur Durchführung von Ausbildungskursen in TZI.

HEGER 1995), andererseits bildet die TZI an einigen Hochschulen/Universitäten im Rahmen der Hochschuldidaktik eine wichtige Komponente als Lehrstoff. In Gießen besteht seit 1999 ein „Coaching-Angebot" für Hochschullehrende, deren methodische Grundlage die TZI ist (LÖHMER 2000, S. 93-105). Graduierte und Diplomierte in TZI, die als Professoren und Dozenten an Hochschulen tätig sind, bringen TZI-Elemente oder die Einführung in die TZI in ihre Veranstaltungen ein, was auch in den Interviews deutlich werden wird. Der bereits zitierte Kurs der FernUniversität Hagen „Einführung in die Themenzentrierte Interaktion" beinhaltet sowohl TZI-Theorie als auch praxisbezogene TZI-Kurse.

Für den Bereich der Schule bestehen ebenfalls Veröffentlichungen, wie z. B. COHN/TERFURTH 1993. Das Vorhandensein bzw. die Ausgestaltung einer TZI-Fortbildung für Lehrer/innen ist in den einzelnen Bundesländern dabei sehr unterschiedlich. An der Universität Tübingen etwa wird aktuell eine „Weiterqualifizierung für schulische Führungskräfte, 3. Durchgang 2006-2008" unter dem Titel „Schule kreativ, effizient und lustvoll gestalten" angeboten, die ein auf TZI-Curriculum zur Grundlage hat und sowohl mit dem „Zertifikat/Grundausbildung in TZI" als auch mit dem „Zertifikat der Forschungsstelle für Schulpädagogik" der Universität Tübingen, die federführend für diesen Lehrgang ist, abschließt. Über ein TZI-Curriculum, das auf spezielle Bedürfnisse dieser Interessentengruppe abgestimmt ist, gibt die im Anhang D beigefügte Ausschreibung Aufschluss. Der Einfluss der TZI auf die konkrete Unterrichtsgestaltung wird im Rahmen der Interview-auswertungen zum Ausdruck kommen.

Nachdem ich auf die Fragen nach der Struktur des TZI-Konzeptes und ihrer Entstehung eingegangen bin sowie Wege ihrer Vermittlung und ihres Hineinwirkens in die Kontexte verschiedener Berufsfelder beschrieben habe, wende ich mich jetzt der Erörterung der pädagogischen Professionalität zu.

3 Pädagogische Professionalität im Blick der Forschung

Mein Blick auf die Forschung zur pädagogischen Professionalität ist vorrangig von der Frage geleitet, welchen Beitrag die TZI im Hinblick auf die Entwicklung von pädagogischer Professionalität bei Lehrenden leisten kann. Ich werde zunächst verschiedene Positionen der pädagogischen Professionalität in ihren wesentlichen Zügen mit ihren Hauptvertretern darstellen und dann mit dem Konzept der TZI in Verbindung setzen. Zur Einleitung in diesen Problembereich, der in einer sehr umfangreichen Literatur unter vielfältigen Blickwinkeln immer wieder neu diskutiert wird, wähle ich ein Zitat eines Autorenteams, das in „Professionstheorie, Professionsforschung und Biographieforschung – Einführung in den Themenschwerpunkt" die Entwicklung kurz skizziert:

> „Mit einer gewissen Berechtigung könnte das letzte Jahrhundert auch als das Jahrhundert der Professionen und der Neukonstituierung von Professionalisierungsentwicklungen bezeichnet werden. (...) Die professionstheoretische Diskussion hat in diesem Rahmen der professionellen Expansion und Ausdifferenzierung von den Anfängen, die etwa mit den Namen von Weber, Hughes und Parsons verbunden sind, eine große Wegstrecke der theoretischen Präzisierung, der Ausdifferenzierung und zunehmend der empirischen Rekonstruktion professioneller Tätigkeiten und Handlungsfelder zurückgelegt" (HELSPER u. a. 2000, S. 5).

Zur Klärung des Begriffs der Profession wurde im Bereich der Pädagogik zunächst auf die klassischen Bestimmungen aus der Soziologie zurückgegriffen, in denen das Verhältnis von Professionen gegenüber nichtprofessionalisierten Berufstätigkeiten herausgearbeitet wurde.

3.1   Machttheoretische Position

In der machttheoretischen Position wird die Entwicklung zur Professionalität aus einem Prozess und Kampf heraus verstanden, in dem es um die Sicherung von Monopolen der Dienstleistung mit Erlangung von Privilegien des Einkommens und Einflusses geht. Seit den 1970er Jahren wird in diesem Konzept die Rolle der Professionellen einer ideologiekritischen Prüfung unterzogen, die sich zu-sammengefasst so beschreiben lässt: Die Professionellen

> „wurden als zentrale Akteure in sozialen, hegemonialen Normalisierungs- und Dis-ziplinierungsdiskursen bestimmt, denen die Dominanz über und die Bevormundung der ‚Laien' angelastet wurde und die letztlich als eine wesentliche Größe in sozialen Macht-, Herrschafts- und Kontrollstrukturen bestimmt und im Sinne einer experto-kratischen Durchdringung und Bevormundung lebensweltlicher Zusammenhänge ‚enttarnt' wurden" (HELSPER u. a. 2000, S. 5; vgl. dazu auch DAHEIM 1992).

Die Definition von Profession arbeitet hier eher mit machttheoretischer Zu-weisung als mit den Fähigkeiten und Kompetenzen der Professionellen. Profes-sionen sind in der Gesellschaft anerkannte und mit Definitionsmacht ausgestatte-te einflussreiche Berufsgruppen. In den vergangenen Jahrhunderten waren sie durch Männer repräsentiert.

Im Rahmen der Emanzipation der Frau stellt die Untersuchung von Ursula RABE-KLEBERG über „Professionalität und Geschlechterverhältnis. Oder: Was ist ‚semi' an traditionellen Frauenberufen?" einen wichtigen Beitrag zur macht-theoretischen Position dar (vgl. RABE-KLEBERG 1996, S. 276-302).

3.2   Systemtheoretische Position

Als ein Vertreter der Systemtheorie sieht Rudolf STICHWEH in „Professionen ein Phänomen des Übergangs von der ständischen Gesellschaft des alten Europa zur funktional differenzierten Gesellschaft der Moderne" (STICHWEH 1996, S. 50). Unter funktionaler Differenzierung versteht er die Herausbildung von be-sonderem „Sachverstand" mit einer Entwicklung zur Spezialisierung von Fach-disziplinen. Professionelle „Funktionssysteme" sind aus der Notwendigkeit ent-standen, existenzielle Probleme von Personen zu lösen, die diese ohne Unterstüt-zung der Professionellen nicht bewältigen können und in ihrem Status nun zu Klienten werden (vgl. STICHWEH 1996, S. 50-69). Der Begriff des Klienten tritt im Zusammenhang mit den klassischen Professionen der Juristen und Ärzte auf. Aus systemischer Sicht kommt angesichts der existentiellen Problematik des Klienten in der Interaktion mit dem Experten eine besondere Dichte des Kontak-tes zustande, in der „auch der Klient in irgendeiner Form mitwirkt oder mitarbei-tet" (STICHWEH 1996, S. 60). Diese Interaktion in seiner Vermittlungsfunktion ist nicht ohne Weiteres voraussehbar und deshalb auch nicht leicht steuerbar und formalisierbar (vgl. STICHWEH 1994, S. 296ff.). Aus diesem Grunde spricht Niklas LUHMANN von einer beruflichen Arbeit in der Pädagogik, die inter-aktionssensibel ist und ein Technologiedefizit aufweist, was sich darin äußert, dass der Aufwand in keinem genau kalkulierbaren Verhältnis zum Ergebnis steht (vgl. LUHMANN/SCHORR 1979).

3.3 Interaktionistische Position

Als Vertreter der interaktionistischen Position arbeitet Fritz SCHÜTZE besonders die Spannungen und Paradoxien heraus, die entstehen, wenn professionell Tätige materiell abhängig sind, wie Sozialarbeiter oder Lehrer (vgl. SCHÜTZE, 1996, S. 183-275).

Der interaktionistische Zugang schenkt der Rekonstruktion der interaktiven Prozesse professionellen Handelns besondere Aufmerksamkeit. Bei genauerem Hinsehen beruhen Schwierigkeiten und Dilemmata des Handelns in den sozialen und pädagogischen Berufen auf

> „der Problematik, dass an zentralen Schnittstellen des gesellschaftlichen Konstitutionsprozesses durch das professionelle Handeln grundlegende Unvereinbarkeiten sozialer Prozesse miteinander vermittelt werden müssen. Die Professionen sind gerade aus der gesellschaftlichen Notwendigkeit der besonders umsichtigen Bearbeitung solcher Unvereinbarkeiten hervorgegangen (vgl. Parsons 1964; S. 374f., 378f.)" (SCHÜTZE u. a.1996, S. 334f.).

Mit dieser Sicht verbindet Fritz SCHÜTZE die Forderung, Paradoxien nicht zu verdrängen, sondern sich ihnen zu stellen. Denn eine Vermeidungshaltung berge die Gefahr, berufsethische, am Wohl des Klienten orientierte Maßstäbe zu vernachlässigen, sich eher organisatorischen Zwängen und eingefahrenen Routinen zu überlassen und sich ferner im Schulbereich bei mangelndem Einsatz mit Hinweisen auf mangelnde Ressourcen und andere ungünstige Umstände zu entlasten. In einem Team stellten Fritz SCHÜTZE und fünf weitere Mitarbeiterinnen und Mitarbeiter „Überlegungen zu Paradoxien des professionellen Lehrerhandelns in den Dimensionen der Schulorganisation" an und zeigten an konkreten Beispielen aus Mitschrift von Unterrichtssituationen, Konferenzprotokollen und Interviews einige Paradoxien auf, auf die ich hier kurz eingehe (vgl. SCHÜTZE u. a. 1996, S. 333-377).

Verlaufskurvenparadoxie. Für die Interpretation von Biographien hat Fritz SCHÜTZE den Begriff der Verlaufskurve geprägt. Er beinhaltet einen meist negativ verlaufenden Wandlungsprozess im Lebenslauf, der besonders auf kritische Konfliktsituationen zurückgeht. Nun können für Schüler/innen während ihrer Schullaufbahn Phasen besonderer individueller Schwierigkeiten auftreten, die mit Impulsen zu Protest und Aggressivität oder Rückzug und Verschlossenheit verbunden sind und für die Betreffenden selbst oft schwer durchschaubar sind.

Solche Situationen können darüber hinaus mit entwicklungsbedingten Lern-
schwierigkeiten und familiären Problemen verbunden sein. Die unvorhergesehe-
nen Reaktionen dieser Schüler/innen in einer solchen Phase können dann Leh-
rer/innen und auch Mitschüler/innen irritieren. Fehlt eine verständnisvolle
Bezugsperson in diesem Prozess – das können auch Lehrer/innen sein, die sich
auf den Erziehungsauftrag der Schule verstehen, – kann der Entwicklungs- und
Wandlungsprozess blockiert und zu einer Verlaufskurve werden in einem „Prozess, der sich für die Schüler/innen als nicht mehr steuerbar erweist und als per-
manente Schulschwierigkeiten in ihrem Leben zu Buche schlägt (vgl. 1992 NIT-
TEL)" (ebd. S. 342). Selbst wenn verständnisvolle Lehrer/innen da sind, bleibt
bei aufsässigem, oft regelübertretendem Verhalten der Schüler/innen die Frage
nach einer Disziplinarstrafe bis hin zum Verweis, weil es aussichtslos erscheint,
pädagogisch wirksam zu werden, und unzweckmäßig, seine Kräfte weiterhin
darauf zu verwenden. Für betroffene Schüler/innen kann die Ausgrenzung durch
Mitschüler/innen und Lehrer/innen aufgrund ihres auffälligen Sozialverhaltens
noch in der Schule und der Zeit danach kompensatorisch zu einem Anschluss an
Gleichaltrige führen, die bandenartig organisiert sind.

Routineparadoxie. Der Begriff „Routine" ist schon an sich sowohl in seinem Be-
deutungsgehalt als auch in seiner Verwendung schillernd, ambivalent. So zeigt er
eine zwiespältige Tönung, wenn der BROCKHAUS (1983, S. 1084) dazu aus-
führt: „a) durch längere Erfahrung erworbene Fähigkeit, eine bestimmte Tätigkeit sehr sicher, schnell und überlegen auszuführen: ihm fehlt noch die Routine;
b) (meist abwertend) [technisch perfekte] Ausführung einer Tätigkeit, die zur
Gewohnheit geworden ist und jedes Engagement vermissen lässt: Sein Spiel ist
in Routine erstarrt; etwas ist zur Routine geworden". Wie stellt sich nun die Routineparadoxie in der Lehrtätigkeit dar? Einleitend formulieren dazu SCHÜTZE
u. a.:

> „Lehrer/innen-Arbeit besteht zentral in der Förderung emergenter Entwicklungs-
> prozesse. Darunter fallen die Bemühungen um die Entfaltung offener, erkenntnis-
> mächtiger Lehr- und Lernsituationen, die Unterstützung kreativer Lern- und Wand-
> lungsprozesse sowie die Bearbeitung von Verlaufskurvendynamiken und -proble-
> men. Die Beschäftigung mit emergenten Prozessen beinhaltet jedoch auf der anderen
> Seite auch sehr viel Orientierungsunsicherheit und Handlungskontingenzen. Deshalb
> sind Lehrer/innen auf die Entlastung durch Routinen angewiesen" (SCHÜTZE u. a.
> 1996, S. 345).

Eine Entlastung bedeutet es, wenn Lehrer/innen auf ein Repertoire von selbst
erstellten bzw. didaktisch gut aufbereiteten, erprobten Unterrichtsvorbereitungen
zurückgreifen können und die Schule zu ihrer Realisierung des Unterrichts auch
genügend Hilfsmittel, wie Medien, Sammlungen, Experimentiermaterial, Schul-

bibliothek etc., zur Verfügung stellt. Wenn darüber hinaus eine strategische Strukturierung erfolgt, die die Interessen der Schüler/innen aufgreift und die Interaktion fördert, kann Freiraum für kreative Entdeckungen und Entwicklungen entstehen.

Andererseits führen die eben erwähnten Vorteile durch Rahmenbedingungen der Schulsituation zu erheblichen Konfliktsituationen und dem Mangel, Routinen situationsflexibel abzuwandeln. Zu den schwierigen Rahmenbedingungen in der Schule gehören die komplexen funktionalen Strukturen wie Stundenplan, vorgeschriebener Lehrplan mit zeitgerechter „Sollerfüllung" sowie interne Bedingungen der großen, heterogen zusammengesetzten Klassen, so dass die jeweils Unterrichtenden sich erhöhte Sorgen machen, gewährte Freiräume zum individuellen Lernen könnten in lernunfruchtbares Chaos abgleiten. Dann kann es passieren, dass die Besonderheiten der jeweiligen Lernsituation und die Persönlichkeiten der beteiligten Schüler/innen nicht ausreichend berücksichtigt werden, dass man auf „Vorbereitungskonserven" und schematisierte, von der Situation abgehobene Formen der Wissensvermittlung zurückgreift, wie sie auf dem Markt in Fülle angeboten werden (vgl. SCHÜTZE u. a. 1996, S. 345-351).

Beispielhaft lässt sich dieser Konflikt besonders an der Arbeit in Kleingruppen und der Projektarbeit zeigen, in denen das kreative Potenzial der Lernenden besonders herausgefordert wird, aber leicht Zeit- und Interventionsprobleme entstehen. Karl-Oswald BAUER schildert eine solche Dilemmasituation. Ein Lehrer hat eine Großgruppe in fünf Kleingruppen aufgeteilt. Drei scheinen zielstrebig zu arbeiten, zwei aber Probleme zu haben. Die Lehrkraft strebt an, dass die Schüler/innen lernen, in Kleingruppen selbständig ihre Arbeit zu strukturieren, sie will aber auch ein gutes fachliches Niveau erreichen. Wie soll sie jetzt auf die Problemgruppen reagieren? Wenn sie zu Hilfe eilt, wird der Prozess der Selbstorganisation unterbrochen und die Gruppe daran gehindert, selbst eine Lösung zu erarbeiten, wenn sie auf eine Intervention verzichtet, kann es sein, dass die Gruppe nach der vorgegebenen Zeit das angestrebte Ergebnis nicht erreicht. Karl-Oswald BAUER bietet sechs alternative Antworten zur Sensibilisierung für diese Situation an, auf die ich hier nicht weiter eingehe (vgl. BAUER 2005, S. 33-34).

Eine weitere Routinesituation entsteht, wenn eine Lehrkraft nach einem gewissen Zyklus eine Klassenstufe erneut übernimmt, in der sie vor einigen Jahren unterrichtete. Wenn der zu vermittelnde Lehrstoff sich nicht durch neu verordnete Lehrpläne verändert hat, kann hier auf erprobte Unterrichtsvorbereitungen (s. o.) zurückgegriffen werden. Es besteht aber die Gefahr zu übersehen, dass sich diese Altersstufe inzwischen von der damaligen Klasse erheblich unterscheidet und dies eine weitaus flexiblere Verwendung des Materials erforderlich macht.

Bei den weiteren von SCHÜTZE u. a. beschriebenen Paradoxien handelt es sich um Widersprüche zwischen den oben zitierten zentralen Aufgaben des Lehrerhandelns und anderen feststehenden Gegebenheiten im Schulleben, die, wenn sie nicht erkannt und mit „Augenmaß" bearbeitet werden, zu fehlerhaften Anpassungen im Schulsystem führen. Diese bestehen darin, dass die Balance zwischen dem professionellen Handeln und den institutionellen Rahmenbedingungen zugunsten Letzterer gestört wird und in Schieflage gerät.

Das sei noch einmal an dem Organisationsparadox erläutert. Lehrerhandeln ist in die notwendige betriebliche Selbstorganisation der eigenen Schule eingebunden, die für einen geregelten Unterricht sorgen muss, es ist aber zugleich in eine notwendige übergeordnete staatliche Kontrolle eingebunden, die zur Durchführung der Schulpflicht die erforderlichen Voraussetzungen schaffen und für vergleichbare anerkannte Abschlüsse sorgen muss. Beide Einbindungen überlagern sich und sind seit dem PISA-Schock stark in Bewegung geraten. Zur Erläuterung dieses Sachverhaltes sei in einem Exkurs ein aktuelles Beispiel angeführt.

Exkurs: Schulinspektion in Hessen

Das angesprochene Problem stellt sich angesichts einer „Bilanzierung eines Pilotprojektes" der Schulinspektion von 50 Schulen in Hessen am 12.07.2006 folgendermaßen dar: Kultusministerin Karin Wolf sagte, dass alle Beteiligten „eine schwierige Balance" zu leisten hätten. Schulen und mit ihnen alle, die sie mit Leben füllen – Schüler, Lehrer, Eltern, Schulaufsicht –, müssten sich „auf mehr Verbindlichkeiten in der Freiheit" einlassen. Einerseits Bildungsstandards, Inspektionen, Vergleichsarbeiten und Abschlussprüfungen, andererseits flexiblere Organisationskonzepte, eigenes Budget. Die Leiterin einer Grundschule, in der eine Schulinspektion durchgeführt wurde, äußerte sich so: „Die Schule", so interpretiert sie die Stimmung seitens des Kollegiums, fühle sich „im Moment gegängelt". Da sei „die Aussicht auf Autonomie in zehn Jahren" kein rechter Trost. „Wir sehen unsere Arbeit auf hohem Niveau, aber was haben wir davon?" „Eine bessere Bezahlung der Grundschullehrer" sei angemessen (Wolfgang Horn, Darmstädter Echo 13.07.2006).

Neben dem bisherigen Druck auf professionelles Handeln durch die selektive Funktion der Schule mit unterschiedlichen Abschlüssen und Chancenzuteilungen bringen neue organisatorische Regelungen Verunsicherung und können ebenfalls professionelles Handeln zugunsten organisatorischer Maßnahmen in den Hintergrund drängen.

So fordert denn das o. g. Team am Schluss seiner Ausführungen für alle zukünftigen Entwicklungen im Schulwesen,

> „die (paarweise angeordneten) gegeneinander widersprüchlichen, paradoxen Anforderungen an das professionelle Lehrer/innenhandeln in ihrem Gehalt und in ihrer wechselseitigen antinomischen Bezogenheit aufeinander in Frage zu stellen, offen zu erkunden und auf eine andersartige, ideenreiche Weise erneut ins Verhältnis zu setzen" (SCHÜTZE u. a., S. 372).

Wie das praktisch aussehen kann, zeigt Petra HERZMANN in „Professionalisierung und Schulentwicklung, Eine Fallstudie über veränderte Handlungsanforderungen und deren kooperative Bearbeitung" (HERZMANN 2001). Konkret geht es in dieser Fallstudie um die Entwicklung der Profiloberstufe der Hamburger Max-Brauer-Schule. Petra HERZMANN rekonstruiert anhand berufsbiographisch orientierter Interviews mit Lehrern/innen Strukturmuster ihrer Lernprozesse und bezieht dabei die paradoxe Struktur der Lehrerarbeit mit ein. Wesentlich für das Gelingen des Projektes war die kooperative, prozessbezogene und -begleitende Handlungs- und Reflexionskompetenz der Beteiligten.

3.4 Strukturtheoretische Position

Ein weiterer viel diskutierter Zugang zum professionellen Handeln ist die von Ulrich OEVERMANN begründete strukturtheoretische Position. Ulrich OEVERMANN will „zu einer letztlich soziologisch-strukturtheoretisch vorzunehmenden Explikation der allgemeinen, fach- und altersstufenübergreifenden Struktureigenschaften bzw. Strukturlogik und -dynamik der pädagogischen Beziehung zwischen Lehrer und Schüler" vordringen (OEVERMANN 2002, S. 20). In dem Beitrag, dem das Zitat entnommen ist, schließt Ulrich OEVERMANN an seine „Theoretische Skizze einer revidierten Theorie professionalisierten Handelns" (OEVERMANN 1996, S. 70-182) an und hebt hervor, dass jetzt „vornehmlich der Aspekt der stellvertretenden Krisenbewältigung und das davon abhängige Argument der Nicht-Standardisierbarkeit der professionalisierten Dienstleistung hinzugekommen (ist)" (OEVERMANN 2002, S. 21). Dabei versucht Ulrich OEVERMANN zunächst der Frage auf den Grund zu gehen, warum im Rahmen historischer Entwicklungen Professionen entstanden sind, die einerseits mit einer Reihe von Privilegien ausgestattet sind wie gesellschaftlichem Prestige, hohem Einkommen, akademischer Ausbildung mit kompetentem Expertenwissen, einem „hohen Grad an Autonomie in der Bestimmung und Kontrolle der Berufsausbildung und -ausübung", die aber andererseits auch verbunden sind mit der Verpflichtung, „auf die Erfüllung zentraler gesellschaftlicher Werte" und der

Einschränkung, „nicht offen profitorientiert als Anbieter auf einem Markt auftreten (zu) dürfen" (ebd. S. 21). Ulrich OEVERMANN lehnt den in den Sozialwissenschaften weit verbreiteten ideologiekritischen Erklärungstypus ab, wie er bereits in der machttheoretischen Position aufschien, und meint, „dass Professionen sich darauf gründen, stellvertretend für Laien, d. h. für die primäre Lebenspraxis, deren Krisen zu bewältigen". Dabei gehe es dann um „die Gewährleistung der somato-psycho-sozialen Integrität (...) (Fokus von Therapie und Prophylaxe) und die Gewährleistung von Gerechtigkeit im Zusammenleben (...) (Fokus von Rechtspflege)" (ebd. S. 23). Ein dritter Fokus richtet sich ebenfalls auf die beiden ersten Fokusse, weil mit ihnen „Probleme der Geltung von Kriterien der Normalität und von Problemlösungen aufgeworfen" werden (ebd. S. 23), umfasst aber auch „die Wahrheitsbeschaffung, also die systematische, methodisch angeleitete und intersubjektiv überprüfbare Bearbeitung von Geltungsfragen (Wissenschaft/Kunst)" (HELSPER u. a. 2000, S. 7).

Beispielhaft wird von ihm die unterschiedliche Handlungslogik von professionalisierten und nicht professionalisierten Berufen dargestellt, nämlich anhand der Tätigkeit eines Automechanikers, der eine Maschine nach klaren standardisierten technischen Anweisungen repariert, und an der Tätigkeit eines Arztes, der die je lebensgeschichtlichen Zusammenhänge mit ihrer Deutung in seine Behandlung einbeziehen muss und dessen Tun deshalb nicht standardisierbar ist (vgl. OEVERMANN 2002, S. 24). Der Arzt muss jeden konkreten Fall vor dem Hintergrund situationsübergreifender Erkenntnisse, wie die Wissenschaft sie ihm vermittelt, neu deuten und dann „über komplexe interpretative Schaltungen" handeln. „Somit lassen sich nach OEVERMANN Professionen mit Recht als die strukturellen Orte der Vermittlung von Theorie und Praxis bezeichnen" (COMBE/HELSPER 2004, S. 34).

Wenn professionelle Hilfe zur Bewältigung einer Krise mit dem Ziel der Wiederherstellung der ursprünglichen Autonomie in Anspruch genommen wird, so hat das ein „paradoxes Folgeproblem", weil „jede Delegation von Krisenbewältigung in sich einen Autonomieverlust bedeutet". Dieses Dilemma kann aufgelöst werden, wenn in der Art der Hilfeleistung selbst die Autonomie des Klienten gestärkt wird und die Hilfe zugleich eine zur Selbsthilfe wird. „Ich nenne diese in einem *selbst eine autonome Praxis darstellenden Arbeitsbündnis zwischen Experten und Klienten* sich vollziehende Hilfe eine *Interventionspraxis* und stelle diese Form der Wissensverwendung dem ingenieurialen Modus grundsätzlich gegenüber" (OEVERMANN 2002, S. 25-26).

Für Ulrich OEVERMANN besteht nun aus strukturtheoretischer Sicht die Lebenspraxis – im Normalfall – in der Bewältigung von Krisen, in der sich die Autonomie allererst konstituiert. Bewältigte Krisen können dann zum „Standardfall der Routinisierung" führen. Die individuierte Lebenspraxis bildet sich dem-

nach „in einem krisenhaften Prozess der sukzessiven Erfüllung einer offenen Zukunft, den man klassisch einen Bildungsprozess zu nennen pflegt" (ebd. S. 26).
Während nun in den ersten Lebensjahren die Einsozialisierung und Krisenbewältigung im Rahmen der Familie erfolgt, wird in der Folge die stellvertreten-
de Sozialisationsleistung in Ergänzung der Familie – für Ulrich OEVERMANN
besonders in der Zeit des so genannten Moratoriums vom Untergang des Ödipus-
komplexes bis zur Bewältigung der Adoleszenzkrise – durch die Pädagogik erforderlich, weil die Familie in der Vermittlung des ständig ansteigenden Wissens
überfordert ist. Nun kann es aber in dieser Zeit für einen professionalisierten Pädagogen nicht nur um reine Wissens- und auch Normenvermittlung gehen sowie
um eine Erziehung zu einem mündigen Staatsbürger, sondern der schulische
Unterricht muss in eine soziale Beziehung eingebettet werden. Und dies deshalb,
weil

> „der Schüler noch gar nicht in der Lage ist, stabil die schulische Beziehung zum
> Lehrer als reine Rollenbeziehung durchzuhalten. Er wird sie zumindest partiell im-
> mer noch an die Praxis des primären sozialisatorischen Interaktiossystems assimilie-
> ren und entsprechend als ganze Person zum Lehrer als ganze Person sich in Bezie-
> hung setzen" (ebd. S. 38).

Damit ist objektiv ein „sozialisatorisches Potential" gegeben, das bei bewusster
Gestaltung im Sinne der somato-psycho-sozialen Integration therapeutisch-pro-
phylaktische Wirkung hat und bei Vernachlässigung negative Folgen nach sich
zieht. Die eben geschilderte besondere Beziehung zwischen Lehrer/in und Schü-
ler/in hat für Ulrich OEVERMANN eine „tragende Bedeutung", weil in ihr ein
„Arbeitsbündnis zwischen Experten und Klient durch eine widersprüchliche Einheit von diffusen und spezifischen Sozialbeziehungen geprägt ist" (ebd. S. 39).
Dabei drückt „diffus" die umfassende Beziehung zwischen Personen aus, bei denen kein Thema ausgeklammert zu sein braucht und für die beispielhaft die in-
takte Familie steht. „Spezifisch" bedeutet die Begrenzung auf eine festgelegte
Rolle, ein festgelegtes Thema. Mit dem Eintritt in die Schule lernen Schüler/
-innen eine verpflichtende soziale Rolle zu übernehmen, nämlich die als Schü-
ler/innen zum Lehrer/zur Lehrerin, die allerdings die zitierte Ambivalenz zeigt,
während die Beziehung der Schüler/innen untereinander noch diffus sein kann.
Aber im Gegensatz zur Familie ist die Beziehung im Miteinander gleichberech-
tigt.
     Bezüglich des erforderlichen Arbeitsbündnisses für pädagogisch professio-
nelles Handeln sieht Ulrich OEVERMAN nun in der gesetzlichen Schulpflicht
einen entscheidenden Unterschied zu anderen Professionen, in denen der Klient
freiwillig seinen Helfer aufsucht. So führt der Leidensdruck den Patienten zum
Arzt und gibt damit den Raum frei für die widersprüchliche Einheit eines funk-

tionierenden Arbeitsbündnisses. Für pädagogisches Handeln setzt Ulrich OEVERMAN an die Stelle des Leidensdruckes

> „die naturwüchsige Bedingung der Neugierde als schülerische Voraussetzung für ein Arbeitsbündnis. Neugierde bedeutet analog zum Leidensdruck, dass die schon autonomen („gesunden") Anteile des Schülers offen bekennen, noch nicht alles zu wissen, was man wissen möchte und sollte und korrelativ dazu die Bindung, alles dafür zu tun, diese Wissenslücke zu schließen. Lehrerseitig gehört dann dazu, diese Bündnisvoraussetzung zu unterstellen und zu respektieren. Daraus folgt, dass man nichts lehren darf, wozu eine Neugierde nicht vorliegt und dass man Antworten auf alles geben soll, was in einem neugierigen Fragen aufgeworfen wird" (ebd. S. 43-44).

Mit der Schulpflicht werde dem Schüler/der Schülerin seine Neugierde aberkannt und damit auch das erforderliche Arbeitsbündnis mit den Lehrer/innen blockiert, was als Folge die Möglichkeit einer Professionalisierung der Lehrer/-innen ausschließt. Würde die Schulpflicht aufgehoben, so entfielen „die Probleme der Disziplinierung und damit die größten Probleme der Schulpädagogik" (ebd. S. 44). Ulrich OEVERMAN rechnet damit, dass er bei dieser Argumentation und der ernsthaften Erwägung einer Abschaffung der Schulpflicht als weltfremd angesehen wird. Er rechtfertigt die Einführung der Schulpflicht im 19. Jahrhundert als sicherlich unumgänglich

> „unter den Bedingungen der explosionsartigen Erweiterung von gesellschaftlich relevanten Wissen, (...) um möglichst rasch und einschneidend einen sozialen Wandel des Bildungssystems durchzusetzen (und) Schüler aus sehr bildungsfernen und agrarischen und proletarischen Milieus zum regelmäßigen Schulbesuch anzuhalten" (ebd. S. 45).

Heute sei Schülern und Eltern bewusst, dass für ein selbständiges Leben schulische Bildung von mindestens zehn Jahren erforderlich sei und ein generelles Fernbleiben von der Schule lasse sich nicht durch Gesetze erzwingen, sondern bedürfe der Therapie.

Diese Argumentation erscheint etwas eindimensional und nicht mehr realitätskonform. Denn es gibt auch heute bildungsferne Schichten und gerade die Schulpflicht kann als Schulrecht dem Schutz des Kindes vor der Willkür der Eltern dienen.

Natürlich hat die Schulpflicht für Lehrer/innen und Schüler/innen eine Reihe von Belastungen und die bei Fritz SCHÜTZE erwähnten Paradoxien zur Folge, die Ulrich OEVERMANN auch sehr deutlich sieht und begrifflich etwas anders fasst. Bei seiner Auflistung der „Indikatoren und Erscheinungsformen des Ausbleibens einer Professionalisierung der pädagogischen Praxis" überwiegen alle negativen Erscheinungen eines Lehrerberufs und er selbst bekennt am Schluss, dass er eine Auswahl getroffen habe und dass „einige impressionistisch aufgelistete Indikatoren (…) ungewollt polemisch geraten (sind)" (ebd. S. 49 und 52).

Wenn auch ungünstige Bedingungen für ein Arbeitsbündnis in der Schule bestehen, so beschreibt Ulrich OEVERMANN „das der latenten therapeutischen Dimension pädagogischer Praxis zuzurechnende Arbeitsbündnis, in dem der Lehrer steht" und gliedert es in drei Phasen, auf die ich hier nicht mehr eingehe, ebenso wenig wie auf die „Aussichten auf eine künftige Professionalisierung" im Rahmen einer veränderten Lehrerausbildung (vgl. ebd. S. 46-49 und S. 57-63).

3.5 Gemeinsamer Strukturkern professionellen Handelns

Bereits bei den oben geschilderten Positionen lassen sich ähnliche Gedankengänge, wenn auch mit unterschiedlicher Begrifflichkeit, feststellen. Zieht man die umfangreiche Literatur zu den einzelnen Positionen zu Rate, dann treten – wie Margret KRAUL formuliert – „grundlegende Gemeinsamkeiten" noch deutlicher hervor,

> „die von einem Strukturkern professionellen Handelns zu sprechen erlauben. Alle drei Ansätze betten erstens professionelles Handeln in modernisierungstheoretische und makrosoziale Zusammenhänge ein und begreifen Professionen als Strukturerfordernis in Modernisierungsprozessen. Sie weisen zweitens auf einen Strukturkern professionellen Handelns hin, der mit Riskanz, Ungewissheit und Fehleranfälligkeit umschrieben werden kann. (…) Stichweh akzentuiert (…) ein nicht technologisierbares, spannungs- und risikoreiches Verhältnis zwischen Professionellen und Klient. In Oevermanns Überlegungen nimmt dann das voraussetzungsvolle und störanfällige Arbeitsbündnis zwischen Professionellen und AdressatInnen/KlientInnen und den damit verbundenen widersprüchlichen Vermittlungsleistungen eine zentrale Bedeutung ein. (…) Schütze arbeitet schließlich nicht aufhebbare, sondern nur reflexiv bearbeitbare Paradoxien als Kernelement professionellen Handelns heraus. Drittens weisen alle drei Ansätze auf antinomische und paradoxe Spannungen im professionellen Handeln hin, die diesem prekäre Vermittlungsleistungen zwischen zum Teil widersprüchlichen Handlungsanforderungen abverlangen" (KRAUL 2002, S. 7-8).

Der Strukturkern der systemischen, interaktionistischen und strukturtheoretischen Position besteht nach dieser Darlegung – noch einmal pointiert zusammengefasst – aus drei Faktoren:

1. Professionelles Handeln steht in makrosozialen Zusammenhängen und entsteht als Strukturerfordernis in Modernisierungsprozessen.

2. Professionelles Handeln findet in einem nicht-technologisierbaren und stör-
   anfälligen Arbeitsbündnis zwischen Professionellen und Klienten statt.

3. Professionelles Handeln findet in einem paradoxen Spannungsfeld statt und
   verlangt das Ausbalancieren widersprüchlicher Anforderungen.

Sehr anschaulich wird die in diesem Abschnitt geschilderte Problematik in den
„Fallstudien zur Bedeutung alltäglicher Handlungsabläufe an unterschiedlichen
Schulformen" – so der Untertitel – zu „Belastungen von Lehrerinnen und Lehrern" dargestellt (vgl. COMBE/BUCHEN 1996). In dieser Studie wird die Leh-
rerbelastung auf der Grundlage hermeneutischer Fallanalysen von Unterrichts-
szenen, Einzel- und Gruppeninterviews mit den Beteiligten untersucht. Dabei
zeigen sich Konstellationen, die einerseits bis zum Burn-Out-Syndrom, andererseits zu beruflicher Zufriedenheit und Identität führen können.

3.6   Aufgaben- und kompetenztheoretische Position

Um „ein realistisches Bild der Lehrerarbeit, ihrer Risiken und der damit verbundenen Beanspruchungen zu zeichnen" wenden Karl-Oswald BAUER, Andreas
KOPKA und Stefan BRINDT in ihrer Forschung Methoden der Ethnographie,
Grounded Theory und Typologie an. Damit versuchen sie „eine Theorie der Lehrerprofessionalität zu entwerfen, die von den tatsächlichen Arbeitsaufgaben und
beruflichen Handlungsmustern ausgeht" (BAUER u. a.1996, S. 29). In ihrer Untersuchung begleiteten und beobachteten sie 30 Lehrer/innen über einen längeren
Zeitraum – „hunderte von Stunden" – bei ihrer Arbeit und werteten die Daten in
einer qualitativen Analyse aus. Ein Ergebnis bestand in der Identifizierung eines
pädagogischen Handlungsrepertoires, das sich aus fünf Dimensionen zusammen-
setzt: Soziale Strukturen bilden, Interaktion steuern, Kommunizieren und Informieren, Lernumgebungen gestalten, Hintergrundarbeit leisten (vgl. BAUER u. a.
1996, S. 117-160). Zu diesen Dimensionen kommen jeweils 5-10 Subdimensio-
nen hinzu, die BAUER aufgrund neuerer Forschungsergebnisse erweitert und
neu gefasst hat. Ebenso hat er „im Hinblick auf Ergebnisse der empirischen Un-
terrichtsforschung (vgl. Helmke 2003, Kiper u. a. 203) (…) eine sechste Dimension ‚Ziele klären und Inhalte strukturieren' (hinzugefügt)" (BAUER 2005,
S. 20). Dabei ist es ihm „wichtig, dass alle sechs Dimensionen ihre Wirkung nur
miteinander entfalten, also aufeinander einwirken, und zwar auf eine nicht-linea-
re Weise" (BAUER 2005, S. 21). Ein Beispiel für „Soziale Strukturen bilden"
mit der Subdimension „Kleingruppen anleiten" habe ich bereits im Rahmen der
interaktionistischen Position bei der Routineparadoxie im Zusammenhang mit
der dort von Karl-Oswald BAUER geschilderten Dilemmasituation dargestellt.

Die Bedeutung von Handlungsrepertoires ergibt sich aus der komplexen Unterrichtssituation, in der unter Zeitdruck gleichzeitig verschiedene miteinander vernetzte Handlungen erfolgen müssen. Deshalb führt Karl-Oswald BAUER dazu aus:

> „Handlungsrepertoires sind hoch verdichtete Verknüpfungen kognitiver Strukturen mit motorischen Abläufen, die es Handlungsträgern ermöglichen, rasch und ohne Verzögerung, sicher und zielstrebig in komplexen Situationen zu agieren. Für professionelles Handeln sind gut ausgeformte Handlungsrepertoires von zentraler Bedeutung (vgl. WAHL 1991). (...) Aus der Beobachterperspektive wirkt Handeln dann professionell, wenn es zielsicher, flüssig und gekonnt erfolgt und wenn es zur rechten Zeit und in rechtem Tempo erfolgt" (BAUER 2002, S. 51).

Das Handlungsrepertoire macht nun für Karl-Oswald BAUER nicht die gesamte pädagogische Professionalität aus, sondern ist in einen größeren Zusammenhang eingebettet, in dem ein „professionelles Selbst" – der Begriff ist neu im Zusammenhang mit der erwähnten Forschung (vgl. BAUER u. a. 1996, S.13ff.) kreiert worden – eine zentrale Rolle spielt:

> „Mit ihm wird das organisierende Zentrum bezeichnet, das Werte und Ziele, Handlungsrepertoires, Fachwissen und Fachsprache, Wahrnehmungen und Feedback miteinander verbindet und als Handlungsträger für Kollegen, Klienten, Ratsuchende, Lernende sichtbar wird" (BAUER 2002, S. 55). „Das professionelle Selbst enthält sein eigenes Entwicklungsprogramm, es setzt sich auch ohne äußeren Druck immer wieder neue Ziele und betrachtet die berufliche Weiterentwicklung (...) als lohnende Aufgabe" (BAUER 1998, S 353-354).

Der Begriff des pädagogischen Selbst rückt mit diesen Formulierungen in die Nähe des Begriffs der „Lehrerpersönlichkeit". Der Vorteil dieses neuen Begriffs liegt darin, dass mit ihm nicht die Gesamtheit einer Persönlichkeit, sondern nur der im Beruf sichtbar werdende Teil eines Pädagogen umrissen ist. Der ist dann auch eher einer Weiterentwicklung zugänglich, was BAUER betont, wenn er als Untertitel „Theorie und Training" für sein Werk „Pädagogische Basiskompetenzen" wählt, während der Begriff der „Lehrerpersönlichkeit" eher etwas Starres ausdrückt und in einer qualitativen Untersuchung nach Einschätzung der Lehrer/-innen verstanden wird als „ein Ensemble von Eigenschaften, die erstens zentral für eine erfolgreiche Berufsausübung sind, sich zweitens nicht trennscharf umreißen lassen und drittens den Charakter des ,Nichterlernbaren' tragen" (HERTRAMPH/HERRMANN 1999, S. 53).

Zurzeit gibt es eine umfangreiche Diskussion zu den Kompetenzen, die Lehrer/innen für ihren Beruf entwickeln und besitzen müssen. Ich gehe darauf im 6. Kapitel ein. An dieser Stelle beschränke ich mich bewusst auf die in einer qualitativen Längsschnittstudie (BAUER u. a. 1996) gefundenen Ergebnisse, die auch in die Forschungsdiskussion Eingang gefunden haben.

3.7 Berufsbiographische Aspekte zur pädagogischen Professionalität

In der Einleitung zu dem Werk „Biographie und Profession" zeigen Margret KRAUL u. a. die Bedeutung der Professionalität für

> „die Professionellen selbst mit ihren (berufs)biographischen Erfahrungen, Einstellungen und Kompetenzen sowie den damit möglicherweise verbundenen blinden Flecken. (…) Professionelles Handeln benötigt neben disziplinären Ausbildungen auch eine Berücksichtigung biographischer Entwicklungen; die Balancierung von Widersprüchen und Paradoxien erfordert Biographizität. Professionelle Akteure müssen ihre Wahrnehmung in verschiedenen Bereichen schulen, um Vorgehen hinterfragen und bewusst zwischen Alternativen wählen zu können. (...) Biographische Reflexion wird damit zu einem zentralen Bestandteil von Professionalität." (KRAUL u. a. 2002, S. 9).

Die eben angesprochene biographische Entwicklung der Professionalität im Lehrerberuf hat die Forschung interessiert und einige Veröffentlichungen zu diesem Thema zur Folge gehabt. Besonders Ewald TERHART hat sich mehrfach mit dem Studium von Lehrerbiographien befasst (vgl. TERHART 1994, 1995, 1996, 2000, 2001). In „Perspektiven der Lehrerbildung in Deutschland" geht er auf die dritte Phase der Lehrerbildung „Lernen im Beruf" ein. Er stellt dar, dass die Berufsbiographien von Lehrkräften keineswegs nach einem einheitlichen Muster verlaufen mit „anfänglichen Turbulenzen, dann Etablierung, Stabilität und Konstanz bis zum Berufsende" (TERHART 2000, S. 140). Es gäbe vielfältige Wechsel, Krisen, Verflechtungen mit dem privaten Lebenslauf, ferner deutlich typische Unterschiede zwischen Männern und Frauen sowie schulformbezogene Differenzen (vgl. TERHART 2000, S. 125-142). Die Studien Ewald TERHARTS sowie anderer Forscher auf diesem Gebiet belegen, dass Lehrer/innen die Ausgestaltung ihrer berufliche Kompetenz und Karriere erst während der Praxis erwerben (vgl. dazu COMBE 1996, FLAAKE 1989, HIRSCH 1990, HUBERMANN 1992, HÄNSEL 1997, HERMANN/HERTRAMPH 1997, SCHÖNKNECHT 1997).

Werner HELSPER gibt vor dem Hintergrund der antinomischen Spannungen in pädagogischen Berufsfeldern eine Zielperspektive für die persönliche professionelle Entwicklung im Beruf:

> „Wenn die Herausbildung eines professionellen pädagogischen Habitus als Lehrer Züge eines (selbst)reflexiven Bildungsprozesses gewinnt, dann entsteht dadurch die Möglichkeit, zu den eigenen Positionierungen im Spannungsfeld der Antinomien reflexiv Stellung zu beziehen, sie als eine Möglichkeit neben anderen kritisch zu befragen und damit für Transformation und Innovation im lebenslangen professionel-

len Bildungsprozess offen zu halten. (...) Diese Überlegungen implizieren, dass es keine Möglichkeit gibt, unabhängig von der konkreten Person, dem jeweiligen Selbst, der jeweiligen Berufsbiographie und dem professionellen Habitus einen Idealentwurf oder ein „Leitbild" des professionellen Lehrers zu formulieren" (HELSPER 2002, S. 95).

Mit Rezeption der neueren qualitativen Professionsforschung ist – auch unter Beteiligung von HELSPER – eine neue „ ZBBS-Buchreihe: Biographie und Profession. Studien zur qualitativen Bildungs-, Beratungs- und Sozialforschung" entstanden (FIEDLER u. a. 2004, Band 1), in denen auch Berufsbiographien von Lehrerinnen und Lehrern enthalten sind. So enthält Band 1 u. a. eine Einführung von Melanie FABEL-LAMLA in „Ostdeutsche Lehrerbiographien Professionisierungspfade im doppelten Modernisierungsprozess" mit anschließendem Kommentar von HELSPER „Lehrerbiographien im Transformationsprozess" und Band 2 die vollständige gleichnamige Dissertation von Melanie FABEL-LAMLA zu dem Thema (vgl. FABEL und HELSPER 2004, FABEL-LAMLA 2004).

3.8 Überblick und Zusammenfassung der Theorien zur pädagogischen Professionalität

Tabelle 1: Übersicht über verschiedene theoretische Perspektiven auf Professionalität

Theoretische Perspektive	Definition von Professionalität	Besonderheit (pädagogischer) Profession	Probleme pädagogischer Profession
macht-theoretisch	Sicherung von Monopolen und Privilegien	Verflechtung mit gesellschaftlichen Machtstrukturen	mögliche Bevormundung von Laien durch Professionelle
system-theoretisch	funktionelle Differenzierung der Moderne zur Lösung existenzieller Probleme	– Dichte des Kontaktes – Mitwirkung des Klienten – Interaktionssensibel	– Unsicherheit – Technologiedefizit
interaktionistisch	Arbeit an zentralen Schnittstellen des gesellschaftlichen Konstitutionsprozesses	Umsichtige Vermittlung von Unvereinbarkeiten sozialer Prozesse	– Verlaufskurvenparadoxie – Routineparadoxie – Organisationsparadoxie

Theoretische Perspektive	Definition von Professionalität	Besonderheit (pädagogischer) Profession	Probleme pädagogischer Profession
struktur-theoretisch	stellvertretende Krisenbewältigung, verbunden mit der Erfüllung zentraler gesellschaftlicher Werte	– Autonomie des Klienten – somato-psycho-soziale Integration – tragende Bedeutung der Schüler-Lehrer-Beziehung	– Ambivalenz von Schulpflicht und Neugierde – Autonomie-paradoxie
kompetenz-theoretisch	Bewältigung speziell pädagogischer Arbeitsaufgaben	Zusammenspiel von Handlungsrepertoire und professionellem Selbst	Erwerb des komplexen Handlungsrepertoires
berufs-biographisch	fachspezifische Sozialisation	Reflexion und Balancierung von Widersprüchen	– Erwerb von Kompetenzen während der Praxis – blinde Flecken aufspüren

3.9   Pädagogisches Handeln als Vermittlung

Angesichts der verschiedenen Perspektiven auf Professionalität stellt sich die Frage nach den Spezifika der pädagogischen Professionalität.

In einer Schlussbilanz ihres Artikels zur „ Professionalität" stehen COMBE/ HELSPER

> „vor der Schwierigkeit, die Vielfalt pädagogischer Berufe und auch der in der Gesellschaft praktizierten, nicht direkt beruflichen Erscheinungsformen pädagogischen Handelns in einem begrifflich einheitlichen Handlungsrahmen zu fassen und zugleich dessen je spezifische Besonderheit zu fassen" (COMBE/HELSPER2002, S. 39).

Für sie scheinen trotz der Vielfalt Gemeinsamkeiten auf, beispielsweise als Ziel „die Sicherung der Autonomie eines physischen wie in seiner sozialen und psychisch-individuellen Existenz versehrbaren (und zerstörbaren) ‚Selbst'"(ebd. S. 39). Zur Erreichung dieses Zieles bietet sich ihnen der Begriff der „Vermittlung" als „Kernstruktur des Pädagogischen" an. Zum einen bedürfe das zur Lebensführung notwendige Wissen einer besonderen Vermittlung im pädagogischen Kontext. Zum anderen sei pädagogisches Handeln mit Bezug auf Vermittlung auch als „Brücke des Verstehens" zwischen unterschiedlichen Weisen

des Ich und des Anderen und Andersartigen, Fremden in Gesellschaft und Geschichte zu verstehen (vgl. ebd. S. 40). Für eine pädagogische Vermittlungsauf-
gabe bedarf es nun einer entsprechenden Interaktionsform, die Jochen KADE
und Christian LÜDERS in einem Beitrag (1996, S. 887-923) so formulieren:

> „Was demnach professionelle pädagogische Praxis vor anderen Formen der Vermitt-
> lung auszeichnet, ist der lokale, das heißt der unter den besonderen institutionellen
> Bedingungen, in spezifischer Weise themenbezogene und zwischen den körperlich
> anwesenden jeweiligen Professionellen und Adressaten stattfindende unmittelbare
> Vermittlungs- und Kommunikationsprozess. (...) Professionelle pädagogische Pra-
> xis profiliert sich so als eine besondere Form direkter zentrierter Interaktion" (ebd.
> S. 912).

Auf die Aussagen von KADE/LÜDERS nehmen auch COMBE/HELSPERS Bezug. Dabei fragen sie anschließend nach einer Interaktionsform, die „auch in
einem empirischen Sachverhalt verortet sein muss" (ebd. S. 41). Sie finden diese
in dem „Interaktionstyp der Anerkennung", wie er bereits in der Säuglingsforschung entdeckt und wie ich sie beispielsweise bei Jessica BENJAMIN im
Kapitel „Die erste Bindung. Erstes (An)erkennen" formuliert und weiter erörtert
sehe (vgl. BENJAMIN 1990 S. 19-66). Der „Interaktionstyp der Anerkennung"
mit seiner existenziellen Zuwendung zum Gegenüber verbindet sich in gewissem
Sinne als eine Grundlage mit der zentralen pädagogischen Aufgabe der Vermittlung. Im Hinblick auf weitere Arbeiten zur Säuglingsforschung kommen COM-
BE/HELSPER zu folgender Schlussfolgerung: Es gibt

> „zahlreiche empirische Hinweise und Szenen, die verdeutlichen, was von der Inter-
> aktionsform her die Bedingung der Entfaltung jener Bestimmung zur Selbstbestim-
> mung und selbsttätiger Einsicht ist: So sehr das Kind das Zentrum eigener konstruie-
> render Tätigkeit ist, so sehr geht es dabei um gemeinsames kreatives Konstruieren,
> um ‚Ko-Konstruktion'. (...) Akzeptiert man diese anerkennungstheoretische Fassung
> pädagogischer Interaktion, so gehört es zu den größten Irrtümern pädagogischen
> Handelns anzunehmen, das, was im Kopf des Professionellen ist, lasse sich in glei-
> cher Weise im Kopf der jeweiligen Klienten vorfinden oder gar linear dahin trans-
> portieren" (ebd., S. 41-42).

Die TZI weist Bezüge zu diesem Begriff der Vermittlung und Anerkennung
ebenso wie zu den verschiedenen aufgeführten Professionstheorien auf.

Nach der knappen Zusammenfassung des komplexen Phänomens pädagogischer Professionalität erörtere ich im nächsten Abschnitt diejenigen Aspekte, die
einen Bezug zur TZI herstellen.

3.10 Anschlüsse der TZI an Positionen der pädagogischen Professionalität

3.10.1 Machttheoretische Position

Ein Anknüpfungspunkt an die machttheoretische Professionalisierungstheorie stellt die kritische Sicht auf machtpolitische Mechanismen dar. In der TZI ist dies mit dem Begriff des Globe verbunden, der sich in konzentrischen Kreisen um unsere Lebenswelt lagert. Ruth COHN weist auf die Bedeutung dieses Faktors besonders hin. Zugespitzt formuliert sie: „Wer den Globe nicht kennt, den frisst er" (COHN 1984, S. 356) und meint damit, die Notwendigkeit des Beachtens von hineinwirkenden Hierarchiestrukturen in pädagogisches Handeln, aber auch des aktiven Hineinwirkens der Gruppe in globale Kontexte.

Der möglichen Bevormundung der Laien wird durch Stärkung der Chairperson und Delegation von Leitung entgegengewirkt.

3.10.2 Systemtheoretische Position

In der systemtheoretischen Betrachtung wird die Bedeutung der Kooperation der Klienten hervorgehoben. In der TZI ist die Interaktion bedeutungsvoll hinsichtlich der gemeinsamen Bearbeitung einer Aufgabe und wird in der Wir-Es-Schiene des Strukturmodells betont.

Das in der Systemtheorie beschriebene Technologiedefizit wird gemildert durch die heuristische Betrachtung des Strukturmodells der TZI: Ich-Wir-Es-Globe. Dies gibt der Strukturierung von Thema und Gruppe ein Hilfsmittel an die Hand. Eine grundlegende Unsicherheit in der Gestaltung pädagogischer Prozesse ist damit natürlich nicht aufgehoben. Diese Unsicherheit ist in das TZI-Modell in Form des existenziellen Postulats der Beachtung von Störungen integriert.

3.10.3 Interaktionistische Position

Paradoxien und widersprüchliche Handlungsanforderungen werden von der interaktionistischen Position formuliert. Die TZI beschreibt diese Grundverfasstheit des Menschen mit ihren Axiomen, die Gegensätze als Bestandteile einer übergeordneten Einheit sieht. Im ersten Axiom wird diese Spannung deutlich durch die Betonung, dass der Mensch als psycho-biologische Einheit und Teil des Universums gleichzeitig autonom und interdependent sei. Die Autonomie werde größer, je mehr man sich der eigenen Interdependenz bewusst werde.

Diese Bewusstwerdung eigener Interdependenz findet ihre Entsprechung in der pädagogischen Professionalität, wenn von Petra HERZMANN und Fritz SCHÜTZE die Notwendigkeit formuliert wird, sich der Eingebundenheit in unterschiedliche Paradoxien bewusst zu werden. (vgl. SCHÜTZE u. a. 1996, HERZMANN 2001). Sowohl bei ihnen als auch in der TZI spielt die Ausbalancierung solcher Paradoxien eine wichtige Rolle.

Die Routineparadoxie wird in der TZI durch eine besondere Strukturierung der Themenfindung balanciert, indem auf die Interessen und die Ausgangslagen der Beteiligten eingegangen sowie deren Mitwirkung gefordert wird.

Die Verlaufskurvenparadoxie weist darauf hin, dass jede pädagogische Intervention in ihrer Auswirkung offen ist und auch einen negativen Verlauf nehmen kann. Die TZI betont in diesem Zusammenhang die Notwendigkeit der Ausbildung einer gesteigerten Selbst- und Fremdwahrnehmung. Sie fördert dabei die Entwicklung eines Repertoires von geschultem Denken und unblockierten, wachen Gefühlen, das sich auf wechselseitige und auch kritische Situationen einstellen kann. Damit besteht die Chance, sich anbahnende negative Verlaufskurven in positive Wandlungsprozesse zu überführen.

3.10.4 Strukturtheoretische Perspektive

Die Strukturtheorie formuliert drei Fokusse professioneller Arbeit: 1. Therapie und Prophylaxe, 2. Gerechtigkeit im Zusammenleben und 3. Wahrheitsbeschaffung. Elemente dieser drei Bereiche lassen sich im Konzept der TZI identifizieren.

Ruth COHN sieht ihr Konzept als ein pädagogisch-therapeutisches Konzept. Hierbei betrachtet sie Pädagogik als die Antizipation, also Prophylaxe von Therapie. Pädagogik helfe dem psychisch eingeengten Menschen, Zugang zu sich selbst und zu anderen zu finden und beziehe sich auf die Erfüllung und Erweiterung des freien Potenzials (vgl. COHN 1975, S. 176).

Das Bedürfnis, Gerechtigkeit im Zusammenleben zu verbessern und politische und menschliche Katastrophen – wie die des Dritten Reiches – zu verhindern, war für COHN eine zentrale Motivation zur Entwicklung der TZI und fand ihren Ausdruck in dem zweiten Axiom. Danach gebühre allem Lebendigen und seinem Wachstum Ehrfurcht und Respekt als Ausdruck einer Humanität (vgl. COHN 1984, S. 55). Die Betonung von ethischen Werten unterscheidet die TZI von manch anderem pädagogischen Handlungskonzept. Wie in der strukturtheoretischen Position formuliert, hat die pädagogische Profession eine besondere Aufgabe in der Werte- und Normenvermittlung. Dem entspricht die TZI in ihrem Wertebezug.

Die Wahrheitsfindung nimmt in der TZI eine besondere Form an. Sie gestaltet sich als Interaktionsprozess in dem Bestreben, zu gemeinsam anerkannten Aussagen zu gelangen. Entscheidungsbildung wird in der TZI bei überschaubaren Gruppen somit nicht, wie in demokratischen Prozessen oft üblich, durch Mehrheitsbeschlüsse betrieben, vielmehr wird Konsens angestrebt. Dies führt zu einer gebündelten Zusammenarbeit. Durch ein solches Vorgehen wird auch ein von außen erzeugtes Expertenwissen relativiert.

Als ein Kennzeichen professioneller Handlungsfelder führt die Strukturtheorie die notwendige Autonomie der Klienten an. In der pädagogischen Professionalität bedeutet dies, dem Lernenden nur so viel Anregung zu geben, wie er zum Forschen und Herausfinden von Zusammenhängen benötigt. Die Möglichkeit einer Entmündigung durch zu viel Hilfe ist in dem Autonomieparadoxon formuliert. Die TZI integriert dieses Spannungsverhältnis sensibel, indem sie sich um eine der jeweiligen Situation angemessene Hilfestellung bemüht. Dies lässt sich gut mit den Worten Ruth COHNs belegen: „Weniger zu geben als nötig, ist Diebstahl, mehr zu geben ist Mord" (COHN 1979, S. 26).

Die tragende Bedeutung einer Schüler-Lehrer-Beziehung ist in dem Leitsatz der TZI „Die Beziehung trägt die Arbeit" und einer ausbalancierten Anteilnahme, die dem von Ulrich OEVERMANN formulierten Arbeitsbündnis entsprechen kann, zum Ausdruck gebracht.

3.10.5 Kompetenztheoretische Position

Pädagogische Professionalität aus kompetenztheoretischer Sicht verlangt nach Karl-Oswald BAUER das Zusammenwirken eines Handlungsrepertoires mit dem professionellen Selbst. Das Handlungsrepertoire gliedert sich hierbei in verschiedene Komponenten:

- Ziele klären und Inhalte strukturieren
- Soziale Strukturen bilden
- Interaktion steuern
- Kommunizieren und informieren
- Lernumgebung gestalten
- Hintergrundarbeit leisten

Diese Komponenten lassen sich im TZI-Konzept in einer etwas anderen Formulierung und Strukturierung wiederfinden. Als Beispiel nenne ich den häufig praktizierten Verlauf einer TZI-Lerneinheit:

- Lernumgebung unter Berücksichtigung des Globe gestalten,

- Ziele mit den Teilnehmenden klären,

- Inhalte gemeinsam in ansprechende, gut zu bearbeitende Themen fassen,

- soziale Strukturen organisieren (u. a. ggf. unterschiedliche Gruppengrößen bilden) und unterschiedliche Methoden zur Bearbeitung der Themen finden und einsetzen,

- dabei Interaktion steuern, kommunizieren und informieren,

- Hintergrundarbeit durch Vor- und Nachbereitung leisten.

Zur Sicherstellung eines breiten Methodenrepertoires werden zum einen in den TZI-Kursen selbst vielfältige Methoden praktiziert und erprobt, zum anderen werden im Rahmen der TZI-Ausbildung entsprechende Zusatzausbildungen gefordert.

Mit dem Begriff des „professionellen Selbst" beschreibt Karl-Oswald BAUER ein übergeordnetes, organisierendes Zentrum für Werte und Ziele und die passende Aktivierung des Handlungsrepertoires. Dieses „professionelle Selbst" ist einer selbstbestimmten Weiterentwicklung zugänglich. Dieser Sachverhalt findet in der TZI seine Entsprechung im Begriff der Chairperson. Auch hier wird eine persönliche Entwicklung und Verantwortung für das eigene Handeln als ständige Aufgabe und lebenslanger Prozess angesehen.

3.10.6 Berufsbiographische Position

Lehrende erwerben erst im Laufe ihrer Berufspraxis durch Reflexion und Balancierung der Widersprüche ihre erweiterte Kompetenz. Berufsbiographische Aspekte der pädagogischen Professionalität spielen bei der TZI eine wichtige Rolle. Dies geht allein daraus hervor, dass in den TZI-Ausbildungskursen die Weiterentwicklung der Persönlichkeit bedeutsam ist. Ziel dieser Kurse ist unter anderem die Verinnerlichung der Balance von Autonomie und Interdependenz sowie Respekt vor der eigenen Biographie und der der anderen, ferner eine Erweiterung der Selbst- und Fremdwahrnehmung. Aber auch in allen anderen TZI-Kursen gibt es Raum für die Reflexion widersprüchlicher Situationen der eigenen Berufspraxis.

3.10.7 Pädagogisches Handeln als Vermittlung

Als übergreifende Besonderheit pädagogischer Profession greifen COMBE/ HELSPER auf den Begriff der Vermittlung als „Kernstruktur des Pädagogischen" zurück. Vermittlung wird dabei gesehen als:

1. Vermittlung von notwendigem Wissen zur Lebensführung und auch

2. als „Brücke des Verstehens" zwischen unterschiedlichen Weisen des Ich und des Anderen und Andersartigen, Fremden in Gesellschaft und Geschichte.

Diese Vermittlung bedarf als Grundlage einer tragfähigen Basis, die in der Haltung der Anerkennung ihren Ausdruck findet.

Diese Anerkennung bezieht sich auch auf das Anerkennen der Selbstbestimmtheit und des selbsttätigen Erarbeitens von Wissen der Klienten/Schüler. Wissen lasse sich nicht linear transportieren, wie es leider häufig angenommen werde. Für COMBE/HELSPER gehört diese Annahme „zu den größten Irrtümern pädagogischen Handelns" (vgl. 2002, S. 42).

Gerade in diesem zuletzt genannten Sachverhalt sieht Ruth COHN die Ursache für Störungen (COHN 1984, S. 360) und ihre große Bemühung gilt deshalb der „Ko-Konstruktion", indem sie große Sorgfalt auf die Formulierung, Entwicklung und Bearbeitung der Themen in Kooperation mit den Teilnehmern verwendet. Das bedeutet dann auch sukzessive deren teilnehmende Leitung – ein zentraler Begriff im Leitungsverständnis der TZI – worin ein Abbau des in der Ideologiekritik geäußerten Machtmissbrauchs liegt und zugleich eine Förderung der Autonomie und Stärkung der Chairperson verbunden ist. Ruth Cohn versucht damit, „die Tatsache" ernst zu nehmen, „dass die Aushandlung von Bedeutung der Kern unterrichtlicher Interaktion ist" (COMBE/HELSPER 2002, S. 42). Ferner lässt sich mit dem Anerkennungskonzept besonders die Ausgestaltung des 2., des ethischen Axioms in Verbindung bringen. So soll hoher Respekt allem Lebenden, auch dem Fremden und Andersartigen, entgegengebracht werden. Solche Prinzipien sind in die Ausbildung integriert und können in den Seminaren erfahren werden. Auch Ruth COHNs Motto „es geht ums Anteilnehmen"[6] kann man dazu rechnen.

So lassen sich viele Bezüge und Querverbindungen der TZI zu Positionen der pädagogischen Professionalität herstellen, die ich hier nur in Auswahl ausgeführt habe.

---

6 Vgl. dazu den Buchtitel: „Es geht ums Anteilnehmen" (COHN 1989).

Aus dieser Diskussion um die verschiedenen Positionen pädagogischer Professionalität und ihren Bezügen zur TZI ergibt sich für mich die Frage: Wie wird pädagogische Professionalität in Handlungen umgesetzt und wie ist das nachweisbar? Karl-Oswald BAUER hat mit seinen Mitarbeitern sein Kompetenzmodell im Rahmen einer qualitativen Forschung über mehrere Jahre entwickelt (vgl. BAUER u. a. 1996). Ich werde mit Hilfe des narrativen Interviews folgenden Fragen nachgehen:

1. Wie gestaltet sich die pädagogische Professionalität meiner Interviewpartnerinnen und -partner? Da TZI keine eigentliche Berufsausbildung beinhaltet, zudem bisher weniger berufsvorbereitend als berufsbegleitend zur Förderung der Professionalität eingesetzt ist, stellt sich die Frage: Wie ist es zu einer Begegnung mit TZI gekommen? Wie haben sich dadurch Akzente innerhalb der beruflichen Arbeit verändert, wie wurde TZI in das berufliche Handeln integriert? Wie kann TZI die berufliche Sozialisation unter den unterschiedlichen Bedingungen der verschiedenen Institutionen sowie eine höhere Zufriedenheit und Identifikation mit dem Beruf fördern?

2. Wie lässt sich aus den Interviews das spezifische Bild einer TZI-Professionalität herausarbeiten?

4 Methodische Zugänge zum Feld der TZI

Die zuletzt angeführten Fragestellungen sind ebenso wie der Weg zu ihrer Beantwortung durch geeignete Methoden das Ergebnis eines längeren Findungsprozesses. Dieser hat nun selbst etwas mit den Methoden zu tun, die hier zur Anwendung kommen: Er basiert auf der prozessorientierten Methode der „Grounded Theory". Diese Theorie wurde erstmals 1967 von Barney G. GLASER und Anselm L. STRAUSS in die soziologische Forschung eingeführt und beschäftigt sich mit der Frage, wie Theorien im Laufe eines methodologischen Verfahrens gefunden – generiert – und abgesichert werden können. Sie hielten die quantitativ orientierte Position in der damaligen Forschung nicht für ausreichend und waren „der Ansicht, daß die Angemessenheit einer soziologischen Theorie heute nicht (mehr) von dem Prozeß, in dem sie generiert wird, getrennt werden kann (…) und sich in dem Maße bewährt, in dem sie induktiv entwickelt worden ist" (GLASER/STRAUSS 1967, S. 5; dt. Übersetzung 1998, S. 15). Tatsächlich nahm ihre Methode Einfluss auf die sich daran anschließende breitere Entwicklung der qualitativen Forschung und stellt noch heute eine wichtige Methodologie dar, die mit anderen Methoden verbunden werden kann. Das gilt auch für meine Forschung, die eine Verbindung mehrerer Methoden auf der Grundlage der Grounded Theory unternimmt. Ich entwickle meinen Forschungsansatz zunächst vor dem Hintergrund allgemeiner Überlegungen zur qualitativen und quantitativen erziehungswissenschaftlichen empirischen Forschung.

4.1 Qualitative und quantitative Forschung in der Erziehungswissenschaft

Wie im Rahmen der Professionsforschung entwickelte sich die qualitative Forschung in der Erziehungswissenschaft zunächst aufgrund einer Orientierung an der qualitativen soziologischen Forschung und hat sich in der Folge interdisziplinär mit der empirisch-psychologischen, kulturanthropologischen, sprachwissenschaftlichen und der Geschlechter-Forschung verbunden (vgl. TERHART 2003, S. 27-42). Im Rückblick auf zwei Jahrzehnte dieser Entwicklung stellt

Ewald TERHART fest: „Der qualitative Ansatz hat im Laufe dieser Zeit einen Großteil seines ehedem ‚alternativen' oder gar exotischen Charakters verloren und ist zu einem etablierten, akzeptierten, kurzum: zu einem ‚normalen' Segment im Spektrum erziehungswissenschaftlicher Forschungsmethoden geworden" (ebd., S. 27). Er sieht wie FRIEBERTSHÄUSER/PRENGEL (2003, S. 11) keine Frontstellung gegenüber der quantitativen Forschung in der Erziehungswissenschaft. Vielmehr ergebe sich die angemessene Methode aus der jeweiligen Fragestellung. Gertrud BECK und Gerold SCHOLZ charakterisieren den inzwischen erreichten Zustand der Entwicklung auf diesem Gebiet – nach einer „realistischen Wende" in den 70er Jahren mit quantitativen Methoden nun hin zu den neueren qualitativen Forschungsmethoden – so: „Wo das Verstehen einzelner Prozesse genauso wichtig ist wie die Aufarbeitung von Daten für bildungspolitische Konsequenzen, werden qualitative Vorgehen den quantitativen ebenbürtig" (BECK/SCHOLZ 2003, S. 678).

Die unterschiedlichen Perspektiven beider Ansätze will ich anhand zweier Darstellungen über die Schullaufbahn von Schülern zeigen und anschließend meine Akzentuierung darlegen. Der „Bildungsbericht für Deutschland. Erste Befunde" (AVENARIUS u. a. 2003) gibt in „Teil C: Wirkungsqualitäten" (S. 167-253) mit der Darlegung und Auswertung von 42 Tabellen einen Einblick in vielfältige schulische Zusammenhänge im nationalen und internationalen Vergleich. Als Beispiel greife ich die Überschrift von zwei Tabellen heraus: „Tabelle 3/2 Wiederholeranteil in den Klassenstufen 7-10 nach Ländern/Schuljahr 2001/2002; Tabelle C3/8 Bildungsbeteiligung an Hauptschulen und Gymnasien von deutschen und ausländischen Schülern im 8. Schuljahr nach Geschlecht/Schuljahr 2001/2002 (alle Länder)" (ebd. S. 205 u. 215). Dieser von 18 Mitarbeitern im Auftrag der Kultusministerkonferenz erstellte Bericht unter der Federführung des „Deutschen Instituts für Internationale Pädagogische Forschung" beruht größtenteils auf quantitativen Forschungen. Er gibt als Querschnitt der gegenwärtigen Situation wichtige Aufschlüsse und Grundlagen, die auch für mögliches politisches Handeln im Bereich des Erziehungswesens relevant sein können. Eine andere Studie von Dieter NITTEL in der Reihe „Interaktion und Lebenslauf Band 6, Gymnasiale Schullaufbahn und Identitätsentwicklung, eine biographieanalytische Studie" stellt in einer Längsschnittuntersuchung mit den Mitteln des autobiographischen narrativen Interviews eine erhellende Sicht auf Einzelschicksale dar, wobei neben den Portraits in Kapitel III die folgenden Kapitel „IV Relevante Stadien und Phasen im Ablauf einer gymnasialen Schulkarriere; V Prozesse des Erleidens in der Schule: Bedingungs-, Verlaufs- und Verarbeitungsformen" von besonderem Interesse sind und Hinweise für pädagogisches Handeln von Lehrenden am Gymnasium ermöglichen (vgl. NITTEL 1992, S. 17-336). Diese eindeutig qualitative Studie zeigt eine Nähe zu meiner qualitativen Untersuchung,

die ebenfalls narrative Interviews zur Grundlage hat, allerdings nicht den gesamten Lebenslauf den Blick nimmt, sondern nur den Ausschnitt einer Berufskarrie-
re, der in besonderer Beziehung zum Einfluss des Konzeptes der TZI steht.

Quantitative und qualitative Forschungen lassen sich bei entsprechender
Fragestellung ebenso verbinden wie unterschiedliche Methoden innerhalb der
qualitativen Forschung. Obwohl ich eine computergestützte Auswertung ein-
beziehe, handelt es sich bei meiner Untersuchung eindeutig um eine qualitative
Studie. Um diesen qualitativen Ansatz deutlicher hervortreten zu lassen, gehe ich
auf einige Kennzeichen der beiden lange Zeit als gegensätzlich charakterisierten
Forschungsrichtungen und ihre Verbindungsmöglichkeiten ein (vgl. LAMNEK
1995, S. 218-243) und nehme Bezug auf Artikel aus dem „Handbuch qualitative
Forschungsmethoden in der Erziehungswissenschaft" (FRIEBERTSHÄUSER/
PRENGEL 2003) und „Qualitative Forschung. Ein Handbuch" (FLICK/VON
KARDORFF/STEINKE 2004).

In der quantitativen Forschung spielen standardisierte Fragebögen, Beob-
achtungsschemata, experimentelle Anordnungen, die aufgrund vorhandener Hypothesen oder Theorien entworfen werden und zu deren Überprüfung eingesetzt
werden, eine zentrale Rolle. Dabei soll die Forschung unabhängig vom Beobachter des Forschungsgegenstandes erfolgen. Es müssen die Gütekriterien der Repräsentativität der Stichprobenauswahl, der Validität, d. h., dass auch wirklich
das gemessen wird, was gemessen werden soll, und der Reliabilität, d. h. der Zu-
verlässigkeit der Messung, erfüllt werden.

In der qualitativen Forschung geht es darum, komplexe soziale Lebenszu-
sammenhänge „systematisch erfassen, beschreiben und interpretieren zu können.
Dabei gilt es, sowohl der Einzigartigkeit jeder Person und jedes pädagogischen
Feldes gerecht zu werden als auch deren Typik und strukturelle Regelmäßigkeit
herauszuarbeiten" (FRIEBERTSHÄUSER/PRENGEL 2003, S. 11). Der Forscher ist hier in den Forschungsprozess involviert, indem er einerseits in einer
gewissen Vertrautheit mit dem Forschungsgegenstand auch bessere Zugänge zu
ihm findet, andererseits das gewonnene Material aus einer Distanzierung unter
die wissenschaftliche Lupe nehmen muss. Während in der quantitativen Forschung nur das erforscht werden darf, was auch mit den standardisierten Methoden erfassbar ist, erlaubt die qualitative Methode, jeden Ausschnitt dieser Welt –
zeitlich, räumlich – und jedwedes Ereignis zum Gegenstand des Erforschens zu
machen. Deshalb empfiehlt sich diese Methode besonders dort, „wo es um die
Erschließung eines bislang wenig erforschten Wirklichkeitsbereiches (‚Feld-
erkundung') mit Hilfe von ‚sensibilisierenden Konzepten' (BLUMRER 1973)
geht" (FLICK u. a. 2004, S. 25). Wenn dann z. B. durch teilnehmende Beobachtung und offene Interviews erste Informationen gewonnen werden, können Hy-

pothesen für anschließende standardisierte und repräsentative Erhebungen gebildet werden.

Für Hans OSWALD liegen beide Methoden auf einem Kontinuum, sie schließen einander nicht aus, sondern weisen „Gemeinsamkeiten und Überschneidungen ebenso wie vielfältige Kombinationsmöglichkeiten" (OSWALD 2003, S. 74ff.) auf. Er zeigt, dass Zahlen auch in der qualitativen Forschung bewusst und unbewusst eine Rolle spielen und mit ihnen präziser umgegangen werden sollte, indem beispielsweise bei Komparativen die Bezugsgrößen anzugeben seien, um unklare Aussagen zu vermeiden. Ferner ist ihm die Anzahl und Auswahl der Fälle ein wichtiges Kriterium für die Güte der Forschung, worauf ich beim „Theoretischen Sampling" in der Grounded Theory noch eingehen werde. Auch ich werde Zahlen, wo immer es mir sinnvoll erscheint, in meine Untersuchung einbeziehen. Die Verbindung von qualitativen und quantitativen Methoden erläutert Hans OSWALD anhand dreier Beispiele. Das erste Beispiel entspricht der oben beschriebenen Verbindung beider Richtungen, wobei die qualitative Exploration bei einem wenig bekannten Untersuchungsfeld dazu dient, die Problemlage kennenzulernen und eine standardisierte Untersuchung vorzubereiten. Eine weitere Möglichkeit besteht in der Ergänzung der quantitativen Untersuchung um einige in der gleichen Stichprobe gleichzeitig durchgeführte Intensivbefragungen, die der Interpretation und Illustration der quantitativen Daten sowie als Korrektiv gegenüber einer zu spekulativen Interpretation dienen können. Hans OSWALD nennt als dritte Möglichkeit der Verbindung beider Forschungsarten eine „qualitative und quantitative Analyse unstandardisiert erhobener Daten" (OSWALD 2003, S. 83ff.). Damit nimmt er Bezug auf eine computergestützte Auswertung – beispielsweise von Interviews –, bei der Kodierungen gebildet und sowohl quantitativ wie qualitativ im Wechsel verarbeitet werden können. Der Vorteil dieser Methode besteht weiterhin darin, dass man mit ihr größere Fallzahlen behandeln und eine Generalisierung der gefundenen Zusammenhänge besser begründen und absichern kann. Da zur Sättigung meines „theoretischen Samplings" mehr Interviews als zuvor geplant erforderlich wurden – ich hatte mit 10 Interviews gerechnet und es wurden 18 –, habe ich mich entschieden, eine computergestützte Auswertung mit dem Softwareprogramm von MAXqda vorzunehmen. Dieses Programm bietet eine Hilfe bei der Aufarbeitung des Datenmaterials, auch wenn deren Auswertung nicht anhand quantitativer Methoden, sondern, wie bereits erläutert, anhand des qualitativen Ansatzes der Grounded Theory erfolgte.

4.2 Grounded Theory, Datenerhebung, Theoretisches Sampling

„Grounded theory ist in den letzten drei Jahrzehnten zu einem der am weitesten verbreiteten Verfahren der qualitativ-interpretativen Sozialforschung geworden" schreibt Jörg STRÜBING und er führt als gute Gründe dafür an,

> „dass grounded theory sich weniger als präskriptives ‚Verfahren' versteht, dem haargenau zu folgen wäre. Vielmehr ist grounded theory eher gedacht als eine konzeptuell verdichtete, methodologisch begründete und in sich konsistente Sammlung von Vorschlägen, die sich für die Erzeugung gehaltvoller Theorien über sozialwissenschaftliche Gegenstandsbereiche als nützlich erwiesen haben" (STRÜBING 2004, S. 7).

Wenn Grounded Theory auch kein präskriptives Verfahren ist, so spricht Anselm STRAUSS doch von „Leitlinien" und „Faustregeln", die sich u. a. in „bestimmten Operationen" äußern und zu denen das „Kodieren", das „Schreiben von Memos", die Strukturierung des „individuellen Arbeitsrhythmus" gehören, die aber den Erfordernissen und der Entwicklung der Methoden angepasst werden müssen. Die „Vielfalt von sozialweltlichen Gegebenheiten und die damit verbundenen Zufälligkeiten" sprechen für ihn gegen „eine strikte Systematisierung von methodologischen Regeln". Deshalb erfolgt die Datenerhebung nicht nach einem vorher genau festgelegten Schema, sondern in einem Prozess des Hineinfindens in den Forschungsgegenstand und die anzuwendenden Methoden. Dieser Prozess vollzieht sich unter Beachtung der genannten Leitlinien und des ständigen Vergleichens der sukzessiv erhobenen Daten. Er findet u. a. im „Theoretischem Sampling" seinen Ausdruck (vgl. SRAUSS 1998, S. 29-33). Die Methode des kontinuierlichen Vergleichens – „constant comparative method" – gehörte als wesentliche Strategie „zur Entdeckung von Grounded Theory" (GLASER/ STRAUSS 1998, S. 11ff.) und kommt auch in meiner Forschungsarbeit zum Tragen.

4.2.1 Datenerhebung in der Grounded Theory: das Interview

In der Grounded Theory können Daten verschiedenster Herkunft erhoben werden, wie es Juliet CORBIN, eine Mitarbeiterin von Anselm STRAUSS beschreibt, sofern sie „von den Forschenden als angemessen erachtet werden" (CORBIN 2003, S. 71). Dazu zählt sie u. a. auch das von mir genutzte Material wie „geschichtliche Dokumente und Dokumente von Organisationen, publiziertes Material", aber auch an erster Stelle „Interviews". Interviews mit Lehrenden,

die TZI in verschiedenen Institutionen praktizieren, bilden mit ihrer TZI-Berufs-
biographie für mich die wesentliche Datenquelle. Sabine REH und Carla
SCHELLE bringen Biographie und Professionalität in einen markanten Zusammenhang:

> „Die Gewinnung von Professionalität im Sinne hoher Kompetenz und eines großen
> Könnens kann als ein je sich vollziehender berufsbiographischer Entwicklungs-
> bzw. Lernprozess verstanden werden. (…) ‚Biographie' und vor a lem ‚Berufsbio-
> graphie' werden hier zum Gegenstand und vielleicht auch zum Produkt einer reflexi-
> ven Haltung der eigenen Berufstätigkeit gegenüber, die wiederum ein Charakteristi-
> kum von Professionalität darstellt. (…) Berufliche Reflexion (…) (kann) das
> Selbstverständnis der eigenen Berufsrolle und des unterrichtlichen Handlungs-
> raumes verändern" (REH/SCHELLE 2000, S. 107-108).

Für meine Untersuchung bedeutet das, diesen Entwicklungs- bzw. Lernprozess
im Kontext der TZI zu erschließen, nachvollziehbar zu machen, zu rekonstruie-
ren. Das Mittel der Wahl ist dazu das Interview. Nun gibt es ein breites Spektrum von Interviewmöglichkeiten (vgl. FRIEBERTSHÄUSER 2003, S. 371-
395). Für den gesamten Lebenslauf hat das von Fritz SCHÜTZE entwickelte
„narrative Interview" eine weite Verbreitung gefunden. Es ist methodisch begründet und führt durch die vom Interviewten strukturierte und kaum unter-
brochene Haupterzählung zu „reichhaltigen und zugleich verdichteten Darstellungen", die in der Rekonstruktion wertvolle Aufschlüsse ergeben können. Die
zu diesem Verfahren gehörenden „Auswertungsstrategien sind exklusiv, intensiv
und zeitaufwendig" (ebd. S. 387). Ich möchte sowohl das narrative Potenzial
nutzen als auch ein möglichst breites Spektrum an Interviewpartnern erfassen,
um das zu untersuchende Potenzial, das in einer Vermittlung der TZI liegt, auf
möglichst fundierter Grundlage ermitteln zu können. Ich will dabei sowohl den
Menschen mit ihrer TZI-Erfahrung als auch dem TZI-Konzept gerecht werden.
Das stellt sich für mich bildlich wie eine Ellipse mit zwei Brennpunkten dar, die
ausbalanciert werden müssen. Dies könnte einerseits eine Interviewart, auf die
ich im Folgenden eingehen werde, und andererseits eine Interpretationsart leisten, auf die ich im Zusammenhang mit den Auswertungsstrategien an späterer
Stelle Bezug nehmen werde.

Wenn ich zu diesem Problem andere Arten von Interviews betrachte, so entsprechen diese nur zum Teil meinem Anliegen. Das „fokussierten Interview"
etwa soll dazu dienen „bestimmte Aspekte einer gemeinsamen Erfahrung der Befragten möglichst umfassend, thematisch konzentriert, detailliert und einschließlich der emotionalen Komponente auszuleuchten" (ebd., S. 378) Die Fokussie-
rung auf bestimmte Aspekte einer Erfahrung ist auch Teil meines Verfahrens,
jedoch ist der Bezug auf ein *gemeinsames* Erlebnis nicht Gegenstand meiner
Untersuchung. Das „problemzentrierte Interview" vereinigt „verschiedene Ele-

mente einer leitfadenorientierten und teilweise offenen Befragung". Mit ihm sollen „gesellschaftliche Problemstellungen" in ihren „individuellen und kollektiven Bedingungsfaktoren (…) ergründet werden" (ebd., S. 379). Dieses Interview wurde als Teil eines Forschungsprojektes entwickelt. Zwar treffen zwei Kriterien dieser Interviewform, wie Gegenstandsorientierung und Prozessorientierung, auch für meine Forschung zu, nicht aber der starke Fokus auf die Problemorientierung. Das „episodische Interview" verbindet „Erzählungen (Narrationen) mit dem Interesse an Wissensbeständen zu einem Gegenstandsbereich" (ebd., S. 388). Es ist stärker leitfadenorientiert mit der wiederholten Aufforderung verbunden, sich an Episoden zu erinnern und diese zu erzählen. Darin liegt eine zu starke Begrenzung für meine Untersuchung. Winfried MAROTZKI erwähnt das „thematische Interview" als einen Oberbegriff des fokussierten und des problemzentrierten Interviews. Dabei wird

> „die Relevanzsetzung durch den Informanten bis zu einem gewissen Grad kanalisiert, indem bestimmte thematische Bereiche häufig in Form von Leitfragen (Leitfrageninterview) vorgegeben werden. (…) Innerhalb des vorgegebenen Themenkomplexes wird in der Regel versucht, mit offenen Fragen das narrative Potenzial des Informanten zu nutzen" (MAROTZKI 2003, S. 153-154).

Diese Form wandle ich für mein Vorhaben ab, indem ich mich auf zwei Leitfragen – im Folgenden verkürzt gefasst – beschränke: „Worin bestand die anfängliche Erfahrung mit TZI und wie stellten sich die Folgen des weiteren Umgangs mit TZI dar?" Auf diese Weise nutze ich das Potenzial des narrativen Interviews. Im Anschluss an die Haupterzählung gewinne ich im Nachfrageteil ergänzende Informationen. Ich bezeichne diese Art als „themenzentriertes narratives Interview". Damit entspreche ich auch einer Standardformulierung für die biographische Lehrerforschung: „Die Erhebungsverfahren müssen es den Beforschten auch erlauben, ihre eigenen Geschichten hervorzubringen" (REH/ SCHELLE 1999, S. 381). Gerade dieses Verfahren führte bereits bei den ersten Interviews zu überraschenden Erkenntnissen, Fragestellungen und Hypothesen. Somit war die Anwendung des „Theoretischen Samplings" die logische Folge.

4.2.2   Auswahl der Befragten – „Theoretisches Sampling"

Hans MERKENS geht in „Stichproben bei qualitativen Studien" (MERKENS 2003, S. 97-106) auf das Problem der Auswahl im Rahmen der Datenerhebung ein. Ziel müsse es sein, mit den erhobenen Daten „Erkenntnisse zu gewinnen, die über den untersuchten Fall hinausreichen. Das heißt, es wird angestrebt, zu generalisieren, (…) die Ergebnisse auf andere, ähnlich gelagerte Fälle zu übertragen" (ebd., S. 97). Das bedeutet innerhalb meiner Untersuchung herauszufinden, wie Lehrende mit unterschiedlichen persönlichen Voraussetzungen und unter verschiedenen Bedingungen bzw. innerhalb verschiedener Institutionen zur TZI finden sowie TZI in ihren Beruf integrieren und wie sich wiederum aus der Gesamtheit dieser Informationen eine TZI-Professionalität herauskristallisieren lässt.

Zur Beantwortung dieser Frage ist die Qualität der Stichprobe mitentscheidend. Bei der Auswahl dieser Stichprobe stehen Vollständigkeit und Ökonomie der für die Untersuchung relevanten Ereignisse innerhalb der qualitativen Forschung in einem Spannungsverhältnis, das aber durch eine gegenüber der quantitativen Forschung andere Akzentsetzung vermindert werden kann: „Dabei tritt an die Stelle der statistischen Repräsentativität die Forderung nach inhaltlicher Repräsentation" (ebd., S. 104). Dazu ist es wichtig, gute Informanten zu finden, die über reiche Kenntnis und Erfahrung zum Thema verfügen.

> „MORSE (1994, S. 228) beschreibt gute Informanten mit folgenden Merkmalen:
>
> – Sie verfügen über das Wissen und die Erfahrung, deren die Forscher bedürfen,
> – sie haben die Fähigkeit zu reflektieren,
> – sie können sich artikulieren,
> – sie haben die Zeit, interviewt zu werden und
> – sie sind bereit, an der Untersuchung teilzunehmen"
>
> (Zit. n. MERKENS 2003, S. 101).

Für meine Informanten treffen alle diese Merkmale zu.

Nach der Grounded Theory ist die Auswahl innerhalb der Datenerhebung – hier der Interviewpartner – bereits mit dem Forschungsprozess verbunden und wird als Theoretisches Sampling bezeichnet:

> „Theoretisches Sampling meint den auf die Generierung von Theorie zielenden Prozess der Datenerhebung, währenddessen der Forscher seine Daten parallel erhebt, kodiert und analysiert sowie darüber entscheidet, welche Daten als nächstes erhoben werden sollen und wo sie zu finden sind. Dieser Prozess der Datenerhebung wird durch die im Entstehen begriffene – materiale oder formale – Theorie kontrolliert" (GLASER/STRAUSS 1998, S. 53ff; vgl. ferner STRAUSS/CORBIN 1996, S. 148ff., STRÜBING 2004, S. 29ff.).

Zu Beginn ist folglich noch kein genauer Plan zur Auswahl der Interviewten festgelegt, eine solche Auswahl vollzieht sich vielmehr als eine Kette aufeinander aufbauender Entscheidungen entlang des Forschungsprozesses. Nach ersten Hypothesen und deren vorläufiger Überprüfung im Zuge der ersten Interviews werden diese korrigiert, modifiziert bzw. erweitert, führen so zu neuen Fragestellungen und der weiteren Auswahl von Interviewpartnern, bis eine gewisse Sättigung für die Untersuchung in der Weise erreicht ist, dass mit einer konzeptuellen

Repräsentativität Fälle und Daten erhoben wurden, „die für eine vollständige analytische Entwicklung sämtlicher Eigenschaften und Dimensionen der in der jeweiligen gegenstandsbezogenen Theorie relevanten Konzepte und Kategorien erforderlich sind" (STRÜBING 2004, S. 31).

Innerhalb meiner Arbeit hat sich das in ähnlicher Weise vollzogen. Während der Entwicklung meiner Forschungsfragen in der Zeit von Herbst 2003 bis Herbst 2004 hatte ich bereits brieflichen Kontakt mit ca. 130 TZI-Graduierten aufgenommen, ihnen in Umrissen mein Forschungsvorhaben geschildert und um Unterstützung angefragt mit der Bitte, mir Lehrerinnen und Lehrer an Schulen zu nennen, die möglicherweise zu einem Interview bereit wären. Hatte ich anfangs die Vorstellung, nur Gymnasiallehrer/innen mit den dort vertretenen Fächern zu interviewen, so erweiterten sich mit Entwicklung der Forschungsfragen auch die Auswahlkriterien für die zu Interviewenden, indem ich Lehrende an Institutionen von der Grundschule bis zur Hochschule einbezog. Dieser Prozess erstreckte sich nach einem ersten Probeinterview im November 2004 und den ersten Interviews ab Dezember 2004 bis zum letzten Interview im Juli 2005. Mit jedem Interview ergaben sich Überraschungen und neue Gesichtspunkte bezüglich Ähnlichkeiten und Unterschieden im Sinne der Grounded Theory mit minimalen und maximalen Vergleichsmöglichkeiten, so dass erst nach 18 Interviews eine Sättigung im Sinne der oben genannten Kriterien als Grundlage für meine Untersuchung erreicht schien. Zu einem solchen Umfang empirischen Materials ermutigte mich auch die Aussage von Juliet CORBIN: „Je mehr Variationen in eine Theorie durch das theoretische Sampling inkorporiert werden, desto variantenreicher ist die Erklärung und desto umfassender die Theorie" (CORBIN 2003, S. 72).

In der Abfolge der Interviews hatte ich zunächst vorgesehen, jene Graduierten zu favorisieren, die TZI noch direkt von Ruth COHN erlernt und mit ihr selbst das Konzept weiterentwickelt haben, um erst daran anschließend Lehrende, die über ein TZI-Diplom oder eine TZI-Grundausbildung verfügten, zu befragen. Doch durch das Theoretische Sampling hat sich die Reihenfolge verändert, welche in Kapitel 5.1. dokumentiert wird.

An dieser Stelle erhob sich die Frage, ob auch „abweichende Vertreter" eines Konzeptes (vgl. MERKENS 2003, S. 100) in die Untersuchung einbezogen werden sollten, die neue Erkenntnisse einbringen und möglicherweise Anlass geben könnten, Hypothesen anders zu formulieren bzw. zu widerlegen oder Probleme neu zu überdenken, und somit gegebenenfalls auch die Modifikation oder Neufassung eines Konzeptes bzw. einer Theorie nahelegen. Die Grounded Theory vertritt hier jedoch einen anderen Standpunkt. Im Unterschied zur analytischen Induktion, in der eine Konfrontation mit negativen Fällen erfolgt, „verfolgt das theoretische Sampling allerdings nicht eine Falsifikationslogik (...) (GLASER/STRAUSS 1998, S. 109). Vielmehr arbeitet die grounded theory mit der

Vorstellung von in aufeinander folgenden Problemlösungsschritten herzustellenden Modifikationen, Differenzierungen und Erweiterungen des theoretischen Modells" (STRÜBING 2004, S. 32).

Außerdem gilt für die in meiner Untersuchung befragte Gruppe, dass diese als gemeinsames Merkmal weitgehend positive Erfahrungen mit dem TZI-Konzept machte, auch wenn Irritationen oder Schwierigkeiten in der Weiterbildung nicht verschwiegen werden. Diese Art der Gruppe ist den von Liselotte DENNER (2000) in „Eine empirische Untersuchung zur Wirkung schulinterner Supervision und Fallbesprechung" und den von Gudrun SCHÖNKNECHT (1997) in „Innovative Lehrerinnen und Lehrer. Berufliche Entwicklung und Schulalltag" untersuchten Gruppen vergleichbar. In beiden Fällen werden Personen untersucht, die in die entsprechende Kategorie fallen und auch bei vorhandenen, unterschiedlichen Schwierigkeiten zu weitgehend positiven Ergebnissen kommen. Diese Art der Forschung entspricht dem von Ewald TERHART formulierten Desiderat der Forschung, „gelingende Berufsbiographien" (vgl. TERHART 1995, S. 295) zu untersuchen und auch einer Forderung der DGfE „unsere Kräfte stärker (zu) konzentrieren auf die Entdeckung konstruktiver Lösungswege" (vgl. BAYER u. a. 2000, S. 17ff.). Nun gibt es in der Begegnung mit der TZI auch eine Variationsbreite von Menschen, die nur einen so genannten Schnupperkurs besuchen und sich nicht zu einer TZI-Ausbildung entschließen. Diese Zielgruppe ist nicht Teil meiner Untersuchung. Mein Fokus ist auf den Beitrag gerichtet, den TZI zur Professionalität von Lehrenden leistet. Darüber hinaus forsche ich nach einer TZI-Professionalität, die in einem spezifischen pädagogischen TZI-Habitus ihren Ausdruck findet.

Zur Gruppe der TZI-erfahrenen Personen verfüge ich aufgrund meines eigenen TZI-Diploms über einen guten Zugang. Auch von meinen Interviewpartnern erhielt ich wertvolle Hinweise (Schneeballsystem) für eine weitere entsprechende Auswahl. Unter den befragten 18 Informanten sind 10 Graduierte, 5 mit TZI-Diplom und 3, die längere Erfahrungen mit dem TZI-Konzept haben, ihre Ausbildung aber noch nicht abschließen konnten oder wollten. Alle Befragten haben Erfahrung im Unterrichten an der Schule. Mir persönlich waren von den 18 Interviewpartnern 5 Graduierte und 2 Diplomierte bereits durch die frühere Zusammenarbeit in TZI-Kursen oder Gremienarbeit mehr oder weniger bekannt.

Als Institutionen, in denen Lehrende mit TZI-Ausbildung tätig sind, habe ich die öffentlichen Schulen in ihrer Gliederung in Grundschule, Sekundarstufe I und II, Sonderschule und Berufsschule, die Referendarausbildungsseminare, die Lehrerfortbildung und die Hochschulen berücksichtigt. Ausgeklammert habe ich die vorschulische Erziehung, obwohl es auch dort TZI-Aktivitäten gibt, und den Bereich der Erwachsenenbildung, obwohl diese eine Domäne der TZI ist und die

Ausbildungskurse in TZI selbst eine Form der Erwachsenenbildung darstellen. Ich untersuche aber beispielsweise nicht Diplompädagogen, die in Kursen mit Erwachsenen TZI in ihre Arbeit integriert haben. Das könnte Ziel einer anderen Untersuchung sein.

Räumlich habe ich mich auf die alten Bundesländer Deutschlands beschränkt. Die neuen Bundesländer haben bezüglich der TZI-Verbreitung vor und nach der Vereinigung eine eigene Entwicklung durchlaufen und bedürfen einer gesonderten Erforschung, denn vor der Vereinigung war TZI nur verdeckt, zum Teil im kirchlichen Rahmen, vermittelbar. Bei den Lehrenden mit TZI-Erfahrung ohne Graduierung beschränke ich mich mit einer Ausnahme (Peter-Petersen-Schule) – aus forschungspraktischen Gründen – auf das Bundesland Hessen.

Als Ort der Durchführung der Interviews wählte ich im Einvernehmen mit den Befragten deren private Wohnung, wobei es drei Ausnahmen gab; eine Interviewpartnerin wurde in meiner Wohnung interviewt, zwei in schulischen Räumen. Die Interviews überwiegend in der eigenen, vertrauten Wohnung der Befragten durchzuführen, erwies sich zur Stiftung einer vertrauensvollen Atmosphäre und eines ungezwungenen Erzählstils als sehr förderlich.

Auf den genaueren Hergang der Interviews werde ich in der Beschreibung der praktischen Durchführung der Untersuchung in Kapitel 5.1 eingehen.

4.3 Die Rolle des Forschers

Im vorhergehenden Abschnitt habe ich meinen durch eine eigene TZI-Ausbildung günstigen Zugang zum Untersuchungsfeld der TZI erwähnt. Es ist stets von Vorteil, wenn ein Forscher im Rahmen seiner qualitativen Forschung mit der Materie und den Gepflogenheiten seines Untersuchungsfeldes über eine gewisse Vertrautheit verfügt. Pierre BOURDIEU geht in dem Kapitel „Verstehen" im Werk „Elend der Welt" auf die sensible Befragungssituation ein. Bei allen Unterschieden zu Austauschbeziehungen im täglichen Leben bleibt für ihn die Befragungssituation mit der Zielsetzung einer Erkenntnisgewinnung „unausweichlich eine *soziale Beziehung*, die ihre (entsprechend der verschiedenen Parameter, die wirksam werden können, variablen) Effekte auf die Ergebnisse ausübt, die man erhält" (BOURDIEU 1997, S. 780). BOURDIEU hält eine gewisse Nähe und Vertrautheit zwischen dem Interviewer und dem Interviewten für bedeutsam, weil dadurch „gewaltfreie" Kommunikation ermöglicht wird, welche dem Interviewten das Gefühl der Sicherheit vor eventuellem Missbrauch verleiht und

> „zweitens in diesem Fall außerdem sichergestellt (ist), dass ein unmittelbares und ständig neu bestätigtes Einvernehmen hinsichtlich der Vorverständnisse zu den In-

halten und Formen der Kommunikation besteht. Dieses Einvernehmen bestätigt sich in Form eines Aussendens von für beide verständlichen Signalen, das nur schwer bewusst und absichtlich produziert werden kann, eines Aussendens all dieser nichtverbalen Zeichen, die den verbalen beigefügt sind und entweder anzeigen, wie diese oder jene Aussage interpretiert werden muss, oder wie der Gesprächspartner sie interpretiert hat" (ebd. S. 783).

In der Anmerkung geht Pierre BOURDIEU dann auf die zahlreichen körperlichen, verbalen und nonverbalen Feedback-Zeichen ein, die beim Interviewten als „Zeichen der Aufmerksamkeit, des Interesses, der Zustimmung, der Ermunterung und der Anerkennung" ankommen und „die Voraussetzung für den guten Fortgang des Austausches sind".

In dieser Schilderung finde ich mich wieder. Es gelang mir durch den bei Pierre BOURDIEU zitierten Stil der Interviewgestaltung, lange Erzählpassagen zu erhalten oder neue zu inszenieren. Da ich zudem über eine Zusatzausbildung in „Kommunikationspsychologie und Klärungshilfe" bei einem Team von Friedemann Schultz von Thun sowie über eine Weiterbildung in „Paar- und Familienberatung" verfüge, war der beschriebene Stil für mich durchführbar und es schien mir nicht notwendig, mich einer besonderen Interviewschulung zu unterziehen, wie es teilweise empfohlen wird.

Eine andere Auffassung lautet, dass der Forscher „unvoreingenommen" ins Feld gehen solle, wenn er Neues entdecken wolle, und verbindet damit die Vorstellung, sich dem zu erforschenden Gegenstandsbereich mit möglichst wenig Vorwissen, welches wiederum die Forschung eingrenzende Vorannahmen und Vorurteile zur Folge haben kann, zu nähern. Hans OSWALD bezeichnet diese Auffassung jedoch als ein Missverständnis und erwidert darauf:

„Vielmehr gehen wir alle mit Wissen und Erfahrungen, mit Vorannahmen und Vorurteilen ins Feld. Erst eine weitgestreute Lektüre, die psychologische und soziologische Theorien und in diesem Sinne eine breite theoretische Bildung ebenso einschließt wie alle Informationen über den Gegenstandsbereich im weitesten Sinne, gibt uns die Möglichkeit, kontrolliert und distanziert mit unseren Annahmen und Vorurteilen umzugehen. Dies kann uns dann frei dafür machen, offen für neue Erkenntnisse während der Feldarbeit zu sein und in diesem Sinne eine unvoreingenommene Haltung einzunehmen" (OSWALD 2003, S. 85).

Dieses Verständnis entspricht dem von mir angewendeten Verfahren.

Das im Rahmen der qualitativen Forschung – notwendige – Involviertsein des Forschers in seinen Untersuchungsgegenstand birgt aber auch Gefahren. Dabei bringt der Ausdruck „involviert" durchaus den Doppelcharakter zum Ausdruck, einerseits intensiv und engagiert mit einer Sache befasst zu sein, andererseits – entsprechend der lateinischen Herkunft Wortes – auch in sie eingewickelt und verwickelt zu sein. Letzteres kann dann den Blick auf den Untersuchungs-

gegenstand verstellen. Barbara FRIEBERTSHÄUSER hat dieses Problem verschiedentlich angesprochen, so etwa, wenn sie bei einem für den Forscher
scheinbar bekannten Untersuchungsgegenstand auf die Gefahr aufmerksam
macht, „dass man vorschnell die eigenen Erfahrungen auf das Untersuchungsfeld
überträgt und damit anderen Sichtweisen gegenüber nicht mehr offen ist" (FRIE-
BERTSHÄUSER 2003, S. 522). Heiner LEGEWIE formuliert generell zum Problem der Voreingenommenheit:

> „Ob es sich um quantitative oder qualitative Untersuchungen handelt: Kein Forscher
> kann sicher sein, dass seine Vorurteile und Voreingenommenheiten nicht seinen ge-
> samten Forschungsansatz oder auch einzelne Erhebungs- und Auswertungsschritte
> verfälschen (…). In der qualitativen Forschung wird deshalb gefordert, dass der For-
> scher sich in einem Prozess der Selbstreflexion seine Vorannahmen zum For-
> schungsgegenstand zu Beginn und während der Studie soweit wie möglich selber
> explizit macht (…) (und) für andere offen legt" (LEGEWIE 2006, S. 7).

Eine gewisse Voreingenommenheit gegenüber dem von mir gewählten For-
schungsobjekt könnte aufgrund der persönlichen Erfahrung mit TZI eine Rolle
spielen, die ich kurz so charakterisiere: Meine Begegnung mit TZI gab mir einerseits eine starke Bestätigung für das, was ich bereits praktizierte, die Wertschätzung des Schülers, das Eingehen auf seine Ideen und Bedürfnisse und das Pflegen einer sowohl rollenförmigen als auch „diffusen" Beziehung zum Schüler. Ich
konnte durch TZI aber auch neues Wissen erwerben und Bekanntes zudem besser in ein Gesamtkonzept einordnen. Außerdem fand ich für mich eine gelunge-
nere persönliche Balance angesichts meines teilweise überhöhten beruflichen En-
gagements. Bei der Erforschung meines Themas spielte die Neugier eine Rolle,
wie es wohl anderen in der Begegnung mit TZI ergangen sein mag. Das führte zu
interessanten und teilweise überraschenden Entdeckungen sowohl und insbesondere in der Interviewphase als auch im Rahmen der anschließenden Auswertung
– ein Abenteuer in der Forschung.

Ein mögliches Problem meines Zugangs zum Untersuchungsgegenstand
könnte die Vertrautheit mit der Materie der TZI insofern sein, als ich aufgrund
des mir geläufigen, spezifischen TZI-„Jargons" Formulierungen als selbstverständlich verwenden könnte, die so selbstverständlich jedoch nicht sind. Bei der
Durchsicht meiner Entwürfe für diese Arbeit bin ich von Außenstehenden in
dieser Hinsicht korrigiert worden. Außerdem könnte die große Vertrautheit mit
einem Gegenstand dazu verleiten, vermeintlich schon verstandene Sachverhalte
nicht mehr hinreichend zu hinterfragen.

Zur Begrenzung der oben aufgeführten Probleme für den Forscher – und damit auch für mich – eröffnen sich zwei Wege. Einmal ist „ein selbstkritischer
Umgang mit der eigenen Wahrnehmung, Beobachtung und der Doxa ihrer
sprachlichen und theoretischen Objektivierung (vgl. BOURDIEU 1993)" not-

wendig (FRIEBERTSHÄUSER 2003, S. 525). Darüber hinaus ist es besonders in der qualitativen Forschung bedeutsam, sich mit anderen Forschern über Konzepte, eigene Entwürfe und Ergebnisse auszutauschen. Ein ausgezeichnetes Forum dafür boten das Forschungskolloquium bei Frau Professorin FRIEBERTS-HÄUSER sowie die Fortbildungskurse für MAXqda bei der computergestützten Auswertung mit einer kommunikativen Validierung durch Supervision. Der „selbstkritische Umgang mit der eigenen Wahrnehmung" ist im Sinne Ruth COHNs für die Chairpersonentwicklung ein lebenslanger Prozess, so auch für mich und erst recht mit dem Blick auf meine Forschung. Das Freisein vom Unterrichtsalltag sowie die intensive Zuwendung zu wissenschaftlichen Denkweisen eröffnete mir neue Horizonte einer kritischen Selbstwahrnehmung. So bin ich auch für die Grenzen der TZI, wie ich sie in Kapitel 2.1 bereits angesprochen habe, stärker sensibilisiert worden.

4.4   Auswertungsstrategien

In Fortsetzung der theoretischen Überlegungen, die bereits beim Theoretischen Sampling zum Zuge kommen, beschreibt Juliet CORBIN den weiteren Analyseprozess der Grounded Theory, dem ich folge, so:

> „Die Analyse ist ein Prozess der Gruppierung von Daten, um die Masse der Daten zu reduzieren, mit der man arbeitet, und um Rohdaten auf höhere Niveaus der Abstraktion zu bringen, sodass sie sich auf mehr als einen Fall beziehen lassen. Mit fortgesetzter Analyse emergieren mehr und mehr Konzepte und Kategorien, bis schließlich der/die Forschende das Gefühl hat, die Analyse ist irgendwie saturiert, d. h. dass keine neuen Ideen mehr aus den Daten entstehen" (CORBIN 2003, S. 74).

Im Analyseprozess lassen sich unter Beibehaltung des Hauptzieles, „eine empiriebasierte Theorie zu bilden", verschiedene Forschungsansätze kombinieren und persönliche Perspektiven der Erforschten einbringen, was schließlich zu einer Triangulation führt (ebd., S. 75).

Ehe ich auf diese Kombination im Rahmen der Auswertung eingehe, beschreibe ich den erforderlichen Vorbereitungsprozess und die dabei angefertigten Unterlagen, die nicht dokumentiert werden. Denn für den Auswertungsprozess ist es wichtig, das Datenmaterial zunächst unter verschiedenen Gesichtspunkten zu betrachten und dies auch schriftlich festzuhalten (vgl. dazu SCHMIDT 2003, S. 544f; MACHA und KLINKHAMMER 3003, S. 569f).

Schon während des Interviews machte ich mir Stichworte für spätere Nachfragen und ergänzte sie beim Abhören des Interviews. Außerdem fertigte ich Memos an, kurz gefasste Gedanken zum Ablauf des Interviews und zur weiteren Arbeit mit dem Material sowie die Auswahl weiterer Interviewpartner/innen.

Für das Auswertungsverfahren wurde eine angemessene Transkription der Interviews gewählt, die den Sinn erschließt und auch einige Begleittöne, wie Heiterkeit und Lachen, mit aufnimmt. Sie wurde von einer wissenschaftlich ausgebildeten Fachkraft durchgeführt. Die 18 Interviews ergeben ein Volumen von 404 DIN-A4-Seiten mit 51 Zeilen und 80 Anschlägen pro Zeile.

Den Prozess des Theoretischen Samplings habe ich auf 24 Seiten festgehalten. Die Informationen aus den einzelnen Interviews sind nach 3 Kategorien auf 30 Seiten zusammengefasst:

1. Kontextbeschreibung nach Kontaktaufnahme, Ort, äußeren Umständen, Gefühlslage und Grad der Aufgeschlossenheit

2. Zusammenfassung des Inhalts in kurzen Sätzen, dem Gesprächsverlauf folgend, ergiebige Themen identifizierend

3. Gesprächsverlaufsprotokoll mit Erzählstimulus, Eingangserzählung, Gesamtlänge, Stil, Metakommunikation

Eine weitere Bearbeitung der Interviews erfolgte im Sinne der Erstellung von Kurzbiographien nach einem bestimmten Muster: Unterhalb des Namens der interviewten Person erscheint ein markanter Satz aus dem Interview, der diesem als Motto vorangestellt ist. Es folgt (1) eine Darstellung der Situation vor dem Erstkontakt mit TZI, (2) der Anfänge mit TZI und der Motivation zur Fortsetzung von TZI sowie (3) der Begleitung von TZI in Ausbildung und Beruf im Umfang von 54 Seiten.

Das umfangreiche Datenmaterial war der Anlass, eine computergestützte qualitative Datenanalyse (QDA) in Anspruch zu nehmen und damit die Auswertungspraxis zu verbessern. Nach Heiner LEGEWIE „kann QDA-Software eine unschätzbare Hilfe sein bei der Dokumentation und Speicherung von Kodierungen, beim Ordnen der Daten, beim Recherchieren im ‚Zettelkasten' eines Projektes und beim Visualisieren von analytischen Strukturen" (LEGEWIE 2006, S. 19).

Ich entschied mich für das Programm MAXqda, das eine Hilfe in der Aufbereitung, Strukturierung, Organisation und Vernetzung des umfangreichen Materials darstellte. Das traf besonders für eine systematische Kategorisierung zu, indem Textsegmente Kategorien zugeordnet wurden, was als Kodierung – einer zentralen Aufgabe in der Grounded Theory – bezeichnet wird. Mit dem Programm ließ sich ein so genannter Codebaum erstellen, der aus 10 Hauptcodes mit unterschiedlich zahlreichen und umfangreichen Untercodes besteht (s. Anhang A). Das Programm ermöglichte mir, codierte Textabschnitte gleicher Themen nebeneinander zu stellen und sie andererseits nach Interviewteilnehmern zu ordnen. Um das besser zu überblicken, habe ich beide Strukturierungen – je 120

Seiten – ausgedruckt vorliegen. Die Codings der Interviewteilnehmer halfen bei der Analyse und Interpretation der Berufsbiographien, die thematisch nebeneinander angeordneten Codes unterstützten die biographieübergreifende Analyse und Interpretation. Dies schließt die erwähnten nicht veröffentlichten Vorarbeiten ab und leitet zugleich einen Teil der Hauptanalyse ein.

Bezüglich der Analyse der TZI-Berufsbiographien gewann ich im Zuge des ständigen Durchdenkens des Datenmaterials und einer Rückmeldung auf meine erstellten Kurzbiographien im Rahmen des Forschungskolloquiums – insbesondere auch durch Frau Prof. Dr. FRIEBERTSHÄUSER – eine neue Perspektive. Hatte ich mich zunächst intensiv mit biographischen Methoden nach Fritz SCHÜTZE, Gabriele ROSENTHAL und Gisela JAKOB etc. beschäftigt, so kam nunmehr der Gedanke auf, dass die Kurzbiographien bereits eine große Nähe zu „Dichten Beschreibungen" aufweisen und in diese Richtung weiter zu bearbeiten wären. Gegen eine Behandlung der Berufsbiographien beispielsweise nach dem Modell von Fritz SCHÜTZE sprachen aus methodischer Sicht folgende Aspekte: Einmal handelt es sich um Berufsbiographien, die nicht den gesamten Lebenslauf abbilden, sondern in der Begegnung mit TZI nur einen Lebensabschnitt, in dem die Verlaufskurve recht einseitig zu einem positiven Wandel führt (vgl. SCHÜTZE 1999, S. 199-223). Zum anderen wäre eine Darstellung nur weniger Ankerbiographien zu umfangreich geraten und würde einer Beschreibung und Analyse des Konzeptes der TZI, die eine möglichst variantenreiche Datenerhebung und -auswertung erfordert, nicht gerecht.

Ein weiterer Gesichtspunkt wiederum spricht für eine „Dichte Beschreibung". Der Begriff wurde von Clifford GEERTZ im Zusammenhang mit seiner „spezifischen Art und Weise des (Be-)Schreibens ethnologischer Sachverhalte" (vgl. Stephan WOLFF 2004, S. 84-96) geprägt und

> „bezeichnet eine Form der schriftlichen Darstellung von Feldforschungsergebnissen, bei der Szenen, Ereignisse, Erfahrungen, Dialoge literarisch verdichtet und im Kontext der untersuchten Kultur präsentiert werden. Dabei gilt es, (...) mit Hilfe von hermeneutischen Rekonstruktionen die intendierten Bedeutungen und den sozialen Sinn herauszuarbeiten und in einer Weise darzustellen, die den Lesenden mitten hinein versetzt in das Geschehen, ihm einen Zugang zur Gedankenwelt und Alltagserfahrung der untersuchten Subjekte eröffnet und dabei den kulturellen Gesamtkontext erschließt" (FRIEBERTSHÄUSER 2003, S. 33ff.).

Nun lässt sich das, was Clifford GEERTZ auf andere Kulturen anwendet, auch auf Teilkulturen übertragen, die sich durch eine gewisse „Fremdheit" auszeichnen, wie Barbara FRIEBERTSHÄUSER (vgl. 2003, S. 509) diese u. a. kennzeichnet. Unter dem Gesichtspunkt einer Teilkultur lässt sich auch die Gruppe der Lehrenden, die TZI in Haltung und Methode in ihr Berufsleben integriert haben, ansehen. Sie wirkt auf Außenstehende manchmal „fremd" und „irritierend", wie noch in der Schilderung der Dichten Beschreibungen – nachfolgend als feststehenden Begriff verwendet – deutlich werden wird. An anderer Stelle wird diese Teilkultur der TZI-Lehrenden unter dem Begriff eines besonderen Habitus deutlich gemacht. So hat bei einem internationalen Austauschworkshop der TZI der Gastredner Markus RIEGER zu dem Motto der Tagung „Verwurzelt in den Werten der TZI – diese Welt mitgestalten" den besonderen Habitus des Gruppenbewusstseins der Teilnehmer herausgestellt. Er sieht eine identitätsstiftende Gemeinsamkeit in Überzeugungen und Haltungen, weitgehend unabhängig von Geschlecht, Beruf, Alter und Konfession und findet als passende Bezeichnung für dieses gesellschaftliche Phänomen den von Pierre BOURDIEU geprägten Begriff des Habitus. In diesem Zusammenhang stellt er dem metaphorischen Gebrauch des Begriffs der „Wurzel" als „Platzhalter für Tradition, Herkunft oder Identität" die Metaphorik der vielgestaltigen Rhizome (Wurzelstock) gegenüber, als Sinnbild für die Bedeutung des Denkens in seiner Vielheit und des Facettenreichtums der erfahrenen Lebenswelt (vgl. RIEGER 2000, S. 10ff.). Aufgrund derartiger Beobachtungen kann die von mir untersuchte Gruppe als ein kleiner Teil dieser Teilkultur angesehen werden, die sich im Rahmen einer Feldforschung noch genauer erforschen ließe. Eine Dichte Beschreibung meiner Teilgruppe kann etwas von den Eigenheiten dieser Teilkultur aufscheinen lassen (vgl. dazu HITZLER 2003, S. 48-51; FRIEBERTSHÄUSER 2003, S. 503-534). Beim Studium von Beiträgen aus „Dichte Beschreibung" von Clifford GEERTZ fielen mir Aspekte seiner Arbeitsweise auf, die er im Anschluss an die Schilderung der balinesischen Hahnenkämpfe macht und die auch für meine Darstellung bedeutsam sind. So betont er dort, dass es ihm um „Grundzüge, wenn auch nicht völlig ausgearbeitet, so doch klar umrissen" geht und darum, „ein zentrales Merkmal herauszuarbeiten" (GEERTZ 1983, S. 242 und 254). Bei meinen Interviewpartnern spielen Schlüsselerlebnisse mit der TZI oft eine zentrale Rolle für den weiteren Berufsverlauf, so dass ich hierbei eine Parallele zu dem Anliegen von GEERTZ sehe und bei den Dichten Beschreibungen entsprechend verfahre.

Ich weiß um die Probleme, die dieser Art der Verwendung von Daten anhaften und die von Clifford GEERTZ selbst in „Der Anthropologe als Schriftsteller" (1993) kritisch beleuchtet werden (s. ferner WOLFF 2004, S. 92-95). Andererseits kommt es Hans OSWALD in der qualitativen Forschung „auch auf die schriftstellerische Qualität des Berichtes an, auf die ‚dichte' Beschreibung (GEERTZ 1983), in der die wesentlichen Strukturen und Funktionsweisen der fremden Welt plausibel gemacht werden" (OSWALD 2003, S. 80). Für mich soll es aufgrund der sorgfältigen und immer wieder überprüften Codierungen, als einer soliden Grundlage, auch um eine datenbegründete Dichte Beschreibung gehen.

Eine Methodenkombination im Bereich der Datenauswertung, wie ich sie betreibe, soll die Mängel einer Methode – so der eben beschriebenen – vermindern: „Die verschiedenen methodischen Zugänge ergänzen, korrigieren oder validieren sich im Sinne der Triangulation" (FRIBERTSHÄUSER 2003, S. 505). Uwe FLICK schreibt in seiner „Einführung in die Triangulation": „Die Triangulation verschiedener qualitativer Methoden macht dann Sinn, wenn die kombinierten methodischen Zugänge unterschiedliche Perspektiven eröffnen (...), wenn also der erwartbare Erkenntnisgewinn systematisch erweitert ist gegenüber der Einzelmethode" (FLICK 2004, S. 48-49). Meine Entscheidung für die typisierende Strukturierung nach Philipp MAYRING, die in seiner „Qualitativen Inhaltsanalyse" beschrieben wird, entspricht diesen Erwartungen. Während die Dichte Beschreibung einen sehr nahen Eindruck der verschiedenen Wege gibt, wie TZI allmählich in die berufliche pädagogische Praxis integriert wird, bietet die typisierende Strukturierung demgegenüber einen zusammenfassenden Blick auf die Faktoren, die bei diesem Prozess eine Rolle spielen und zur Herausbildung eines professionellen pädagogischen Habitus im Stil der TZI führen. Der Ansatz von Philipp MAYRING lässt sich sowohl mit der Grounded Theory (LEGEWIE 2006, S. 18) als auch mit der computergestützten Auswertung verbinden (MAYRING 2003, S. 100-108). Philipp MAYRING beschreibt die typisierende Strukturierung mit folgenden Worten:

„Typisierende Strukturierungen wollen Aussagen über ein Material treffen, indem sie besonders markante Bedeutungsgegenstände herausziehen und genauer beschreiben. Solche Typen müssen nicht immer Personen sein, es können auch typische Merkmale sein, allgemein markante Ausprägungen auf einer Typisierungsdimension. Diese Dimension muss zunächst definiert werden, einzelne Ausprägungen dazu formuliert werden, um dann mit diesen Kategorien das Material durchzuarbeiten" (MAYRING 2003, S. 90).

Zu diesem Zweck habe ich das gesamte codierte Material noch einmal auf die wesentlichen Aussagen im Hinblick auf einen pädagogischen TZI-Stil durchgesehen und dabei in gekürzter Form zusammengefasst. Auf diese Weise gewann ich einen guten Überblick und schnellen Zugriff auf die Aussagen zu den wichtige Merkmale bestimmenden Dimensionen und konnte mich in der Darstellung auf diese konzentrieren.

Als Hintergrund der Typisierung verwende ich das Habituskonzept in Anlehnung an Pierre BOURDIEU. Dieses Habituskonzept spielt in dessen „Theorie der Praxis" eine wichtige Rolle. Es nimmt auf theoretischer Ebene eine vermittelnde Rolle zwischen den komplementären Einseitigkeiten des Objektivismus und des Subjektivismus ein. Der Habitus wird als ein „System verinnerlichter Muster" angesehen: „Er gewährleistet die aktive Präsenz früherer Erfahrungen, die sich in jedem Organismus in Gestalt von Wahrnehmungs- Denk- und Handlungsschemata niederschlagen" (BOURDIEU 1987, S. 101). Der Habitus wird über Anpassungs-, Lern- und Konditionierungsprozesse erworben. Dies geschieht in der alltäglichen Praxis, in „selbstverständlichen" Handlungen. Übereinstimmend mit Forschungen zur Entwicklungspsychologie und zur Sozialisation sieht Pierre BOURDIEU die Aneignung von Schemata in der frühen Kindheit als bedeutungsvoll an. So trägt der Habitus immer die Kennzeichen des sozialen Umfeldes und ist Ausdruck der jeweiligen Kultur, in der sich die Persönlichkeit entwickelt. Der Habitus ist jedoch nicht nur ein Erzeugnis dieser Kultur, sondern erzeugt seinerseits wieder die soziale Welt, aus der er kommt (vgl. „Erzeugungsprinzip" BOURDIEU 1974, S. 39ff). Mit dem Habitusbegriff wird deutlich gemacht, dass Handlungsstrategien und -möglichkeiten von Individuen immer in Abhängigkeit von biographisch erworbenen Wahrnehmungs-, Denk- und Handlungsweisen stehen und mit dem Feld ihrer Entstehung vernetzt sind. So fließt denn auch die Präsenz des Habitus in die aktive Gestaltung von Handlungen jeglicher „sozialer Akteure" ein und das gilt im Fall der vorliegenden Untersuchung auch für die Lehrenden.

Werner HELSPER spricht im Zusammenhang mit dem Referendariat und den ersten Berufsjahren bei Lehrenden von einer „habituellen Einsozialisation in das schulische Handeln" (HELSPER 2002, S. 94). Diese beziehe sich vor allem auf die Umstellung von der Schüler- auf die Lehrerperspektive und die „spezifische Positionierung im Rahmen der pädagogischen Antinomien" (ebd. S. 94). Bei der habituellen Sozialisation kann es nach Werner HELSPER zu belastenden Passungsproblemen zwischen Selbstbild und Schulkultur kommen. Er plädiert dafür, die Sozialisation nicht „hinter dem Rücken" ablaufen zu lassen, sondern als reflexiven Bildungsprozess zur Ausbildung eines professionellen pädagogischen Habitus zu nutzen (vgl. ebd. S. 94-95). Diese Aussagen werden eine Bedeutung für die Beurteilung eines pädagogischen TZI-Habitus haben.

Ein weiterer Aspekt zum Begriff des Habitus in der pädagogischen Arbeit findet sich in Alfred HOLZBRECHERs Beitrag „Schüleraktivitäten und Lehrerprofessionalität als Arbeit am Habitus" (HOLZBRECHER 2006, S. 123-132). Er sieht in dem Begriff des Habitus eine geeignete Denkfigur, um in subjektorientierten Konzepten des Lehrens und Lernens den Einfluss äußerer Bedingungsfelder angemessen zu berücksichtigen. Im subjektwissenschaftlichen Diskurs werden Lernprozesse beschrieben, die – entgegen einer reinen Stoff-Zielorientierung – die Lebens- und Lerninteressen der Lernenden besonders berücksichtigen (vgl. HOLZKAMP 1993). Für Alfred HOLZBRECHER ist in diesem Diskurs die entscheidende Frage, „ob es gelingt, aus dem Käfig einer unfruchtbaren Opposition zwischen Subjekt und System auszubrechen, d. h. die Denkfigur zu überwinden, nach der das System vor allem hemmend und einschränkend auf die Subjektentwicklung wirkt" (HOLZBRECHER 2006, S. 128). Er betrachtet die

Schule als ein „machtförmiges System", das „bei allen Beteiligten einen speziellen Habitus – im Sinne eines Erzeugnisses – hervorbringt" und zwar mit je nach Situation auch teils negativen Aspekten. Andererseits kann ein Habitus durch Wechsel des Kontextes oder gesellschaftlichen Wandel auch Veränderungen erfahren. So regt Alfred HOLZBRECHER an, „in Zeiten, in denen eine Schulentwicklungsrhetorik an die handelnden Subjekte appelliert, Spielräume kreativ zu nutzen", eine „neue soziale Praxis" zu initiieren (ebd., S. 128). In dieser sollte es für die Lernenden möglich werden, unter Anerkennung von Begrenzungen „*Bildung als Subjektaktivität* im Kontext institutioneller Bedingungen zu verstehen" (ebd., S. 129) und an maßvoll angebotenen Widerständen neue Kompetenzen zu erarbeiten, neue Erkenntnisse zu gewinnen und „sich selbst als handlungsfähiges Subjekt in Relation zur Objektwelt zu erfahren" (ebd., S. 127). Den Lehrenden kommt dann die Aufgabe zu, die Rahmenbedingungen der Schule zu nutzen und Unterricht herausfordernd zu gestalten in einer „Mischung aus fester Struktur und Offenheit, aus Förderung und Anforderung, die das Gestaltungsbedürfnis weder zu sehr einschränkt noch es auf Grund von Beliebigkeit ‚widerstandslos' erlahmen lässt" (ebd., S. 131). Für die Subjektentwicklung der Lehrenden beschreibt Alfred HOLZBRECHER

– „Lehrerprofessionalität als (lebenslangen) Prozess der Aneignung unterschiedlicher Kompetenzen,

– die Arbeit an biographisch wie auch historisch-gesellschaftlich bedingten Berufsbildern (Lehrer-Habitus als ‚Erzeugnis'),

– die Arbeit an der eigenen Körpersprache – als Ausdruck einer bestimmten Beziehung zu den Schüler-Subjekten und zur beruflichen Tätigkeit,

– die Arbeit an Beziehungsmustern in Interaktionen und

– die Arbeit an Organisationsstrukturen" (ebd., S. 131).

Für beide, für Lehrer/innen und Schüler/innen bedeutet die Formung des Habitus, „immer selbstbestimmte Wahrnehmungs-, Reflexions- und Handlungskompetenzen zu entwickeln" (ebd., S. 130). Dieser Ansatz der Kooperation zwischen Lernenden und Lehrenden unter Einbeziehung des Schulsystems weist eine Nähe zum TZI-Konzept auf.

HOLZBRECHERs Ansatz zeigt auf der einen Seite die bedeutsame Einbeziehung des Umfeldes bzw. Kontextes in den pädagogischen Prozess innerhalb der Schule, entsprechend dem Globe, der ja im Rahmen der TZI eine zentrale Rolle spielt. Andererseits scheint in seinem Diskurs der Habitusbegriff zu wenig die ungewussten Mechanismen, die bei Pierre BOURDIEU für diesen Begriff konstitutiv sind, zu berücksichtigen.

Die TZI-Ausbildung scheint hingegen den ungewussten Mechanismen eine größere Bedeutung und Aufmerksamkeit zuteil werden zu lassen. Die umfangreichen, personenbezogenen und methodischen Faktoren einer TZI-Ausbildung können ein „System verinnerlichter Muster" auf dem Gebiet pädagogischen Verhaltens und Handelns erzeugen. Das kommt in manchen Interviews zum Ausdruck mit der Bemerkung, dass Inhalte der TZI so verinnerlicht sind, dass sie gewissermaßen automatisch präsent sind. Aus diesem Grunde erscheint mir das Habituskonzept geeignet, die Muster der Professionalität bei ausgebildeten TZI-Lehrerinnen und Lehrern erfassen und analysieren zu können. Im Rahmen der Auswertung meines Materials werde ich den Habitus eines professionellen Lehrerhandelns nach TZI beschreiben. Zur Einführung dieses Gedankens knüpfe ich an Ausführungen zur Struktur fachspezifischer Sozialisation in der Hochschule und dem dabei verwendeten Habitusbegriff an (vgl. HUBER 1991; LIEBAU und HUBER 1985; PORTELE/HUBER 1993; FRIEBERTSHÄUSER 1992). Die Beschreibung des pädagogischen TZI-Habitus erfolgt dann mit der typisierenden Strukturierung nach Philipp MAYRING und Rückgriff auf die von Pierre BOURDIEU verwendeten Dimensionen der Wahrnehmungs-, Denk- und Handlungsschemata.

5 Erfahrung mit der TZI in der pädagogischen Praxis

5.1 Erhebung des Datenmaterials

Die Darstellung der beiden vorausgehenden Kapitel konnte sich auf vorhandene schriftliche Dokumente stützen. Zur empirischen Erforschung des TZI-Konzeptes waren nun die Praktiker über ihre Erfahrung mit diesem Konzept zu befragen. Im Methodenkapitel habe ich bereits die Auswahl meiner Interviewpartner erläutert, die eine Bearbeitung von TZI-Praxis in einer angemessenen Variationsbreite ermöglichen soll.

Diese Auswahl umfasst TZI-Lehrende, die in unterschiedlichen Institutionen tätig sind, wie Sonderschule, Grund-, Haupt-, Realschule und Gymnasium sowie Gesamtschule, Studienseminar mit Referendarausbildung und Universität. Ferner vertreten die Befragten alle im Unterricht zu lehrenden Fachrichtungen. In der Sonderschule und der Grundschule sind die zu unterrichtenden Inhalte weitgehend im Gesamtunterricht und der Mathematik enthalten, wobei Grundschullehrer/innen in der Lage sein müssen, den größten Teil des Unterrichts als Klassenlehrer/innen abzudecken. Die Sekundarstufe I und II ist in Fachbereiche untergliedert, die sämtlich von den Interviewpartnerinnen und -partnern als TZI-Lehrenden repräsentiert waren: Geisteswissenschaften mit Deutsch, Englisch, Latein, Französisch, ferner Kunst und Musik, Gesellschaftswissenschaften mit Sozialkunde, Arbeitslehre, Geographie, Ethik und Religion, Naturwissenschaften mit Mathematik, Physik, Chemie und Biologie und der eigene Fachbereich Sport. Die Interviewten umfassen 13 Lehrerinnen und 5 Lehrer. Damit ist die weibliche Seite überrepräsentiert. Das trifft zwar für den Lehrberuf auch allgemein zu, hat sich bei mir aber rein willkürlich durch Beachtung der oben aufgeführten Kriterien ergeben. Zum Zwecke der Orientierung habe ich die wichtigsten berufsbiographischen Daten der Interviewpartner/innen in Tabelle 2 zusammengestellt. Die Reihenfolge ist so angeordnet, wie die Interviews in der zeitlichen Abfolge stattfanden und sich aus der Entwicklung der Forschung ergaben.

Tabelle 2:   Berufsbiographische Daten der Interviewpartnerinnen und -partner
(Namen sind anonymisiert)

Lfd. Nr.	Vor- name Name	Geb. Jahr	TZI- Ausbil- dung	Qualifikationen und berufliche Tätigkeiten
1.	Gerda Iser	1932	gradu- iert	Gymnasiallehrerin, Fächer: Deutsch, Latein, Sozial- wissenschaften, SV-Verbindungslehrerin, Dozentin für Didaktik, Lehrerfortbildung, TZI-Kurse, Super- vision
2.	Thea Elsner	1943	gradu- iert	Grund-, Haupt-, Realschullehrerin, Fächer: Deutsch, Mathematik, Französisch, Musik, Biologie; Psycholo- gin, Mitarbeit Kooperationsmodell, Lehrerfortbil- dung, Seminare Supervision, Beratung, Personal- u. Organisationsentwicklung
3.	Tanja Lenz	1957	diplo- miert	Grund- und Sekundarstufenlehrerin, Fächer: Mathe- matik, Musik, Deutsch, Beratungslehrerin, Grund- schulleiterin, Stufenleiterin Sekundarstufe I , Gesamt- schulleiterin
4.	Luise Palmer	1936	diplo- miert	Kinderkrankenschwester, Hauswirtschaftsmeisterin, Haupt-, Realschullehrerin, Fächer: Kunsterziehung; Sozialkunde, Arbeitslehre, SV-Verbindungslehrerin, Beratungslehrerin, Supervison
5.	Tabea Diehl	1944	gradu- iert	Gymnasiallehrerin, Fächer: Deutsch, Englisch; Di- plom-Pädagogin, Supervision, Lehrerfortbildung, TZI-Kurse
6.	Gabi Nolde	1946	gradu- iert	Haupt-, Realschullehrerin, Fächer: Deutsch, Kunst; Diplom-Pädagogin, Gesprächstherapeutin, Referen- darausbildung, Lehrerfortbildung, TZI-Kurse, Super- vision, Selbständigkeit
7.	Renate Martens	1946	gradu- iert	Gymnasiallehrerin, Fächer: Deutsch, ev. Religion, Unterricht Fachhochschule, Abendgymnasium, Leh- rerfortbildung, TZI-Kurse, Supervision, Organisati- onsentwicklung, Selbständigkeit
8.	Ronald Euler	1941	gradu- iert	Didaktik für Naturwissenschaften an Universität, Lehrerfortbildung, TZI-Kurse, Supervision
9.	Ludwig Kanig	1944	gradu- iert	Gymnasiallehrer, Fächer: Mathematik, Physik, Bera- tungslehrer, Lehrerfortbildung, Schulentwicklungs- team, TZI-Kurse

Lfd. Nr.	Vor-name Name	Geb. Jahr	TZI-Ausbil-dung	Qualifikationen und berufliche Tätigkeiten
10.	Erika Härtel	1942	gradu-iert	Gymnasiallehrerin, Fächer: Deutsch, Französisch, Be-ratungslehrerin, Lehrerfortbildung, TZI-Kurse, Super-vision, Selbständigkeit
11.	Gisela Weber	1962	zertifi-ziert	Gymnasiallehrerin, Fächer: Biologie (Diplom), Sport, Vorbereitung auf Hauptschulabschluss, pädagogische Förderstufenleitung, Stufenleiterin 5./6. Klasse einer Gesamtschule
12.	Uwe Fiedler	1961	TZI-erfahren	Grund-, Sonderschullehrer, Diplom-Pädagoge, Heil-pädagoge, Schulleiter an Sonderschule, Referendar-ausbildung
13.	Sonja Rein-hardt	1955	TZI-erfahren	Gymnasiallehrerin, Fächer: Deutsch, Psychologie, ev. Religion, Sozialwissenschaften, Gesprächspsy-chotherapeutin, pädagogische Mitarbeit an Universi-tät, Gesamtschule mit Oberstufe und Ethikunterricht
14.	Thomas Roth	1948	diplo-miert	Gymnasiallehrer, Fächer: Biologie (Diplom), Chemie, M. A. in Erziehungswissenschaft, pädagogische Mit-arbeit an Universität, Referendarausbildung, Lehrer-fortbildung
15.	Rita Ebner	1959	TZI-erfahren	Pastorin, ev. Religion an Berufsschule
16.	Dora Lührs	1946	gradu-iert	Grund-, Hauptschullehrerin, Didaktik für alle Fächer, Schwerpunktfach Physik, Referendarausbildung, Leh-rerfortbildung, TZI-Kurse, Supervision
17.	Monika May	1963	diplo-miert	Grund und Hauptschullehrerin, Fächer: Deutsch, Kunst, Biologie
18.	Rudolf Leh-mann	1935	gradu-iert	Ev. Theologe, Lehrerfortbildung, TZI-Kurse, Super-vision

5.1.1 Durchführung der Interviews

In der Durchführung der Interviews habe ich mich an bekannte Standards gehal-ten (vgl. JAKOB 2003, S. 445 f.; GLINKA 2003, S. 133 f.; SCHÜTZE 1983, S. 283 f.; RIEMANN 1987, S. 43 f.; BOURDIEU 1997, S. 779 f.; ROSENTHAL 1995, S. 186 f.).

Prinzipiell galten für alle Interviews folgende Rahmenbedingungen: Die Kontaktaufnahme erfolgte telefonisch, ich erklärte mein Forschungsvorhaben, sicherte Anonymität zu, bat um Mitarbeit. Nach möglichen Rückfragen der Interviewpartner/innen und deren Erklärung der Bereitschaft zur Mitarbeit und einer damit verbundenen Tonbandaufnahme wurde ein Termin für das Interview vereinbart. Dieses fand in 15 Fällen in der privaten Wohnung der Interviewpartner/-innen, in einem Fall in meiner Wohnung (Thea Elsner), in zwei Fällen im Raum eines Schulgebäudes (Dora Lührs und Monika May) statt. Bei der Terminabsprache wurde auf eine entspannte, von Zeitdruck freie Atmosphäre Wert gelegt. Als Dauer für das Interview wurde vorab eine Zeit von 2-3 Stunden veranschlagt. Es waren keine besonderen Vorbereitungen zu treffen, sondern ging um ein freies Erzählen.

Vor Ort nahm ich auf das Telefongespräch und die damit bereits geknüpfte Verbindung Bezug. Ich stellte mich selbst und mein Forschungsvorhaben noch einmal angemessen ausführlich vor, so dass eine Atmosphäre des Vertrauens entstehen konnte. Ich ließ die mündlich erhaltene Zusage in einer Einverständniserklärung mit Interview und Tonbandaufnahme schriftlich bestätigen.

Zum Einstieg in das Interview und den Beginn der Tonbandaufnahme hatte ich eine schriftliche Formulierung mit folgendem Wortlaut vorbereitet: „Sie wissen, ich interessiere mich für Lehrende, die TZI in ihrem Beruf anwenden. Wir hatten bereits telefonisch Kontakt aufgenommen. Sie sind jetzt bereit, mir ihre berufliche Arbeit mit TZI zu erzählen. (Zustimmung des Gegenüber, meinerseits: Danke.) Wie und wann fing es mit TZI an? Wie ging es dann weiter? Wie hat Sie TZI in ihrem Leben begleitet, bis heute? Ich bin zunächst nur Zuhörer. Am Schluss werde ich noch nachfragen. Dafür mache ich mir kurze Notizen. Ist das Vorgehen so okay für Sie oder haben Sie noch Fragen?"[7] In der Regel gab es keine Fragen und ich forderte zum Erzählen auf.

5.1.2 Verlauf der Interviews

Nach der Ratifizierung des „Erzählstimulus" entstanden lange Erzählpassagen, die durch meine in Kapitel 4.3 geschilderte Begleitung gefördert wurden. Für den späteren Nachfrageteil hatte ich mir während der Kurznotizen Zeichen für immanentes Nachfragen gemacht. Um für die Untersuchung wichtige Inhalte zu erfassen, die in der Erzählung nicht behandelt worden waren, hatte ich vorbereitend entsprechende Fragen notiert (exmanentes Nachfragen). Dadurch kamen ergänzend weitere Erzählpassagen zustande. Bei den Graduierten machte ich nach

---

7   Bei mir vertrauten Personen wählte ich als Anrede die Du-Form.

dem ersten umfangreicheren Teil eine etwa halbstündige Pause. Auch zur Frage nach der Art und Weise der TZI-Vermittlung kam es zu längeren Erzählpassagen, in denen meine ursprünglich als Leitfaden genauer formulierten Fragen in einem größeren Zusammenhang weitgehend beantwortet wurden.

Die Interviewpartner/innen hatten sich – mit einer Ausnahme – nicht eigens vorbereitet und auch der in einem Fall verwendete Spickzettel wurde bald lästig und beiseite gelegt, um in eine freie Erzählung überzugehen.

Die Atmosphäre während der Interviews war insgesamt angenehm angeregt, zum Teil heiter, gelegentlich wurde gelacht. In der Transkription wird dies bei allen Interviews in unterschiedlicher Häufigkeit kenntlich gemacht. Für viele Interviewpartner/innen war es ein besonderes Erlebnis, ihre berufliche Laufbahn in Verbindung mit der TZI noch einmal Revue passieren zu lassen und es schwang auch so etwas wie ein Gefühl der Dankbarkeit für die durchlebte Entwicklung mit, wie es Thea Elsner mit den Worten am Schluss zum Ausdruck brachte: „Da bin ich dankbar, da freu ich mich, da bin ich glücklich, dass ich das lernen durfte" (21,10).

Nach Abschluss des Interviews bat ich um eine Metakommunikation mit der Frage: „Wie ist es Ihnen ergangen bei Ihrem Erzählen und meinem Nachfragen und unserem Miteinander?" Bei den folgenden Antworten treffe ich eine exemplarische Auswahl der Interviewpartner/innen und eine exemplarische Auswahl bezüglich des Textes.

„Hat mir Spaß gemacht" (Gerda Iser 13,29)[8]. „Also, ich habe gemerkt, mir ist ganz warm geworden. Und ich habe ohne Punkt und Komma angefangen zu erzählen, vielleicht ist das durchgedrungen, so die Begeisterung von vor dreißig Jahren" (Thea Elsner 20,47). „Mir ging es sehr gut. Dieser ganze Prozess, den ich mit TZI durchlebt und erlebt habe, war etwas Fließendes. Und dieses Fließende hatte ich total wieder" (Luise Palmer 14,9). „Es ist schön, auch zu merken, wie ich überzeugter und souveräner und unabhängiger von irgendwelchen Mächten geworden bin. Das zu leben und zu praktizieren. Es ist viel mehr zur Selbstverständlichkeit geworden" (Tabea Diehl 27,37). „Es war sehr hilfreich, erst mal auch etwas von Ihnen zu erfahren – überhaupt, weil wir uns ja bisher nur per Telefon kennengelernt haben. Es war nicht unanstrengend, schnell an die Erinnerungen ranzukommen, aber ich habe mich da durchaus wertgeschätzt gesehen und das war in Ordnung für mich" (Ludwig Kanig 20,39). „Gut ist es mir gegangen. Eine schöne Gelegenheit, mir meinen eigenen Weg innerlich noch mal Revue passieren zu lassen". „Das war sehr spannend. Ich merke jetzt, dass ich einfach sehr ins Reden gekommen bin. Das liegt sicher an der Atmosphäre, die Sie geschaffen haben, indem Sie vorher viel von sich erzählt haben, also die Balance

---

8   Die erste Zahl bedeutet die Seite, die zweite Zahl die Zeile des transkribierten Textes.

hergestellt haben. Für mich ist spannend, die Zusammenhänge zu sehen und zu formulieren und immer wieder auch zu reflektieren: Das ist ja ein Prozess, ich bin ja nicht vorbereitet gewesen in dem Sinne, dass ich mir eine Struktur hingelegt habe" (Gisela Weber 27,46; 20,41). „Ihre Fragestellungen haben es mir sehr leicht gemacht, da einzusteigen, und dann auch die Rückfragen, noch mal präzise auf einzelne Fragen einzugehen. Also, ich hatte das Gefühl, in diesem Prozess auch geleitet worden zu sein, so dass ich auch die Möglichkeit hatte, noch mal nachzudenken: Wie war es da eigentlich, wie sehe ich das? Das war sehr hilfreich für mich. Ein sehr angenehmes Gespräch" (Uwe Fiedler 16,47). „Ich bedanke mich für das Ohr, das Zuhören. Es gibt Vieles, was ich erlebt habe, erfahren habe in langer Berufstätigkeit und was dann auf einmal herausprudeln kann. Und das ist eben der Fall gewesen" (Thomas Roth 16,24). „Ich fand es für mich schwierig, mit dieser offenen Fragestellung einzusteigen, und ich finde es richtig, es so zu machen. Beides. Also es wurde zunehmend leichter" (Monika May 16,37).

Die gesamten Interviews waren in Notizen und Memos eingebettet. Nach jedem Interview machte ich mir Notizen über Dauer, Verlauf, Atmosphäre, Bedeutung für das Forschungsprojekt, Gedanken über weiteres Vorgehen. (Für das weitere Vorgehen vgl. Kapitel 4.4).

Nach Fertigstellung der Dichten Beschreibungen wurden diese den Interviewten zur Validierung zugesandt. In der Rückmeldung wurde die Darstellung als sachlich richtig, angemessen und passend beschrieben. Einige äußerten, dass man sie auch trotz der Anonymisierung von einem gewissen Personenkreis erkennen könne. Sie wünschten aber deshalb keine geänderte Darstellung.

5.2   Dichte Beschreibungen der Interviewpartnerinnen und -partner

Die Dichten Beschreibungen der Interviewpartner/innen weisen folgende Gliederung auf:

Ein zentraler Gedanke ist dem Interview entnommen und diesem als Motto vorangestellt. Es folgen drei unterschiedlich lange Abschnitte:

(1)   Situation vor dem Erstkontakt mit TZI

(2)   Anfänge mit TZI, Motivation zur Fortsetzung mit TZI

(3)   Begleitung von TZI in Ausbildung und Beruf

Die Zitate aus den Transkriptionen sind in Schrägschrift gesetzt, die in Klammer gesetzten Zahlen geben die Seitenzahl und die Zeile des jeweiligen Interviews an, mit der das Zitat beginnt.

Die Nummerierung der Dichten Beschreibungen erfolgt nach der Reihenfolge, in der die Interviews stattgefunden haben.

5.2.1 Gerda Iser

> „Und diese Person sagt, es geht um eine Balance vom Einzelnen und von der Gruppe und der Sache, dem Thema. Und das war überhaupt die Erleuchtung" (1,34).

(1) Das Jahr 1973 war im Gefolge der 68er-Bewegung für Gerda Iser eine spannende Zeit. Zu Anfang jenes Jahres nahm sie an einem gruppendynamischen Laboratorium teil. Sie befand sich mit anderen zu zehnt in einer Kleingruppe (im Plenum waren es 70 Personen), wo es um das Thema „Macht und Auseinandersetzung" ging – mit „Hauen und Stechen", mit viel „Aggression und Tränen". Der Satz eines jungen Mannes zu ihr charakterisiert diesen Stil: „Und du blödes altes Mutterschwein, mit dir will ich überhaupt nichts zu tun haben" (3,20). Es gab einiges auszuhalten und viel zu lernen.

Gerda Iser war damals 40 Jahre alt, war Studiendirektorin an einem Gymnasium für Jungen mit den Fächern Deutsch und Latein, hatte außerdem 1958 in älterer Germanistik promoviert, dann – im Bewusstsein einer gesellschaftlichen Veränderung – von 1971-1974 Sozialwissenschaft studiert und mit einer Erweiterungsprüfung für dieses Fach abgeschlossen. Sie hatte ferner bei George R. Bach ein Partnerschafts- und Aggressionstraining, zudem ein Sensitivitätstraining absolviert und war also in der Gruppendynamik gut bewandert. Sie hatte versucht, das auch in einer Schulklasse zu praktizieren, was ähnliche Reaktionen, wie oben erwähnt, auslöste und den Unterricht blockierte.

Für ihre persönliche Entwicklung hatte Gerda Iser zunächst von 1965-1967 informatorische Studien in der Tiefenpsychologie betrieben, dann aber über viele Jahre, auch noch während ihrer TZI-Ausbildung, in unterschiedlichen Intervallen eine umfangreiche Freudsche Psychoanalyse gemacht.

(2) 1973 kam es zu einem ersten Kontakt mit der TZI. Gerda Iser war damals mit einigen Lehrerinnen auf der Suche nach Alternativen für Schule und Unterricht. Zu einem Treffen brachte eine von ihnen einen Aufsatz aus der „Neuen Sammlung" mit, in dem das Konzept von Ruth COHN dargestellt wurde, so wie sie es bei den „Lindauer Therapiewochen" entwickelt hatte. Gerda Iser war wie elektrisiert: Das könnte der Weg sein, den sie suchte; hier sah sie die Ergänzung und Vervollständigung, die ihr bisher gefehlt hatte. Ihr hatte die Einzelarbeit in der

Psychoanalyse viel für das Verständnis der einzelnen Schüler/innen und das gruppendynamische Training viel im Hinblick auf in der Klasse ablaufende Prozesse gebracht, aber um damit unterrichten zu können, fehlte die Sache, das Thema. „Und da war eine Frau, die versprach, dass es so was geben könnte wie eine Balance zwischen diesen drei Polen, die es möglich machen würde, was immer schon mein Ziel war, human mit den Einzelnen in der Gruppe so umzugehen, dass sie dabei was lernen. Das war der Punkt (…), ich muss die Person kennenlernen, die das gesagt, gemacht, sich ausgedacht hat, denn mir war auch klar, dass dies eine im besten Sinne personenzentrierte Methode ist" (1,39).

Diese Erkenntnis war der Ausgangspunkt für den Entschluss zur Teilnahme an einem Kurs bei Ruth Cohn im Sommer 1974 in Arosa. Und damit begann auch die TZI-Ausbildung. Dabei betont Gerda Iser an verschiedenen Stellen, dass diese Entscheidung auch von einem politischen Bewusstsein aus den 68er Jahren getragen war, „noch mal anders auf die Schule zu gucken" (6,4).

(3) Von 1973-1979 hatte Gerda Iser Erziehungsurlaub und konnte diese Zeit für den Besuch von TZI-Kursen verschiedener Art bei Ruth Cohn und anderen autorisierten Vermittlern von TZI nutzen. Seit 1975 befand sie sich mit anderen Lehrerinnen und Lehrern in einer Peergruppe, die weit über das erforderliche Maß hinaus – ca. 10 Jahre lang – mit regem Austausch zu schulischen Fragen existierte.

Eine besondere Rolle spielte für Gerda Iser das Chairperson-Prinzip der TZI. Das hieß, wie für viele Frauen damals, für sie zunächst: „Du darfst du selbst sein, du darfst nicht nur wahrnehmen, was mit dir ist, das ist deine Verpflichtung, dahin zu gucken, wer du bist, und dahin zu gucken, was du wirklich willst, unabhängig von dem, was man von dir will – das war ein ungeheurer Akt der Befreiung" (3,14). Natürlich gab es in den TZI-Gruppen auch Auseinandersetzungen, aber sie erfolgten im geschützten Rahmen unter einer human orientierten, gewissenhaften Leitung.

Seit 1976 und bis heute ist Gerda Iser im Ruth-Cohn-Institut „mit Lust" tätig. Sie arbeitete in verschiedenen Gremien mit, so im regionalen Vorstand, in der regionalen und der internationalen Ausbildungskommission, in der Didaktikgruppe und in der Redaktion der Zeitschrift „Themenzentrierte Interaktion". In der TZI-Ausbildung erhielt sie 1979 den TZI-Fähigkeitsausweis (entspricht dem heutigen Diplom) und 1984 die Graduierung, die auch mit dem Abschluss einer vier Jahre langen Psychoanalyse zusammenfiel. „Also das war ein sehr langer und intensiver Weg nach außen und nach innen" (5,33).

Zusätzliche Ausbildungen erfolgten 1985-1987 im Pädagogischen Rollenspiel, 1988-1989 in Teamsupervision, 1995-1997 in „Organisationsberatung als Prozess und Systemberatung", Letzteres, um in der Supervision nach der Pensionierung über mehr Kompetenz und ein breiteres Repertoire zu verfügen. Seit 1996 ist sie Mitglied in der Deutschen Gesellschaft für Supervision.

Von 1979 bis zur Pensionierung 1994 war Gerda Iser an einem Gymnasium tätig, zunächst mit reduzierter Stundenzahl, ab 1983 mit der zusätzlichen Funktion als Verbindungslehrerin zur Schülervertretung (SV).

Nach eigener Einschätzung hat sich für Gerda Iser die TZI-Haltung im Rahmen der Schule zunächst hauptsächlich gegenüber den Schülern im Sinne ihrer „Schülerzentriertheit" und „Schülerzugewandtheit" (10,34), ihres „humanen Umgangs mit Schülern, Wichtig-Nehmens von Schülern, ihrer Möglichkeiten, ihrer Interessen" (11,24) bemerkbar gemacht. Die methodische Strukturierung des Unterrichts nach TZI war ihr erst allmählich möglich, „da hab ich ganz mühsam nach und nach ein bisschen was gelernt" (10,15). An ihrer Schule führte sie, nach der Oberstufenreform (1976) mit der Einführung des Kurssystems, für die 11. Jahrgangsstufe eine gemeinsame Woche in einer Jugendherberge ein, um die Schüler/innen miteinander bekannt zu machen. Das geschah mit intensiver Vorbereitung und Durchführung im Stil der TZI in wechselnden Klein- und Großgruppen sowie verschiedenen die Gemeinschaft fördernden Aktivitäten. Kollegen fragten nach dem Geheimnis eines so guten Gelingens und wollten das auch lernen, so dass Gerda Iser über anderthalb Jahre eine TZI-Gruppe an ihrer Schule leitete und zwei Lehrer später ebenfalls eine TZI-Ausbildung begannen.

Als Graduierte erteilte Gerda Iser zunächst Selbsterfahrungskurse im Sinne der Persönlichkeitskurse der TZI , später auch Methodenkurse zur Vermittlung der TZI. An berufsbezogene Kurse wie „TZI im Unterricht" wagte sie sich erst 1986 in Verbindung mit dem Leiter eines Studienseminars, der reiche TZI-Erfahrung besaß. Die gemeinsam erarbeitete Grundstruktur erwies sich für alle weiteren TZI-Kurse rund um das Thema Schule als sehr fruchtbar und wurde auch von ihr allein weiterhin beibehalten. Eine Grundauffassung des Partners, die auch Gerda Iser teilt, lautete pointiert: „Lehr- und Lernprozesse – zwei Pole mit heftiger Eigendynamik" (22,26). Vielfach wurde die Gegenüberstellung dieser beiden Prozesse als unangemessen kritisiert, doch gehe, so Gerda Iser, TZI davon aus, dass Lehr- und Lernprozesse verschieden seien, die Lernprozesse der Lernenden oft anders verlaufen, als von Lehrenden geplant, und dass man sich darauf einstellen müsse: „Also die Ichs einer Klasse lernen ganz was Unterschiedliches. Und es geht darum, ein Thema zu finden, das möglichst viele von diesen Ichs anspricht" (23,28).

Da die von diesem Team auf diesem Grundgedanken aufgebauten Sequenzen in TZI-Kursen bei Gerda Iser – natürlich mit Variationen – wieder auftauchen und ähnliche Sequenzen sich auch bei anderen Graduierten finden, gehe ich hier exemplarisch darauf ein.

Das Kursthema „TZI im Unterricht" geht beispielsweise von den Fragen aus: „Wie lerne ich selbst? Wie bereite ich Unterricht vor? Wie mache ich Unterricht? Und wie hängt das zusammen?" (16,39), „Kann ich daraus Schlussfolgerungen ziehen?" (19,49).

Wie lerne ich selbst? Teil der ersten Unterrichtseinheit ist eine gelenkte Erinnerung an Lernprozesse in der Vergangenheit: Was machte Freude, was Schwierigkeiten, wann, wie, mit wem wurde gelernt? Dann erfolgt in Kleingruppen detaillierter Austausch darüber mit der Anschlussfrage: „Und was hat das mit meinem Lehren zu tun?(...) Stehen mir unter Umständen ganz viele Dinge im Wege oder beflügeln mich ganz viele Dinge, und die muss ich wissen, sonst kann ich das nicht machen" (19,13).

Wie bereite ich Unterricht vor? Gerda Iser geht mit einer Person in den Kreis, die mit Interesse einen real bevorstehenden Unterricht vorbereiten möchte.

a.   Der erste Schritt besteht in der Frage: „Was interessiert denjenigen, der den Unterricht hält, selbst an diesem Thema?" (17,1). Manche Gymnasiallehrer irritiert diese Frage. Aber Klarheit über diese Frage ist die Grundlage für den weiteren Verlauf.

b.   Als Fortsetzung erfolgt in Anlehnung an ein Modell zur Unterrichtsvorbereitung von Matthias Kroeger (Kurzfassung im Anhang F) ein gedankliches Durchspielen mit drei ausgewählten Schülern: A, der dem Lehrer „nahesteht", „sehr gut ist", B, den er lieber nicht im Unterricht hätte und C, der dazwischen liegt: „Was könnte A, B, C, interessieren an diesem Thema? (…) In welcher Struktur könntest du den am ehesten erreichen?" (18,7).

c.   Nun werden in Partnerarbeit eine Themenformulierung und eine Struktur von der Gruppe erarbeitet, anschließend präsentiert und begutachtet.

d.   Schließlich erhält die Person, die den Mut hatte, sich mit einem Beispiel einzubringen, die erarbeiteten Vorschläge schriftlich.

Wie gestalte ich Unterricht? Hierbei wird eine unlängst gehaltene Unterrichtsstunde nach Art einer Supervision analysiert. Als Einstieg erfolgt ein Rollenspiel bis zu einem gewissen Punkt. Dann kommt das Modelldreieck zum Zuge: „Was haben wir in diesem Stückchen Rollenspiel gesehen im Hinblick auf Es und Thema, im Hinblick auf das Wir, im Hinblick auf das Ich. (…) Man kann auch das andere Dreieck nehmen: Prozess, Struktur, Vertrauen" (19,41)[9]. Aus der

---

9   Dieses Dreieck wird auch von den Interviewpartnern oft als ein hilfreiches Modell innerhalb der TZI genannt. Ausbalanciert erzeugen angemessene Strukturen Vertrauen und befördern den Arbeitsprozess. Das Schattendreieck dazu ist „Chaos", „Misstrauen", „Stagnation".

Analyse ergeben sich dann Schlussfolgerungen im Hinblick auf die nächste Unterrichtssequenz bezüglich der Balancierung von Faktoren, die unter- oder überrepräsentiert waren.

Vielseitig sind die Themen der Kurse von Gerda Iser rund um den Bereich des Lehrens in der Schule. Einige schätzt sie besonders, deshalb sei hier eine Auswahl genannt: „Schule als Arbeits- und Lebensraum – Wie bleibe ich lebendig?", „Wie wir uns Sachen beim Lernen anverwandeln", „Nicht freiwillig und doch lebendig – wie leite ich Zwangsgruppen mit TZI?", „Humanisierung der Schule ist gleich lebendiges Lernen im Unterricht".

5.2.2   Thea Elsner

„Das damalige Motto unserer Arbeit hieß: ‚Der Mensch ist nicht – er wird'. Da hat uns Ruth Cohn sehr geholfen *(6,43)*: dass Menschen sich entwickeln können an ihrer Aufgabe. Das hat mich nicht nur fasziniert, sondern das hat mich auch in meinem gesamten Berufsleben geprägt" (10,40).

(1) Thea Elsner erhielt 1973 als junge Lehrerin, dreißigjährig, einen Ruf in ein Team zur Mitgestaltung eines Kooperationsmodells, in dem Eltern, Lehrer, Kindergärten und politische Kräfte miteinander verbunden waren, um die geistig-seelische Förderung und demokratische Erziehung der Kinder und Jugendlichen vielseitig zu unterstützen. Diesen Ruf nahm sie hoch motiviert an, denn sie fühlte sich mit ihrer bisherigen Ausbildung dafür gut ausgerüstet. Sie hatte eine solide Ausbildung als Grund-, Haupt- und Realschullehrerin erhalten, brachte unterrichtliche Erfahrungen mit, hatte Eltern- und Lehrertrainings auf der Basis von Reinhart Tausch erfahren, später selber geleitet und diese wissenschaftlich als Forschungsprojekt begleiten lassen. Außerdem hatte sie ein Psychologiestudium absolviert und meinte, mit diesen Qualifikationen im interdisziplinären Team „ein bisschen die Welt aus den Angeln zu heben" (2,44). TZI kannte sie überhaupt nicht und da lag nun bei ihrer Ankunft zu allem Überfluss die Aufforderung auf dem Tisch, einen 14-tägigen TZI-Kurs in der Schweiz, in Arosa, zu besuchen. Dazu hatte sie überhaupt keine Lust. Da aber dieser Seminar-Besuch zur Durchführung des Auftrages vom Vorstand als erforderlich angesehen wurde, packte sie ihre Sachen.

(2) Sie kam im September, noch mit Sommerkleidern und Sandalen, im verschneiten Arosa an und landete in einem „stinkfeinen" Hotel, was überhaupt nicht zur Gesinnung einer 68erin passte. Um die Irritation perfekt zu machen, bemerkte sie vor Ort, dass die dortige Sprache nicht hochdeutsch war, sondern eine für sie zunächst kaum verständliche Mundart.

Und doch wurde dieses Seminar zur Initialzündung für eine Weiterbildung in TZI und zu einem Grundstein für ihr berufliches und privates Leben.

Arosa war für Thea Elsner mit einer Fülle von packenden Erlebnissen verbunden. Da war zunächst die bunte Zusammensetzung der 23 Teilnehmer/innen aus Schweizer Lehrerausbildnern, Schulpsychologen, Theologen, Psychoanalytikern bzw. Psychotherapeuten, auch aus Österreich und Bayern kommend, mit Unterschieden in Sprache, Vorbildung, Intelligenz und Emotionalität. Da gab es vielseitigen Austausch mit Berufskollegen, aber auch Reibungsflächen jeder Art. Faszinierend für Thea Elsner war die Art, in der Ruth Cohn mit Konflikten umging. Bei ihr fühlte sich jedes einzelne Ich ernst genommen und zugleich war es mit dem Blick auf das Ganze gefordert. Ruth Cohn konnte gut zuhören, Menschen zum Sprechen bringen, Themen setzen und damit Interaktion ermöglichen. Da kam dann die brennende Frage auf: „Wie macht sie das, wenn sie sich auf Sitzungen, Unterrichts-, also Lehreinheiten vorbereitet?" (4,12)

An der Planung von Lerneinheiten für die Gruppe ließ Ruth Cohn einige Teilnehmer partizipieren und hier machte Thea Elsner neue Entdeckungen: Wie man bei Vorbereitungen im Prozess der Ich-Wir-Entwicklung auch auf das eigene Ich in seiner Beziehung zu sich selbst, zum Thema, zu der Gruppe achtet. Wie man im Unterrichtsgeschehen selbst die eigenen Gefühle, den eigenen Körper mit seinen Empfindungen wahrnimmt und zugleich in Kontakt steht mit den anderen einzelnen Ichs in der Lerngruppe sowie mit dieser als Ganzer und wie dafür der methodische Ansatz aussieht. All das war ihr bei ihrer Unterrichtsvorbereitung mit den anthropogenen Voraussetzungen des Unterrichts und der „didaktischen Analyse" bislang völlig fremd gewesen. Das Neue in dieser Gruppe zu erleben und zu reflektieren war für sie faszinierend und hatte bleibende Auswirkungen.

Neu war für sie auch die Integration gruppenpädagogischer Methoden in den Gruppenprozess, auch wenn diese ihr aus der Literatur bereits bekannt. Eine besondere Erfahrung machte sie mit der Gestalttherapie, die sie noch nicht kannte und die einmal in der Bearbeitung eines Traumes angewandt wurde. Die einzelnen berichteten Elemente eines Traumes wurden zunächst von den Teilnehmern der Gruppe mit verteilten Rollen personalisiert. Das hatte für Thea Elsner, die sich selbst als einen vorwiegend kognitiven Mensch einschätzt, eine irritierende Wirkung: „Da hab ich wirklich gedacht, ich bin in der Klapsmühle gelandet. Wenn ich nicht vorher die Ruth kennengelernt hätte und gewusst hätte, das ist eine ernstzunehmende Frau, ich hätte an dem Abend gedacht, ich bin in einem Verrückten-Club gelandet" (6,13). Als ihr anschließend von einem anderen Teilnehmer theoretisch erklärt wurde, was da abgelaufen war, war die Welt für sie wieder in Ordnung. Am Ende des Seminars stand für sie fest: „Das mache ich weiter" (7,5).

(3) Ruth Cohn wurde dann in das Kooperationsmodell eingeladen, hielt Kurse, u. a. für Pädagogen, Sozialarbeiter und Politiker, und übte in vier Monaten einen umfangreichen Einfluss aus: Mit ihrer Tätigkeit als Beraterin, Supervisorin, durch ihre Arbeit mit Stadträten, Eltern-Gruppen, Berufsgruppen zum Kennenlernen von TZI in ihren beruflichen Feldern. Aus dieser Zeit stammt auch das anfangs zitierte Motto, in dem Thea Elsner die Entwicklung des Menschen anhand von Aufgaben beschreibt. Sie hat mit Ruth Cohn zusammen arbeiten und mit eigenen Beiträgen in den Planungsrunden mitwirken können. In ihrer weiteren Ausbildung wählte sie diejenigen Kurse aus, die für sie gerade „dran" waren. So konnte sie bereits 1975 ihren Fähigkeitsausweis und 1979 ihre Graduierung erhalten.

Während ihrer Arbeit im Kooperationsmodell war sie mit unterschiedlicher Stundenzahl im Schuldienst bis 1988 tätig, machte sich anschließend selbständig und arbeitet heute im Dienstleistungsbereich in der Leitung und Begleitung von Entwicklungs-, Organisations-, Krisenprozessen unter Einbringung ihrer TZI-Erfahrung. „Da bin ich immer auf der Basis der TZI. Das Wort fällt meist gar nicht, aber ich nutze das Dreieck in der Kugel als Kompass und Dinge aus dem TZI-Repertoire vermittele ich als Inhalt" (21,6), „wo das Führungs- und Selbstleitungsverständnis von TZI, also Ich- und Wir-Förderung als Basis für die Zielerreichung ganz stark einfließen" (23, 17).

An der Entwicklung des TZI-Curriculums und der TZI-Ausbildung ist Thea Elsner maßgeblich beteiligt (s. Kapitel 2.3. „Vermittlungswege"). Ab 1974 war sie in der neu gegründeten Ausbildungskommission tätig, und seit ihrer Graduierung hält sie jährlich mehrere TZI-Ausbildungskurse, in denen sie auch Co-Leitungen und Assistenzen anbietet und Empfehlungen ausstellt. Außerdem war sie an der FernUniversität Hagen als Dozentin für den TZI-Lehrgang tätig. Seit 2004 ist sie Dozentin an der Fachhochschule Nord-West Schweiz (Basel) in der Ausbildung von Schulleitungen. Da die TZI-Ausbildungskurse aufgrund ihrer Struktur der Vermittlung von Interesse sind, stelle ich nun einige Sequenzen dieser Kurse dar.

Thea Elsner geht es um die Schaffung einer Arbeitskultur in den Gruppen, mit der human und effizient gearbeitet werden kann. So wichtig eine gute Atmosphäre sei, die besonders in freiwillig besuchten TZI-Seminaren entstehe, so sei doch dem Missverständnis zu begegnen, es ginge in der TZI nur um Wohlfühlatmosphäre. Thea Elsners gesamtes Berufsleben zeigt eine von der TZI-Axiomatik geprägte Grundhaltung, die intentional darauf gerichtet ist, dass Menschen sich in der Erfüllung ihrer Aufgabe entwickeln und verwirklichen. Deshalb fragt sie sich vor einem TZI-Kurs in der Planung: „Was ist das Unverzichtbare? Was soll zu diesem Thema bei den Teilnehmerinnen und Teilnehmern ankommen? Was sollen sie, wenn sie weggehen, kennen, können, und umsetzen?" (23,21).

Das thematisiert sie dann auch in der Einstiegsrunde beim Themensammeln und variiert dementsprechend ihr Vorgehen. Zu Kursbeginn werden mit jeder Gruppe die Spielregeln vereinbart: „Wie wollen wir hier zusammenarbeiten? Ich als Leiterin mit euch, ihr als Teilnehmende mit mir und als Teilnehmende untereinander" (25,4). Das Geschehen im Prozess ist ihr in dem Maße wichtig, wie Arbeitsfähigkeit in der Gruppe sich entwickeln kann und erhalten wird, aber nie Selbstzweck. Sie arbeitet auch gerne mit dem Eisbergmodell, das sie so einführt: „Schaut mal, das und das sind die Sachthemen und da untendrunter brodelt das Leben unter der Wasseroberfläche bewusst oder unbewusst, und das sind unsere Gefühle, unsere Motive, unsere Werte, mit denen schaffen wir die Energie für die Sachthemen – oder auch nicht –, also müssen wir ihnen Aufmerksamkeit schenken" (23,47). Aber auch diese Blickrichtung darf nicht Selbstzweck werden. Beide Relativierungen stellen eine Abgrenzung zu den reinen Selbsterfahrungskursen dar.

Zeit und Gelegenheit zum Reflektieren ist ein zentraler Fokus in Thea Elsners Seminaren. Dazu dient einmal die *„Wandzeitung"*, die fortlaufend als Protokoll zu jeder Einheit geführt wird und im Rückblick auf die Einheit oder größere Abschnitte verdeutlicht, wie der Prozess gelaufen ist, was Thema, Ziel, Struktur war, wo die Schwerpunkte im Dreieck innerhalb des Kreises (Ich, Wir, Es, Globe) lagen, wie die Balance war und wie sich daraus die nächsten Schritte ergeben können. Das stellt auch eine Hilfe für die *Planungsrunden* dar, die häufig offen sind und an denen einige aktiv teilnehmen, andere im Außenkreis sitzen und ein offener Stuhl für sie zur möglichen Teilnahme bereitsteht (Fishbowl). Ferner dient das *Lerntagebuch*, für dessen Führung gesonderte Zeiten vorgesehen sind, besonders zur Reflexion und Integration des Gelernten in die eigene Berufs- und Lebenswelt und den Einstieg in den Transfer. Eine wichtige Rolle nimmt die *Reflexion* von *zentralen Texten* ein, entweder vor oder nach einer Einheit zur Vertiefung im Selbststudium oder beispielsweise in einer Dreiergruppe mit lautem Lesen und der Stoppmethode, wenn jemand sich mit seinen Gedanken einbringen möchte. Das kann bei dichten Texten (z. B. Chairpersontext von Ruth Cohn von eineinhalb Seiten) „hoch interessant sein, wenn sie dann mit Fragen und Einsichten und Aha-Erlebnissen und Ärgernissen zurückkommen" (26,9). Ärgernisse geschehen selten, aber einmal sei eine Dreiergruppe aufgebracht zurückgekommen mit den Worten: „Das ist ja wie in der Kirche! Oder schlimmer noch – wie in einer Sekte! Diese Sprache!" (26,12). Thea Elsner meint, dass da auch Übertragungsmomente im Spiel waren. Die Aufregung hatte sich am Abend wieder gelegt.

Schließlich steckt in den *Feedbackprozessen*, die zu jedem TZI-Kurs gehören, ein Potenzial zum Reflektieren und Lernen. Bei Führungskräften führt sie folgende Art des Feedbacks ein: „Top down und Bottom up hierarchieübergreifend, aber auch horizontal untereinander kollegial" (28,9).

Als eine besondere Art des Feedbacks könnte man die erforderlichen Empfehlungsschreiben der Graduierten für die in der TZI-Ausbildung Stehenden ansehen. Voraussetzung dafür ist meistens die Mitarbeit in Vorplanung und Gestaltung eines Kurses mit anschließender schriftlicher Analyse. Bei Thea Elsner werden sie auch gegen Ende eines Kurses in einem gemeinsamen Prozess erarbeitet. Nach der Entwicklung von miteinander vereinbarten Qualitätskriterien sind die Teilnehmenden zunächst gefordert, eine Selbsteinschätzung in Verbindung mit einem Gruppen-Feedback vorzunehmen und auszuformulieren. Einige Teilnehmer/innen berichteten dazu: „Das war die tollste Erfahrung überhaupt in diesem Kurs, (…) welche Lernstärken und Lernfelder wir uns benannt haben" (15,7). Dann bringt sich Thea Elsner ein, schaut, wo Selbsteinschätzung und Fremdsicht sich decken, und ergänzt oder bespricht, wo weitere Aufmerksamkeit nötig ist, eventuell auch noch Arbeit in einem Bereich für die Entwicklung zu leisten ist, bis die Empfehlung gegeben werden kann. Dieses ist für Thea Elsner ein Beispiel, wie die Chairperson in der TZI bei ihr herausgefordert wird.

Thea Elsner äußert sich zu den Möglichkeiten und Grenzen des TZI-Konzeptes. Ruth Cohn hat es nicht erfunden, sondern gefunden: „Sie beschreibt Lernprozesse, wie sie sich für sie als persönlich bedeutsam und der Sache gerecht darstellen. (…) Das ist im Grunde fast banal. Aber das Geniale daran ist, dass wir durch unser Ausbildungssystem lernen können, diese scheinbare Banalität in Verhalten und Haltung umzusetzen. Und das ist ihr Verdienst" (18,44). Zu den Grenzen: Für Thea Elsner ist TZI nicht das Allheilmittel. Selten hat sie jedoch erlebt, dass jemand einmal sagte, dass TZI nicht das Richtige für ihn gewesen wäre wie etwa: „Ja, ich hab das mal kennengelernt, aber das muss nicht sein" (31,13). Für sie selbst ist TZI eine Hilfe in ihrer Arbeit: „Da bin ich dankbar, da freu ich mich, da bin ich glücklich, dass ich das lernen durfte" (21,10). Und eine Freude ist es für sie auch, wenn am Ende eines Kurses sie selbst eine Rückmeldung erhält: „Das, was du über TZI uns vermittelt hast, das lebst du auch" (20,20).

5.2.3 Tanja Lenz

„Mein erster TZI-Kurs fühlte sich ganz anders an als meine parallelen Ausbildungskurse, die ich als Beratungslehrerin gemacht habe. Und zwar war der fundamentale Unterschied: dieses Atmosphärische" (2,8).

(1) Tanja Lenz ist Jahrgang 1957. Sie hat nach dem Abitur zunächst eine Ausbildung zur Realschullehrerin für die Fächer Musik und Mathematik an einer Päda-

gogischen Hochschule absolviert und dort 1981 ihr 1. Staatsexamen abgelegt. Sie war mit begrenzter Stundenzahl als Musiklehrerin von 1981-1985 an einer Schule in einem anderen Bundesland tätig, in dem ihr bisheriges Examen nicht voll anerkannt wurde. Deshalb machte sie zeitgleich ein zusätzliches Studium für die Grundschule und für das Fach Deutsch.

In der Referendarausbildung von 1985-1987 entdeckte sie rückblickend TZI-Elemente bei ihrer Ausbildungslehrerin, die Diplompädagogin war und TZI kannte. Diese gab ihr in den Gesprächen zur Unterrichtsreflexion wichtige Hinweise zur Schülerorientierung. Ihr wurde nahegelegt, die Schüler/innen individuell wahrzunehmen, mit ihnen in Kontakt zu kommen, sie „abzuholen", wo sie sind. So galt es mehr zu beachten als den Unterrichtsstoff als solchen, für den sie gut qualifiziert. Diese Hinweise waren für sie insofern besonders bedeutsam, als ihr die Klientel der Hauptschüler/innen mit ihrem Erfahrungshintergrund damals völlig unbekannt war.

Aber nach der Ausbildung verblasste dieses Konzept und wurde erst während ihrer Tätigkeit an einer Gesamtschule drei Jahre später im Rahmen einer Beratungslehrerausbildung wieder aktuell, als die Teilnehmer sich regelmäßig weiterqualifizieren mussten und Tanja Lenz dazu einen TZI-Kurs auswählte.

(2) In diesem für sie ersten TZI-Kurs waren Lehrer/innen und Leiter/innen aus verschiedenen Schulformen vertreten. Die Leitung der Graduierten Thea Elsner schuf einen in Atmosphäre und Struktur fundamentalen Unterschied zum Bisherigen, „dass ich dachte, davon musst du einfach mehr wissen" (2,16). Signifikant wurde für sie, dass sie wieder neu anfing, die Schüler/innen individueller zu sehen, allerdings auf einer anderen Bewusstseinsstufe. Dieser erste TZI-Kurs war die Motivation, mehr über TZI zu erfahren, und so besuchte sie bald den nächsten TZI-Kurs, „TZI und Schule", ebenfalls bei Thea Elsner.

(3) TZI-Ausbildung und deren Auswirkungen auf die berufliche Tätigkeit gehen Hand in Hand, sollen aber hier in einzelnen Abschnitten zusammengefasst werden.

Von den zahlreichen TZI-Ausbildungskursen erinnert sich Tanja Lenz besonderes an einen Krisenkurs mit ca. 40 Teilnehmenden und 4 Leitern. Dort wurden u. a. Kenntnisse über Typen der Persönlichkeit von Fritz Riemann vermittelt, wie er sie in den „Grundformen der Angst" darstellt. Sie lernte, sich selbst besser zu verstehen, andere besser zu tolerieren und konnte sehen, wie die Leiter/innen mit den in Konflikt kommenden unterschiedlichen Persönlichkeiten sehr kompetent umgingen. In einem anderen TZI-Kurs platzte plötzlich die Nachricht über den Freitod von Gert Bastian und Petra Kelly aus der Partei der Grünen hinein. Hier beeindruckte sie, „wie kompetente Leiter mit einer Gruppe erschütterter erwachsener Menschen umgehen" (5,36). Aufgrund dieser Erfahrung konnte sie später eine bessere Balance in der Schule finden und lernte, wie man Erschütterungen aus dem Globe begegnet, welchen Raum, welche Struktur man ihnen gibt (11. September 2001, Erfurter Erschießungen in der Schule etc.).

Tanja Lenz hat Ruth Cohn in einer Großveranstaltung erlebt: „Das fand ich ganz toll, wie diese zierliche kleine Frau vor Hunderten von Menschen auftrat und in der Form, wie sie den Kontakt in den Großgruppen initiierte, indem sie Anregungen zum Miteinander/Austausch in Murmelgruppen gab, wie da eine Atmosphäre entstand (…) Und diese Möglichkeit, miteinander in den Kontakt zu gehen in großen Gruppen, die habe ich mir methodisch abgeguckt. Das mache ich gelegentlich entweder bei Elternsitzungen oder selbst im Kollegium" (13,37).

Sehr wichtig wurde für Tanja Lenz eine zweijährige TZI-Gruppensupervision während ihrer ersten Schulleiterstelle (1995-2000) an einer Grundschule und dann in Vorbereitung auf ein Auswahlverfahren zur Schulzweigleiterin der Sekundarstufe I. Sie erhielt die Stelle besonders im Hinblick auf ihre differenzierte Kenntnis der Gruppenarbeit und füllte sie von 2000-2002 aus, bis sie Schulleiterin an einer Grund-, Haupt- und Realschule wurde.

In ihrer Funktion als Beratungslehrerin achtete sie darauf, dass sie mit Schülern einzeln oder in kleinen Gruppen arbeiten und erkennen konnte, was diese in ihrer Schullaufbahn und auch außerhalb derselben brauchten. Die TZI-Ausbildung half ihr, diese Aufgabe intensiver wahrzunehmen. Im Unterricht berücksichtigte sie stärker den Gesichtspunkt, was ein Unterrichtsstoff mit den jeweiligen Schülern zu tun hat. Aus ihrer Grundschulzeit erwähnt sie ein „banales" Beispiel aus der Mathematik: Beim Messen von Größen und Längen werden in Partnerarbeit eigene Körpergröße, Handspanne, Nasenlänge, Tischgröße etc. erkundet. Auch in anderen Fächern, wie Deutsch oder Musik, gelang es ihr mehr und mehr, dass die Schüler/innen sich fragten, was der Unterrichtsstoff mit ihnen persönlich zu tun habe. Als Klassenlehrerin hat sie sehr bewusst Jahresanfänge, Wochenanfänge und neue Unterrichtseinheiten mit den Fragen gestaltet: „Wo stehen wir? Wo sind unsere Fragen? Was wollen wir wissen? Was nehmen wir uns vor? Wie geht es uns miteinander?" (3,12). Das führte zu einem „sehr netten sozialen Klima" (3,16), so dass beispielsweise am Ende einer Schulwoche bereits in einer 1. Klasse sehr offen über Lernergebnisse, über das, was gefiel und auch nicht gefiel, gesprochen werden konnte und sich bei Kindern im Alter von sechs bis sieben Jahren eine Gesprächskultur entwickelte. Ebenso wurde allmählich ein Arbeiten in Gruppen eingeführt, mal mehr mal weniger strukturiert, mal themengleich, mal themenverschieden, mit Reflexion über Ergebnisse und Zusammenarbeit und angemessener Hilfe bei Schwierigkeiten und Konflikten, die als etwas Natürliches im Lernprozess charakterisiert wurden.

Als derzeitige Schulleiterin hat Tanja Lenz eine vielseitige Tätigkeit entfaltet. Für die Kollegen brachte der kooperative Stil zunächst teilweise eine Verunsicherung, die sich besonders bei der Neubearbeitung einer Schul- und Hausordnung zeigte. Tanja Lenz kam nicht mit einem fertigen Konzept, sondern wollte in einem Zweischritt erst gemeinsam Themen sammeln und dann diese in Kleingruppen bearbeiten. „Und dann: Mein doch eigentlich sonst sehr nettes Kollegium zeigte sich widerständig: ‚Müssen wir denn das beraten? Jetzt machen wir irgendwelche Regeln und nachher halten wir uns nicht daran.' Und ich merkte hier, sie hatten keine rechte Lust" (8,31). Tanja Lenz sprach die Widerstände an und auf die Frage, welche Themen sie denn meinte, gab sie zwei/drei Themen, die sie vorbereitet hatte, auf Karteikarten in die Runde. Die wurden dann an die Wand gepinnt. Bald kamen neue Themen, etwa 10-12, hinzu, und es meldeten sich für einzelne Bereiche auch Kollegen zur Bearbeitung.

Tanja Lenz versteht es, ehrlich zu delegieren, Kollegen agieren zu lassen, ohne zu viel zu kontrollieren. Bei repräsentativen Ereignissen des Schullebens, die deren Bereich betreffen, lässt sie ihnen in der Repräsentation und gegenüber der Presse (Bildmaterial und Interviews) den Vorrang, ohne selbst in Erscheinung zu treten (so z. B. bei Aktionen wie „Afrikanische Musik" oder „Schulgarten"). Delegation bedeutet für sie selbst eine gewisse Entlastung und eine größere Arbeitszufriedenheit der Kollegen.

Die Elternarbeit entwickelt sich unter ihrer Leitung positiv. Während Eltern sich früher in Gremien wählen ließen, ohne zu wissen, was sie da genau arbeiten sollten, sind sie nun am Schulprogramm insgesamt und in verschiedenen Bereichen beteiligt. So helfen Eltern aktiv in der Schulhofgestaltung, bei Sportveranstaltungen, Festen und Feiern, eine Mutter leitet hauptamtlich die Cafeteria, andere erarbeiten mit interessierten Kollegen eine Homepage der Schule, wieder andere helfen als Honorarkraft im Nachmittagsunterricht bei der Mädchen-Computer-AG.

Insgesamt bemüht sich Tanja Lenz, eine Feedbackkultur auf einer Vertrauensbasis zu entwickeln. Sie hat es in ihrer Ausbildung erfahren und „sehr geschätzt, wie wertschätzend und konstruktiv Menschen sich gegenseitig mitteilen können, wie und was sie beim anderen erleben" (17,3). Das erlebte sie zuletzt beim TZI-Diplomworkshop im Sommer 2004. Und diese Art des Umgangs will sie in der Schule auf allen Ebenen, bei Schülern, Kollegen, Eltern und anderen Mitarbeitern praktizieren und weitergeben. Sie selbst freut sich natürlich auch, wenn sie erfährt, dass jemand sagt „Ich arbeite gern mit dir, du bist klar, du bist strukturiert, du hast Humor" (17,37).

5.2.4 Luise Palmer

„Dieser ganze Prozess, den ich in der TZI-Ausbildung erlebt habe, war fließend und wachsend (14,11). Die Auseinandersetzung mit den Axiomen hat mein pädagogisches Handeln beeinflusst, sodass Wertschätzung einer Person stets Grundlage meines Handelns sein wird" (2,42).

(1) Luise Palmer ist Jahrgang 1936. Vor ihrer Lehrerausbildung hatte sie bereits Erfahrungen in anderen Berufen gesammelt. Nach dem Abitur 1954 machte sie eine Ausbildung als Kinderkrankenschwester an der medizinischen Fachschule in Halle/Saale. Nach der Übersiedelung in die BRD begann sie ein Studium für Haupt- und Realschule mit anschließendem Referendariat. Sie unterrichtete die Fächer Arbeitslehre, Sozialkunde, Kunsterziehung an einer integrierten Gesamtschule, von der 1986 der gymnasiale Zweig abgetrennt wurde.

(2) Anlässlich einer Drogenaufklärung, die ein Schulpsychologe am Gymnasium der Schule sehr lebendig mit Formen der Gruppenarbeit durchführte, wurde sie neugierig auf diese Arbeitsform und erfuhr deren Hintergrund: Es war die TZI. Diese Art zu arbeiten erschien ihr zur Unterstützung ihrer Kompetenzen so wichtig, dass sie beschloss, neben ihrem Unterricht eine volle TZI-Ausbildung zu beginnen. Das war fast nur in den Ferien oder an Wochenenden möglich. Sie fand das private Institut „Lebens- und Glaubensschule", das von einer Graduierten des Ruth-Cohn-Instituts geleitet wurde. In drei Ausbildungsjahren gewann Luise Palmer einen tiefen Einblick in die TZI-Philosophie und in Arbeitsformen mit Gruppen nach dem TZI-Konzept. Später beendete sie diese Ausbildung mit weiteren TZI-Kursen am Ruth-Cohn-Institut bis zum TZI-Diplom. Sie beschreibt diese Zeit so:
„Und das war für mich ein gut ergänzender Teil" (1,45) „Im Umgang mit Schülern und innerhalb des Unterrichts zeigte sich, wie Lernfähigkeit lebendig wird, wenn jeder am Prozess beteiligt sein darf (2,32). „Es war eine sehr erlebnisreiche und beglückende Zeit, in der ich viel dazulernte und die mich auch sehr in der Reflexion des Schulalltags gefordert hat" (8,15).

(3) Luise Palmer hatte während ihrer Ausbildung schon viele Aspekte des TZI-Konzepts in ihre schulische Arbeit integriert. Als gewählte Verbindungslehrerin versuchte sie, mit der Schülervertretung Mitbestimmung und demokratisches Handeln in der Schule zu ermöglichen und erlebte während ihrer kontinuierlichen Arbeit, dass das TZI-Konzept mit seinen Axiomen und der zwischenmenschlichen Wertschätzung große Möglichkeiten bot, Schule zu verändern.
Das Einfließenlassen der Wertschätzung des anderen (2. Axiom) in das Handeln bleibt für sie ein tragendes Moment, das in allen Schilderungen ihrer schulischen Tätigkeit erscheint. Später erweiterte sie ihr Repertoire durch eine

Zusatzausbildung in Organisationsentwicklung und TZI-Supervision, sie arbeitet seit ihrer Pensionierung als Supervisorin am Institut für Qualitätsentwicklung eines Kultusministeriums.

In der WILL-Organisation (heute Ruth-Cohn-Institut) engagierte sich Luise Palmer in der Internationalen Gremienarbeit. Sie ist Mitglied in der Fachgruppe für Lehrende sowie in der Didaktikgruppe tätig.

Für die Unterrichtsvor- und -nachbereitung schätzt Luise Palmer das Konzept von Matthias Kröger (s. Anhang F). In der Arbeitslehre ergaben sich offene Gespräch zur Berufs- und Lebensgestaltung. Dabei konnte Nähe aufkommen.

Im Kunstunterricht gab es manchmal Sternstunden, nicht allein durch den Umgang mit Farben und Materialien, sondern auch beim gegenseitigen Portraitmalen, als Schüler/innen einen Satz unter das Portrait des Gegenübers schrieben und mitteilten, was sie an ihm schätzten. Die Schüler/innen fühlten sich am Ende dieser Stunde mit neuem Schwung versehen und in ihrem Selbstvertrauen gestärkt.

Die Stärkung des Selbstvertrauens und des Selbstbewusstseins ist ein zentrales Anliegen von Luise Palmer. So gewannen Schüler, die eine Klasse wiederholen mussten, durch aktive Mitarbeit in der Schülervertretung neues Selbstvertrauen und verbesserten dabei beinah unbemerkt ihre Leistungen.

Luise Palmer hat als Verbindungslehrerin viel in die Arbeit mit der Schülervertretung (SV) investiert. In den wöchentlichen SV-Sitzungen aller Klassensprecher erhielten diese neben der Behandlung aktueller Fragen und Themen mit der Zeit ein Handwerkszeug für ihre Klassensprecherstunden, denn sie hatten Sitzungen nach dem TZI-Konzept erfahren und selbst Regeln für ihre Arbeit entwickelt. Die Wertschätzung und die vertrauensvolle Zusammenarbeit erzeugten bei einigen Lehrerkollegen aber auch Misstrauen und Ängste: „Was erzählen die Schüler der Lehrerin von mir?" (3,35). Es gab Krisensituationen mit Eltern, mit Kollegen und Schülern. Wichtig in der Zusammenarbeit und in der Auseinandersetzung war immer respektvolles Zuhören und die Wahrnehmung und Wertschätzung beider Seiten, um anhand des methodischen Repertoires der TZI-Lösungsmöglichkeiten zur Störungs- und Konfliktbearbeitung zu finden.

Als Verbindungslehrerin zwischen Schülern, Lehrern und Schulleitung zu stehen, stellte für sie eine besondere Herausforderung dar, die sie aber in einer Weise lösen konnte, die bald eine gemeinsame Vertrauensbasis (5,14) schuf.

In dem von Akzeptanz getragenen Schulklima waren auch – trotz mancher „steiniger Wege" und „Hindernisse" (8,3) – besondere Aktivitäten möglich. Die SV plante und entwickelte eine eigene Unterrichtswoche zum Umweltthema. Sie konnte die Schulleitung und das gesamte Kollegium überzeugen und zur Mitarbeit für die Tages-Stundengestaltung gewinnen: „Es war ergreifend zu erleben, wie selbstbewusst die Schüler ihr Unterrichtskonzept vertraten und die Lehrer ihren Unterricht mit Inhalten ergänzten" (7,31). Das Unternehmen wurde ein voller Erfolg.

Luise Palmer war als pädagogische Mitarbeiterin und Leiterin der Fortbildung für Beratungslehrer und der Seminare für Verbindungslehrer/innen und Schulsprecher/innen auch in der Lehrerfortbildung engagiert. Besonders in letztgenannten Seminaren wurde ganz nach dem TZI-Konzept gearbeitet: „Das war eine unglaublich gute und fruchtbare Zusammenarbeit" (13,42). Lehrer/innen wie Schüler/innen wurden neugierig auf die Art des so positiv verlaufenden Lernprozesses und interessierten sich für TZI-Zusammenhänge. Rückmeldungen durch die Teilnehmer ergaben, dass sich durch diese Kurse Schulleben veränderte.

5.2.5   Tabea Diehl

> „Ich habe dieses Buch von Ruth Cohn gelesen und habe gemerkt, da ist so viel formuliert, was ich – auch mit diesem erneuten Pädagogik-Studium – gesucht und auch so nicht gefunden habe" (2,22).

(1) Tabea Diehl ist Jahrgang 1944 und begann 1971 mit den Fächern Deutsch und Englisch den Unterricht am Gymnasium. Als sehr engagierte und erfolgreiche Lehrerin (die später Oberstudienrätin wurde) begann sie Mitte der 70er Jahre neben ihrem Schuldienst ein weiteres Studium zur Diplom-Pädagogin. Sie hatte nämlich das Gefühl, nicht gut genug für das ausgebildet zu sein, was außer dem zu unterrichtenden Fachwissen für ihre Arbeit wichtig war.

Schwerpunkte des Studiums waren – im Gefolge der 68er-Bewegung – Gruppendynamik und Beratung. Damals war gerade das Buch von Lutz SCHWÄBISCH/Martin SIEMS „Anleitung zum sozialen Lernen für Paare, Gruppen und Erzieher" sehr aktuell, dessen Inhalte Tabea Diehl mit anderen Studenten und einem jungen Professor umzusetzen versuchte. Tabea Diehl hat dabei so etwas wie „lebendiges Lernen" erfahren. Hinzu kam etwas, das ihr erst später deutlich wurde, nämlich der Rollenwechsel zwischen Lehrerin am Vormittag und Studentin am Nachmittag. Mit der Reflexion dieser Situation entwickelte sich ein größeres Spektrum des Wahrnehmens nach außen und nach innen, was eine weitere Voraussetzung für „lebendiges Lernen" darstellt.

Im Rahmen der gruppendynamischen Seminare beschäftigte sie sich auch mit Richtungen und Methoden der Humanistischen Psychologie. Hierbei stieß Tabea Diehl auf das Buch von Ruth Cohn „Von der Psychoanalyse zur Themenzentrierten Interaktion", fand dort vieles formuliert, was sie mit dem erneuten Studium in der Auseinandersetzung mit pädagogischen Ansätzen und Theorien gesucht und so dort nicht gefunden hatte. 1978 machte sie ihr Diplom in Pädagogik und besuchte dann Anfang der 80er Jahre ihr erstes TZI-Seminar. Denn, was sie über „lebendiges Lernen" gelesen hatte, beschäftigte sie weiter und sie begriff schnell: „Lesen allein nützt hier nichts" (2,32).

(2) In der TZI-Ausbildung erlebte sie auch Ruth Cohn selbst in einem Seminar, als diese schon ihre Wirkungsstätte am Hasliberg im Berner Oberland in der Kooperation mit der Ecole de Humanité in Goldern aufgeschlagen hatte.

Was ihr an Ruth Cohn gefiel, war deren klare Art. Positiv berührte sie das Unspektakuläre der Seminarleiterin. Sie ließ sich nicht auf irgendeinen Schild heben, wollte kein Guru sein. Sie konnte auch einmal an einer Stelle im Kurs, wo sie irgendwo festgefahren waren, authentisch sagen: „Ich weiß nicht weiter. Hat jemand eine Idee?" „Sie hat es auf so eine natürliche und für sich selbst überhaupt nicht bedrohliche Art gesagt. Das war eines der Aha-Erlebnisse. Da kam für mich die Erlaubnis rüber, man darf auch nicht weiterwissen" (3,29). Eine Folge davon war, dass Tabea Diehl in Zukunft Fehler auch als Lernchancen ansah. Ferner erlebte sie Ruth Cohn nachdenklich, übermütig, zugewandt, aber nicht mit einem karitativen Ton „Ich errette dich" (3,49), worauf Tabea Diehl allergisch reagiert hätte. Das hätte auch im Widerspruch zum Chairperson-Prinzip gestanden. Ruth Cohn forderte oft: „Krieg du raus, was dir wichtig ist, ob du reden oder schweigen willst" (4,10). Da fühlten sich die Teilnehmer dann auf sich selbst zurückgeworfen, aber in einer guten, stärkenden Weise. Tabea Diehl erlebte auch viel Lustvolles in diesem Seminar. Ruth Cohns Konzept, das die Methode mit einem Wertesystem verbindet (Haltung und Methode) hatte für Tabea Diehl im Hinblick auf ihre eigene politisch orientierte Biographie Bedeutung und war eine Motivation für die intensive Beschäftigung mit TZI. Ruth Cohns explizit politischer Anspruch war es ja, mit ihrer Arbeit in der TZI einen Bruchteil zur positiven Veränderung in der Gesellschaft beizutragen.

3) Es hat Tabea Diehl in ihrer weiteren TZI-Ausbildung sehr gefallen, viele verschiedene Leitungen kennenzulernen. Das ermöglichte ihr, ihren eigenen Stil zu entwickeln. Sie meint, dass die Gefahr, jemanden zu imitieren, in der TZI nicht so groß sei wie vielleicht in anderen Ausbildungen.

Tabea Diehl verblieb nach ihrer Graduierung trotz vielseitiger anderer Aktivitäten im Schuldienst. Da die Strukturen an Schulen nach ihrer Auffassung der Ausbildung von Kommunikation, Kooperation und einer Vertrauenskultur eher weniger förderlich sind, kam es als Reaktion auf ihren neuen Unterrichtsstil im eigenen Kollegium zu Misstrauen, aber auch zu neugierigem positiven Nachfragen. Einige hielten ihre Art des Unterrichtens für „blödsinnig" und „nicht durchführbar", andere fanden spannend, was sie machte, und begannen selbst eine TZI-Ausbildung. Natürlich gab es auch Schüler, die – an anderes gewöhnt – zu ihr sagten: „Nun machen Sie uns mal ein Tafelbild, und wir schreiben mit und dann wissen wir, was richtig und was falsch ist" (7,45). „Das hab ich alles erlebt, immer wieder experimentieren, auf die Nase fallen, weil ich Strukturen und auch die Motivationen nicht richtig beachtet habe, die Kooperationsmöglichkeiten an der Schule sehr beschränkt sind, immer wieder auch Glücksmomente, wenn es dann so gelaufen ist, wo dieses berühmte Flow dann entstanden ist und man den Gong vergessen hat" (7,48). Letzteres geschah besonders in den Doppelstunden, die erst belächelt, dann akzeptiert wurden.

Schließlich gründete sie an ihrer Schule eine „Initiativgruppe für pädagogische Veränderungen", an der viele Kollegen teilnahmen und in das sie ihr ganzes TZI-Wissen, auch bezüglich der Gruppenprozesse, einfließen ließ. Dabei übernahm sie als Impulsgeberin nicht die Leitung: „Das war ein Balanceakt auf dem Hochseil" (8,23), sondern praktizierte partizipierende Leitung im TZI-Stil. Die Gruppe bestand ca. 8-10 Jahre, schuf u. a. eine Zukunftswerkstatt nach Robert Jungk und brachte viele Impulse und Veränderungen ins Kollegium.

Die Balance zwischen einer zum Überleben notwendigen Routine, die Entlastung und Sicherheit gibt, und dem Ausprobieren von Neuem bleibt für Tabea Diehl bis heute eine Herausforderung. Dabei bildet das Wort Ruth Cohns „Ich bin nicht allmächtig, ich bin nicht ohnmächtig, ich bin teilmächtig" eine Entlastung, um von da aus herauszufinden, wo bin ich selbst, wo ist der andere teilmächtig.

Als Graduierte entwickelte Tabea Diehl eine vielseitige Tätigkeit. Was seinerzeit während ihres Zweitstudiums bereits mit einem Pädagogikprofessor und anderen Lehrern als ein „Zentrum für pädagogische Beratung" für Lehrergruppen gegründet worden war, entwickelte sich unter ihrer Leitung zum Fortbildungsangebot als „Fallbesprechung für Lehrer/innen" und zur Supervision nach TZI. Sie nahm Lehraufträge an der Pädagogischen Hochschule für „Gruppenpädagogik nach TZI" wahr, die auch von Studenten evaluiert wurden.

Zurzeit führt sie in einer Universität am „Institut für wissenschaftliche Weiterbildung" TZI-Seminare mit Video-Unterstützung durch, die einen Schwerpunkt auf die Selbst- und Fremdwahrnehmung legen. Die Teilnehmer sind gemischte, vorwiegend aus Dozenten und Studenten zusammengesetzte Gruppen. Wenn die „Atmosphäre stimmt, die Leute sich gar nicht hindern lassen, also sehr eingestiegen sind" werden Sequenzen mit Rollenspielen und Interaktionsübungen aufgenommen und können in der Analyse intensiv ausgewertet werden. Von einer Teilnehmerin an diesem Seminar, einer Deutschdozentin an einer Pädagogischen Hochschule, erhielt Tabea Diehl kürzlich per E-Mail eine begeisterte Rückmeldung, dass sie „ihr Seminar total umgestellt, die Anfänge ganz anders strukturiert hat" (27,20).

Ein weiteres von Tabea Diehl neu erstelltes Programm ist ein – vom Kultusministerium unterstütztes – Tandem-Projekt an zwei beruflichen Schulen, das für zwei Jahre angelegt und nach dem TZI-Konzept gestaltet ist. Angesichts der schwierigen Konstellation, in der Lehrer/innen etwa Schüler/innen ohne Hauptschulabschluss im Berufsvorbereitungsjahr (BVJ) zu unterrichten haben, werden in diesem Projekt eine ältere Lehrkraft mit Erfahrung und eine junge Lehrkraft mit neuen Impulsen zu einem Tandem zusammengeführt. Beide Lehrkräfte erhalten an Nachmittagen in den von ihnen selbst vorgeschlagenen Themen Unterstützung. Meist geht es dabei um verbesserte Kommunikation, Kooperation im Kollegium, Reflexion der eigenen Rolle und die Arbeitsbedingungen in diesem System. Auch dieses Projekt wird von einem Institut evaluiert, um es – den Verhältnissen angepasst – auch an Gymnasien durchzuführen.

Für die Umstrukturierung der Schulen bildet Tabea Diehl Prozessbegleiter aus und hält auch an Schulen Pädagogische Tage. Wenn auch Kurse, die sie im Auftrag der Kultusbehörde hält, nicht TZI im Titel haben, so ist bekannt, dass sie im Stil der TZI arbeitet, so z. B. in der Burn-out-Prophylaxe. Die Prozesse der Umstrukturierung von Schulen kosten sehr viel Energie und überfordern die Lehrer/innen teilweise. Deshalb sind Themen wie „Umgang mit Belastungen", „Umgang mit Zeit", „Umgang mit schwierigen Situationen im Schulalltag" sehr gefragt. In die Kurse können stets eigene Themenvorschläge und Fallbeispiele eingebracht werden. Bezüglich des Burn-outs hält Tabea Diehl Vorträge und Seminare. Die Ursachen für dieses Phänomen sind aus ihrer Sicht vielfältig. Da ist etwa die durch Veränderungen ausgelöste Verunsicherung. Die Angst vor Fehlern hindert daran, diese als Lernchancen zu sehen und Neues zu erproben. Das Nichtkommunizieren von Schwierigkeiten potenziert diese im nachträglichen Erleben und verstellt den Weg für die Normalität. Rückmeldeprozesse wären eine Prophylaxe, aber es fehlt eine Feedbackkultur, wie sie in der TZI entwickelt worden ist. Das TZI-Modell als Diagnoseinstrument kann auch hier hilfreich sein, um die Möglichkeiten und Grenzen des Globe oder der gruppendynamischen Prozesse im Verhältnis zwischen Schüler–Lehrer, Lehrer–Lehrer, Lehrer–Schulleitung, Lehrer–Kultusbehörde sowie die eigenen Ressourcen realistisch einzuschätzen. Danach können entsprechende Strategien entwickelt werden.

Als Beispiel für eine Kurssequenz sei eine Struktur zum Einstieg in ein Seminar gewählt, an dem ein ganzes Kollegium mit unterschiedlichen Hierarchien beteiligt ist. Die Struktur soll der Auflockerung und der Einleitung in den Gruppenprozess dienen. Es werden vier Gruppen gebildet: Aufwachsen in der Geschwisterkonstellation als Älteste, Jüngste, Mittlere und als Einzelkind. Anschließend geht es um den Austausch in der Gruppe, welche unterschiedlichen Erfahrungen die Teilnehmer in ihrer Position gemacht haben und was sie gerne noch dazulernen möchten. Damit ist ein biographisches Thema mit der Intention einer Handlungserweiterung verbunden, das „nicht ganz so angstbesetzt ist, das sehr viel Nähe zulässt (…) meistens bringt das schon eine Gruppe sehr viel weiter im Gruppenprozess" (23,45). Tabea Diehl schätzt auch die gerade erst erfahrene Wirkung von Austauschprozessen im Rahmen eines Langzeitkurses für die Grundausbildung innerhalb einer festen Gruppe. Die Teilnehmer geben einander Anregungen und Impulse, stabilisieren sich auch, wenn sie „von ihren Erfolgen und Bauchlandungen sprechen" (26,47).

Die Auswirkung der vielseitigen TZI-Aktivitäten im persönlichen Wachstum der Teilnehmer lassen sich natürlich nicht genau messen. Tabea Diehl erhält „immer sehr schnell rückgemeldet" (25,34;26,14), dass die Teilnehmer wesentlich mutiger geworden sind, sich trauen, mehr Einfluss zu nehmen, authentischer geworden sind und nicht mehr so viel Energie in die Fassade stecken, über größeres methodisches Know-how verfügen, was das Setzen von Themen und Strukturen betrifft, besser mit Konflikten umgehen können, eine größere Risikofreudigkeit aufweisen, Neues auszuprobieren, stärker die Kommunikation mit Kollegen suchen und deren Erfahrungen und Impulse nutzen. Je nach individueller Persönlichkeit bedeuten diese Feststellungen eine Verbesserung der Professionalität der Teilnehmer.

5.2.6 Gabi Nolde

> „Das hat mich sehr, sehr beeindruckt, wie die uns Methoden zeigten, mit unseren Kindern umzugehen, mit uns Erwachsenen umzugehen. Wir haben uns sehr ernst genommen gefühlt, ich habe ganz viel gelernt über mein Kind, über mich. Also ich war einfach rundum zufrieden und begeistert" (1,27).

(1) Gabi Nolde ist Jahrgang 1946 und war als Lehrerin für Haupt- und Realschule seit 1975 im Schuldienst. Sie hatte eine Freundin, die sie 1979 zu einem „Workshop für Eltern und Kinder" im Odenwald-Institut einlud. Ihre beiden Söhne waren damals acht und neun Jahre alt. Sie selbst und ihre Freundin befanden sich in einer Orientierungsphase hinsichtlich der Weiterentwicklung ihrer Kinder. Dieser Workshop wurde von zwei Frauen mit TZI-Ausbildung geleitet, ohne dass Gabi Nolde das zunächst gewusst hatte.

(2) Der oben geschilderte Eindruck dieses Workshops war Anlass für Gabi Nolde, zu Hause Erkundigungen über TZI einzuholen. Sie gründete dann u. a. mit Tabea Diehl eine TZI-Peergruppe, die über Jahre bestand und in der es „spannend, interessant, sehr lebendig" zuging. „Ich war in einem ganz intensiven Lernprozess, zunächst in der Selbsterfahrung" (1,39). Parallel dazu machte Gabi Nolde eine Fortbildung in Psychodrama und Gestalttherapie, was sie in ihrer Schule für das Theaterspielen gut anwenden konnte. In dieser Zeit veränderte sich ihr Umgang mit Kindern, die Steuerung von Gruppen und Klassen. Die Ver-

änderung verlief „sehr viel hin zur Autonomie der Jugendlichen, zur Mitbestimmung, sehr viel in Richtung Demokratisierung" (2,1).

(3) Es folgte dann die Ausbildung in der TZI, die sie 1987 mit dem Diplom und
2001 mit der Graduierung abschloss, wobei es eine dramatische Unterbrechung
von 1988-1991 gab, als Gabi Nolde eine Ausbildung zur Gesprächspsychothera-
peutin absolvierte, um als Kinder- und Jugendtherapeutin zu arbeiten. Die GT-
Ausbildnerin meinte jedoch am Ende: „Du bist keine GT-Frau, du bist eine TZI-
Frau, denn du willst Einfluss nehmen, du steuerst gerne, du leitest gerne, du bist
eine Macherin und da passt die TZI noch besser zu Dir" (2,39). Gabi Nolde war
zunächst empört, kam in eine Krise und machte erst mal gar nichts. Sie nahm
dann an einem TZI-Krisenkurs teil und erhielt dort die Anregung zur Graduierung.

Ihre berufliche Situation änderte sich 1991 ebenfalls, als sie den Ruf an das
Staatliche Lehrerseminar zur Ausbildung von Referendaren erhielt und nach
einem langen Entscheidungsprozess annahm. Sie erkannte bald, dass „in diesem
gnadenlosen Globe, mit diesen unglaublichen Ausbildungsbedingungen und
gleichzeitig mit diesen extrem hohen Anforderungen an die Persönlichkeitsentwicklung das überhaupt nur geht, wenn ich die TZI wieder mit hineinnehme"
(4,3). Gleichzeitig merkte sie, dass TZI in „Reinkultur" hier nicht vermittelbar
war. Die Referendare konnten „einfach zerrieben werden zwischen den Ansprüchen der Schulreform, ihrer eigenen Realität und der Realität der Schule" (5,9).
Die Doppelrolle, teilnehmende Vermittlerin einer Sache und zugleich Prüferin
im Abhängigkeitsverhältnis zwischen Lehrern und Schülern zu sein, spiegelte
sich zum Teil verschärft in der Ausbildungssituation wider. Gabi Noldes „eigene
Reflexion lief ganz stark an der dynamischen Balance, an der Chairperson, an
den Störungen und natürlich an der Grundhaltung entlang" (4,7). Trotz ihrer
größten Bemühungen kam es bei einer Gruppe von Referendaren 1995 zehn
Monate lang zu einem heftigen Widerstand, den sie erst nach einigermaßen gut
verlaufenen Prüfungen in einer Störungsbearbeitung klären konnte. Sie war als
Repräsentantin des Globe angesehen worden und der „nimmt man eine humanistische Haltung nicht ab. Weil immer die Kernfrage da ist: Warum machst du so
etwas in so einem System, wenn du doch weißt, wie hier mit uns umgegangen
wird?" (4,49). Diese Krise und ihre Reflexion darüber hatte positiv zur Folge,
dass die Doppelrolle – auch für die Lehrer/innen selbst – in vielen „sensiblen"
Themen erörtert werden konnte.

Bei den Seminaren wurde Gabi Nolde besonders deutlich der Begriff „Themenzentrierte Interaktion" bewusst. Denn das Thema – ob offen oder verdeckt –
leitet eigentlich jede Sitzung. Und wenn heimliche Themen oder auch unter-
schwellige Störungen bestehen, entfernt sich eine Lerngruppe von der dynamischen Balance, Widerstände und Ermüdungserscheinungen treten auf. Wenn sie

so etwas bemerkte, unterbrach sie: „Guckt mal schnell, was is: je zt unser Thema?" „Eigentlich ist mein Thema, dass ich morgen Unterrichtsbesuch kriege und heute Abend mit so einem vollen Seminarkopf noch die Vorbereitung machen muss und ich weiß nicht, wie ich das hinkriegen soll" (6,9). Dann hieß es, mit den Lehramtsanwärtern strukturelle Veränderungen vorzunehmen, wie Kleingruppenarbeit, Verschiebung des Themenschwerpunktes etc. Aus dieser Arbeit gewann Gabi Nolde Erkenntnisse, die sie bei der „großen Fortbildungsschiene" – ähnlich der von Tabea Diehl – begleiteten.

Aus persönlichen Gründen ließ Gabi Nolde sich 2003 bis zu ihrer Pensionierung beurlauben, um mehr Zeit für die Partnerschaft zu haben. Sie führt nun ein kleines persönliches Unternehmen mit Supervision für Lehrer/innen, Schulleiter/innen, Teams, mit Krankenschwesterngruppen, in einer Hospizklinik, in Kindergärten. Selbst mit einer Gruppe von Hauspflegerinnen trifft sie sich, die TZI kennenlernen wollten. Was vorher nebenberuflich angelegt war, ist nun Haupttätigkeit mit neuen Herausforderungen geworden.

Für die TZI-Organisation hat Gabi Nolde schon vor ihrem TZI-Diplom gerne gearbeitet, auch wenn es da mal Machtkämpfe gab: „Ich hab unglaublich viel gelernt in dieser Gremienarbeit" (12,18). 2002 hat sie mit ihrem Organisationstalent maßgeblich das „Internationale Austausch Treffen (IAT)" zum 90-jährigen Jubiläum von Ruth Cohn mitgestaltet und anschließend vier Jahre im Vorstand des „Ruth Cohn Institute for TCI – International" gearbeitet.

Als Graduierte erteilt sie Seminare, insbesondere TZI für Einsteiger, für Lehrer/innen und Langzeitkurse für die Grundausbildung. Dabei weisen ihre Kurse im Ablauf eine gewisse wiederkehrende Struktur auf, die die veränderte Bedürfnisentwicklung berücksichtigt: „Die Selbsterfahrungsschiene aus den 70er, 80er Jahren ist weg. (…) Die Situation ist so, dass die Leute TZI möglichst anwenden können müssen in ihrem Berufsfeld. Und deswegen suchen sie speziell nach berufsspezifischem Coaching mit der TZI" (11,4). Gabi Nolde legt in den Kursen zunächst einen Schwerpunkt auf das Ich, um die Wiedergewinnung des Eigenkontaktes zu ermöglichen. Es geht ihr dabei um die Achtsamkeit für die persönliche Situation und dann erst um das Wir und die Aufgabe, schließlich auch um den Globe, auf den in der Regel geschimpft wird und um die dynamische Balance in diesem Geflecht. Bei Lehrenden ist ihr das Wahrnehmen, Benennen und Bearbeiten von Störungen nur in dem Maße nötig, wie es die Gruppe in Bezug auf das Thema arbeitsfähig macht und erhält. Denn in diesem Sinne wird die Störungsregel auch bei der Arbeit in der Schule benötigt.

Als Anliegen bringen die Teilnehmer häufig ein: Überarbeitung, Ausbeutung durch den Globe, Wünsche nach Problemlösung, Effizienzsteigerung, anderen Organisationsformen, Sehnsucht nach Bestätigung Wertschätzung, Feedback.

Bedeutsam ist generell die Frage nach dem ersten Ansatz der Veränderung einer Situation. TZI ist keine Ideologie und lässt Raum für viele Möglichkeiten. Gabi Nolde macht in ihrer Arbeit Gebrauch von den vielfältigen Fähigkeiten, die sie in den bereits erwähnten Aus- und Fortbildungen sowie einem pädagogischen Diplomstudium neben ihrem hauptamtlichen Unterricht erworben hat. Sie setzt ihr Repertoire so ein, wie Strukturen, Themen und Prozesse es angemessen erscheinen lassen. Die TZI-Theorie wird nicht deduktiv als Lehre, sondern induktiv aus dem ablaufenden Prozess abgeleitet und in der anschließenden Reflexion vermittelt.

Feedback hat für Gabi Nolde eine große Bedeutung. Dabei ermöglicht eine gute Selbst- und Fremdwahrnehmung erst Feedback. In einer Atmosphäre des Vertrauens ist der Austausch untereinander „das größte Geschenk" (20,10). Dazu gehört, dass das Feedback gewünscht wird, dass es konkret ist, dass es in vereinbarten Ritualen geschehen kann. Sie meint, Feedback werde häufig als „fishing for compliments" fehlinterpretiert. Unsere feedbackarme Kultur ist nach Gabi Nolde mitverantwortlich für Burn-out an Schulen. Kollegen fehlt eine Struktur, sich gegenseitig zu sagen „das an dir hat mir gefallen, das find ich schwierig" (2018), und Schulleiter vereinsamen völlig, wie sich in der Supervision zeigt, wo dann ein ganz lebhafter Austausch stattfindet.

Als Rückmeldung für ihre eigene Kursarbeit hört Gabi Nolde: „Ich bin frecher und angstfreier geworden. Ich stehe mehr zu mir. Ich traue mich, an Vorgesetzten in der Hierarchie Kritik zu üben" (22,8) Für sie wird in der Rückmeldung die wichtige Stärkung der Chairperson sichtbar, und das besonders bei Gruppen, die in Institutionen arbeiten.

Einige Teilnehmer, die Gabi Nolde in einem TZI-Kurs kennenlernten, setzten ihre TZI-Ausbildung fort, andere begaben sich vielleicht auf andere Lernfelder: „Also TZI kann man professionalisieren, aber es wird immer ein Gefäß bleiben für mehrere Dinge, für andere Sachen auch. Und man darf es nicht vergessen, es ist eine Gruppenmethode (…), die das Thema im Mittelpunkt hat" (23,7).

Zu ihrer eigenen ständigen Weiterbildung gibt es in der Region eine kollegiale Supervision und Intervision von Graduierten, die von allen sehr geschätzt wird.

5.2.7   Renate Martens

„Also das, was ich wohl am deutlichsten erlebt habe, ist dieser zufriedenstellende Umgang mit Verschiedenheit, (…) dass ich einfach so sein konnte, wie ich war. Ich glaube, das war das Wichtigste" (21,21; 21,31).

(1) Renate Martens ist Jahrgang 1946, stammt aus einer Lehrerfamilie und begann nach anfänglichem Interesse für den neu entstandenen Beruf einer Sozialarbeiterin doch mit dem Studium der Germanistik und Evangelischen Theologie, Pädagogik und Philosophie. Sie arbeitete nach dem Staatsexamen 1970 noch drei Jahre an der theologischen Fakultät als geprüfte wissenschaftliche Hilfskraft. Neben dem Referendariat erhielt sie einen Lehrauftrag für Religion an einer neuen Gesamtschule. Renate Martens traf an dieser Schule ehemalige Studienkolleginnen und -kollegen, die mit ihr zusammen Staatsexamen gemacht hatten, mit denen sie Vieles erproben konnte: Teamteaching, gemeinsame Unterrichtsentwürfe, Ansätze zu einem therapeutischen Unterricht, angeregt durch den Fachleiter für Religion. Diese Arbeit entsprach sehr ihren Vorstellungen von Pädagogik und Schulsystem. Trotz der Zusicherung, dass sie nach ihrem Abschluss als Lehrerin mit vollem Lehrauftrag an diese Gesamtschule übernommen würde, erhielt sie zwei Tage nach Schuljahresschluss die Nachricht, dass sie in eine andere Stadt an ein Mädchengymnasium versetzt würde, was für sie ein Rückfall in alte Schulstrukturen bedeutete. Sie kündigte daraufhin ihren Schuldienst auf.

1982 übernahm sie als Honorarkraft Lehraufträge an einer Fachhochschule, am Abendgymnasium und in der Erwachsenenbildung. In diese Zeit, Mitte der 70er Jahre, fiel die Gründung eines Sozialistischen Lehrerzentrums, in dem sich ca. 65 alte Freunde, Studienkollegen, Lehrer/innen – von den Impulsen der 68er-Bewegung angeregt – trafen. Sie spürten ihre Defizite der universitären Ausbildung: „Wir haben Ziele und Vorstellungen für Schule und Unterricht, haben (aber) überhaupt keine Möglichkeiten, das zu vermitteln, also uns fehlt das Handwerkszeug" (4,30). So „schwärmten sie aus" in das weite Feld damaliger Aufbrüche in Psychologie, Soziologie und Gruppendynamik (SCHWÄBISCH/ SIEMS, REICH), auf der Suche nach Möglichkeiten, die sich für das Unterrichten als hilfreich und unterstützend erweisen könnten. Hierbei kam es für Renate Martens zum Kontakt mit der TZI.

(2) Was Renate Martens in dem ersten TZI-Wochenkurs am stärksten beeindruckte, war der zufriedenstellende Umgang mit Verschiedenheit: Die Gruppe war völlig heterogen, da waren Leute aus Kirche, Schule, Betrieben und auch Hausfrauen, die sich nach der Kinderphase fortbilden wollten. Dabei hatten alle ihren Raum. Auch sie selbst erlebte eine volle Akzeptanz ihrer Persönlichkeit. Sie fragte sich nach dem Kurs, was diese Art zu arbeiten für die Schule bedeuten könne und erläutert: „Diese teilnehmende Leitung, nicht eine Lehrkraft, die vorne steht und alles sagt, was gemacht wird, sondern diese Partnerschaftlichkeit. Das entsprach dem, womit ich mich in den letzten Studienjahren und auch in der Referendarzeit intensiv beschäftigt habe: therapeutischer Unterricht, Kommunikationstheorien, Lerntheorien, Motivationspsychologie. Und da habe ich plötzlich etwas gefunden: Hier lebt es! (21,38). (...) Das ist irgendwie meins, das war

meine Luft. Das war diese Wertschätzung, also da hab ich einfach gedacht, das genau ist es" (10,10). Das regte Renate Martens an, eine TZI-Ausbildung zu machen. Sie gab ihre Erkenntnisse im Schneeballsystem weiter, übertrug gleich ganz viel auf ihre Tätigkeit und fand in den sehr guten Erfolgen „wirklich einen Beweis für die Methode" (6,33).

(3) Die Abiturprüfungen am Abendgymnasium waren eine Schnittstelle mit der Schulaufsicht. Die mehrmals geäußerte Vermutung und Ermahnung der Schulaufsicht, die Durchschnittsnoten seien zu gut, konnte entkräftet werden: „Und da saßen vier Leute in der Prüfung drin und haben sich mehrmals hinterher bei mir entschuldigt. Und haben gesagt, die Schüler seien wirklich sehr gut" (6,31). Sie zeigten dann auch Interesse daran, wie es dazu komme, dass Schüler/innen so gute Leistungen erbringen.

Ein Beispiel aus dem Deutschunterricht kann einen Hinweis geben. In Deutsch erarbeitete Renate Martens Teile des Lektürekanons – manchmal auch an freien Tagen der Kollegiaten – indem sie mit ihnen Texte, wie z. B. Goethes Faust, mit verteilten Rollen über mehrere Stunden hinweg las. Sie regte dazu an, sich mit den Personen vorübergehend zu identifizieren und zu phantasieren, was wohl in deren Köpfen vorginge. Das eröffnete ein so starkes Verständnis, dass einige Schüler/innen den weiteren Verlauf und das Ende des Dramas bereits im Voraus erahnten. Für manche Kollegiaten waren die Klassiker ja eine fremde Welt und fast eine „Fremdsprache". Deshalb nahm sich Renate Martens die Zeit, in ganz kleinen Schritten auf Fragen und Unklarheiten einzugehen. Ihr Prinzip war, „es muss verstanden sein. Und dann kriegt es auf einmal eine Dynamik. Das hab ich in Einzelheiten erlebt, aber auch im Ganzen" (12,13). Dieser Unterrichtsstil begeisterte Lehrerin und Schüler/innen und regte sogar dazu an, dass klassische Lektüre später selbständig und freiwillig gelesen wurde. Die Lernenden übernahmen selbst die Verantwortung für ihre Lernprozesse: Renate Martens brachte viel Material in den Unterricht ein, um das eigenständige Erarbeiten von Zusammenhängen anzuregen, sie machte die Kollegiaten mit Museen und Theater bekannt, für viele eine fremde Welt. Das Interesse für die Welt der Kultur war geweckt.

Ein Beispiel mag das veranschaulichen. Im Rückblick auf ihre Arbeit am Abendgymnasium erinnert sich Renate Martens an eine „spannende Episode". Bei einer geschäftlichen Begegnung erkannten sich ein ehemaliger Kollegiat und sie wieder. Er berichtete, „er wäre also ein absoluter Schulversager gewesen und hätte immer das Gefühl gehabt, er sei der Dümmste auf der ganzen Welt, hat sich nichts zugetraut und ich sei die erste Person gewesen, die ihm was zugetraut hätte" (10,43). Für sie waren seine Beiträge im Unterricht zunächst auch schwer verständlich, aber sie nahm ihn und seine Beiträge ernst. Er entwickelte sich dann so, dass er Zusammenhänge klarer darstellen konnte. Er erzählte, dass er damals selber für sich viel klären konnte „und dass er nur deswegen überhaupt im Stande war, sein Leben zu sortieren" (11,79). Inzwischen hätte er eine Existenz und eine Familie gegründet.

Ähnlich wertschätzende Rückmeldungen erhält Renate Martens von ehemaligen Studenten der Fachhochschule, in der sie – auch bei 60 Studenten – immer im Stil der TZI gearbeitet hat: „Manchmal treffe ich Leute, die mir immer noch sagen, das war für sie das wichtigste überhaupt im Leben" (10,22).

1982 erlebte Renate Martens einen Einschnitt, der wesentlichen Einfluss auf ihre weitere berufliche Situation nehmen sollte. Sie verlor einen Musterprozess beim Bundesarbeitsgericht, in dem es um die Umwandlung vom Honorarvertrag in einen Angestelltenvertrag mit Kranken- und Sozialversicherung ging.

Für Renate Martens war mit diesem Urteil eine Anstellung bei der Fachhochschule und dem Abendgymnasium nicht mehr möglich. Tätigkeiten, die sie von 1974-1982 parallel zu ihren anderen Aufgaben durchgeführt hatte, konnte sie weiterhin ausführen. So gab sie in der Gewerkschaft Betriebsräteschulungen im Stil von TZI, was zunächst sehr ungewohnt war und auf sehr viel Widerstand stieß. Die inhaltliche Arbeit ließ sich dann aber doch auch auf diesem Feld erfolgreich mit dem TZI-Konzept gestalten. Ferner organisierte sie Zukunftswerkstätten, Veranstaltungen über neue Arbeitsmethoden für Erwachsenenbildner, erteilte Kommunikationstrainings an Volkshochschulen, an denen Mitarbeiter großer Unternehmen teilnahmen. Diese machten nach eigenen Aussagen ihre Fortbildung lieber bei ihr als im Betrieb wegen der hohen Wertschätzung ihrer Person und der Einbindung der Teilnehmer in die Gruppe. Sie arbeitete ferner an einem Trainerleitfaden für die Fernsehsendung „Reden und Reden lassen" mit.

Ihre eigene Fortbildung führte Renate Martens zur Transaktionsanalyse und Gestalttherapie, zur Weiterbildung im Neurolinguistischen Programmieren und Supervision auf der Basis von TZI. Alle diese Aktivitäten mündeten nach dem verlorenen Prozess allmählich – mit einer Unterbrechung nach der Geburt ihres Sohnes – in die Selbständigkeit. Als sich 1990 die Deutsche Gesellschaft für Supervision gründete, erhielt sie dort die offizielle Anerkennung als Supervisorin.

1988 übernahm Renate Martens für ein Jahr eine Schwangerschaftsvertretung in ihren beiden Fächern Deutsch und Religion an einem Gymnasium. Dort traf sie alte Mitstreiter aus den 70er Jahren wieder, die inzwischen zum traditionellen lehrerzentrierten Unterricht zurückgekehrt waren. Das war für sie ein wirklich furchtbares Erlebnis. Diese Lehrer praktizierten nun einen völlig anderen Unterrichtsstil als den in der Mitte der 70er entworfenen. Sie machten Tafelanschrieb und ließen die Schüler/innen abschreiben etc.: „Also da hab ich gedacht, nein, das kann nicht wahr sein. Und die waren dann im System natürlich wieder vereinsamt, haben viele ihrer Ideale aufgegeben und haben nicht angeknüpft und irgendwie weitergemacht. Da waren dann 15 Jahre vergangen. Viele hatten Probleme mit Alkohol" (6,9).[10] Natürlich hat sie mit ihnen wieder zusammengearbeitet und auch am Gymnasium ihren TZI-Stil praktiziert.

Während ihrer TZI-Ausbildung lernte Renate Martens auch Ruth Cohn kennen. Sie war Teilnehmerin, aber auch aktiv, indem sie beispielsweise bei einer Auseinandersetzung von Ruth Cohn mit einer Kursbesucherin auf Wunsch von Ruth Cohn die Konfliktmoderation übernahm. Sie erlebte Ruth Cohn als eine „Frau, die sehr klar sagt, was sie wahrnimmt, sehr klar sagt, was sie will, und auch, wo es langgeht sozusagen. Aber in einem hohen Maß an Wertschätzung" (20,13).

Mit der Vermittlung der TZI hatte Renate Martens schon vor ihrer Graduierung 1998 begonnen. Ihr Schwerpunkt war immer „TZI und Schule". Ihre frei ausgeschriebenen methodisch-didaktischen Fortbildungskurse „TZI im Unterricht" führte sie später auch in staatlichen Instituten durch, ebenso wie Pädagogische Tage an den Schulen.

Sie war davon überzeugt, dass eine Demokratie mündige Bürger voraussetzt. Dazu können sie in einem Unterricht heranwachsen, in dem Wertschätzung und Möglichkeiten zur Entfaltung ihrer Chairperson herrschen. Lehrer/innen müssten in ihrer Berufslaufbahn und Fortbildung ebenfalls Wertschätzung erfahren und die Balance zwischen Autonomie und gemeinsamer Arbeit vertiefen, um diese schließlich auch authentisch weitergeben zu können.

Waren die TZI-Lehrerfortbildungen in den 80er Jahren stärker von dem Bedürfnis nach der Entwicklung der Chairperson und der Persönlichkeit bestimmt, so wird zurzeit stärker nach Methodenkompetenz gefragt. Renate Martens geht darauf ein und kann durch das TZI-Konzept den Horizont in der Schule auch für größere Zusammenhänge öffnen. Wenn eigene Anliegen eingebracht werden können und wenn Unterrichtsentwürfe, -stunden, -reflexionen vor dem Hintergrund der TZI durchgeführt werden, die den Globe mit einbeziehen, so bedeutet das für die Teilnehmer/innen eine Bereicherung und Erweiterung ihrer Kompetenz. Als Rückmeldung erhält Renate Martens immer wieder: „Der Unterricht macht viel mehr Spaß, ist nicht so anstrengend, Vorbereitung ist einfacher geworden, Einzelkämpferdasein hört auf, die Verantwortung verteilt sich auf die Schultern von den Schülerinnen und Schülern und es macht viel mehr Spaß, wenn die dann ihre Chairpersonship entdecken und mitarbeiten" (27,47).

Renate Martens ist davon überzeugt, mit ihrer Arbeit einen Beitrag zur Entwicklung einer pädagogischen Professionalität der Lehrer/innen zu leisten, indem sie auf der Basis der TZI „ein anderes professionelles Verständnis von der Aufgabe eines Lehrers vermittelt" (32,21). Nach ihrer Auffassung muss das weit

---

10   Barbara ARENS hat 1997 in „Identitätsproblematik und Identitätsfindung ‚kritischer' Lehrerinnen und Lehrer in den 70er und 80er Jahren" die problematische Entwicklung von Lehrergruppen beschrieben und analysiert.

verbreitete einseitige Fachdenken erweitert werden zum Prinzip, generell Lernen zu ermöglichen und Entwicklungsprozesse zu begleiten. Dazu gehören gründliche Kenntnisse in der Entwicklungspsychologie und über Persönlichkeitstypen, ferner, dass „Lehrkräfte zumindest eine Ahnung haben, was eigentlich möglich ist an Lernen bei traumatisierten Menschen" (31,37). In diesem Sinne werden dann die Lehrenden zum „Lernbegleiter" und „Lebensabschnittbegleiter" (32,22).

5.2.8 Ronald Euler

> „Mich faszinierten schon auch die Leiterpersönlichkeiten, (…) wenn du so werden kannst, wenn du selber so unterrichten kannst, das wäre toll" (2,12).

(1) Ronald Euler ist Jahrgang 1941, hatte 1970 in einem naturwissenschaftlichen Fach promoviert und wurde Assistent für dieses Fach und seine Didaktik an einer Hochschule. Er fühlte sich in den Naturwissenschaften gut ausgebildet, spürte aber einen Mangel im Bereich der Pädagogik, Psychologie und Didaktik. Für seinen „Wissensdurst" auf diesem Gebiet war die Teilnahme am damals stattfindenden Funkkolleg „Pädagogische Psychologie" ein guter Start. Nach 3-4 Jahren hatte er sich ein „Erstwissen" angeeignet und zum Teil in seine Arbeit integriert. Dann wandte er sich, angeregt durch Rogers und Fromm, der Humanistischen Psychologie zu. Er machte gruppendynamische Erfahrungen in zwei Seminaren, die auf der Grundlage der Gedanken von SCHWÄBISCH/SIEMS geleitet wurden. Von einer Teilnehmerin wurde er auf TZI aufmerksam gemacht.

(2) Nach dem ersten TZI-Kurs Mitte der 70er Jahre bei der Gestalttherapeutin Elisabeth Tomalin nahm Ronald Euler noch eine ambivalente Haltung ein: „Das Gruppenerlebnis war ganz gut, der Umgang mit den vielfältigen Materialien war mir fremd, machte mir aber Spaß. Andererseits dachte ich, wenn das TZI ist und ich an meine Fachdidaktik denke, da liegen noch Welten dazwischen" (2,6). Der zweite Kurs „TZI für die Schule, für dich und für mich" gefiel Ronald Euler dann sehr gut und enthielt auch zahlreiche Aspekte für die berufliche Anwendung. Wie die Leiterpersönlichkeiten den Lernprozess gestalteten, übte eine Faszination auf ihn aus. So stieg er schließlich in die TZI-Ausbildung ein und erhielt Anfang der 80er Jahre sein Diplom.

(3) Parallel zu seiner Ausbildung organisierte er einen Teil seiner Veranstaltungen nach dem TZI-Konzept, insbesondere die Seminare „Umweltschutz in der Schule", die später „Umweltanalytik und Umweltbewusstsein" hießen. In diesen Seminaren für Lehramtsstudierende hat er über viele Jahre TZI fast idealtypisch zur Geltung bringen können mit den Aspekten des Globe, des eigenen Umgangs

mit den Problemen, der gemeinsamen Zusammenarbeit am Thema und Anregungen zum aktiven Tun. Für die zukünftigen Lehrer/innen war das eine konstruktive Hilfe. Ebenso waren seine Veröffentlichungen zur Anwendung der TZI im naturwissenschaftlichen Fachbereich eine Bereicherung für Lehrende auf diesem Gebiet.

Auf dem Weg zur Graduierung, die 1986 erfolgte, hat Ronald Euler Ruth Cohn persönlich auf Kursen, die sie speziell für Hochschullehrer/innen gab, schätzen gelernt. Sie hatte für ihn ein „natürliches Charisma, aber sie kokettierte nicht damit". Er erlebte sie „sehr realitätsbezogen, sehr bescheiden, sehr deutlich, sehr zugewandt, immer bereit, Hilfe zu leisten, wenn es nötig ist, sehr bewusst im Wechsel zwischen den Ich-, Wir-, Es-, Globe-Polen, immer aufmerksam für das, was die einzelnen Ichs, auch ihr eigenes, in diesem Moment benötigten, um konstruktiv am Thema weiterzuarbeiten" (4,32). Sie hat ihre Lehre deutlich und glaubwürdig verkörpert. In der Didaktikgruppe arbeitete sie noch im hohen Alter kenntnisreich und humorvoll mit, „manchmal auch ein bisschen genervt", wenn die zum Teil starken Persönlichkeiten es nicht immer schafften, „die Kooperation so zu leben, wie es wünschenswert gewesen wäre. Und darunter hat sie dann schon, ich denk, etwas gelitten" (5,2). Ruth Cohns lebendige Auseinandersetzung mit den jeweiligen Geschehnissen und ihr gesellschaftstherapeutischer Ansatz, „damit sich Auschwitz nicht wiederhole", waren für Ronald Euler eine wichtige Motivation, auch schwierige Arbeitsbedingungen an der Universität durchzustehen und sich dabei intensiv für die TZI zu engagieren.

An der Universität hat er über 25 Jahre besonders in den fachdidaktischen Seminaren nach dem TZI-Konzept gearbeitet, darüber hinaus fächerübergreifend TZI-Seminare angeboten. Studierende wurden dadurch angeregt, später selbst eine TZI-Ausbildung zu machen, die bis zum Diplom oder noch weiter zur Graduierung führte. Bezüglich der verschiedenen Didaktikmodelle betrachtet er TZI als anschlussfähig, wenn das Subjekt betont angesprochen wird, auf naturwissenschaftlichem Gebiet vermittelt das besonders Wagenschein. Für die Zukunft wünscht er sich, dass TZI in Form von kürzeren Angeboten vermittelbar wäre, wie er es schon an der Universität versucht hat, dass man eine Essenz der TZI herausfände, die TZI nicht so aufwändig lehrbar machte: „Aber da ist tatsächlich noch viel Arbeit zu leisten, auch theoretische" (15,10).

Ronald Euler wurde für die Lehrerfortbildung in vielen Bundesländern angefragt. Er hat schulpraktische Studien begleitet und immer wieder selbst unterrichtet und dabei experimentiert. So machte er eine Entdeckung bei vermeintlich fehlerhaften Schülerantworten, die herkömmlich schnell mit „stimmt nicht" abgelehnt werden: „Ich fing an, damit zu experimentieren, das wirklich ernst zu nehmen, was Schüler sagten, selbst wenn es noch so abstrus erschien. Wenn ich mich dafür interessierte und nachfragte, dann stellte ich fest, es war fast immer eine Bereicherung" (7,26). So können für ihn so genannte falsche Antworten, „Störungen", zur Lernchance werden. Zur Veranschaulichung von Inhalten und Modellen in den Naturwissenschaften übernahm er die Einbeziehung körperlicher Gestaltungen. Zur Erleichterung der Konzentration und des Lernens konnte er Phantasiereisen einsetzen. In den Schulen erlebte er leider, „dass noch dermaßen große Anteile von Unterricht frontal durchgezogen werden, Schüler als Individuen häufig gar nicht gesehen werden, geschweige denn gefördert. (…) Ich und Wir verkümmern oft, der Globe wird selten berücksichtigt" (15,15). Als Korrektiv käme da das TZI-Modell – auch im Zusammenhang mit der ganzen PISA-Diskussion – in Frage.

Ronald Eulers Seminare zur Vermittlung von TZI weisen eine Grundstruktur auf. Zunächst geht es ihm um Angstreduzierung und Vertrauensbildung. Dazu dienen die gemeinsam erarbeiteten Regeln für das Zusammenarbeiten und eine gemeinsame Planung am Anfang, in der jeder Beitrag, jedes Anliegen gehört und gewürdigt wird. Entsprechend den Rahmenbedingungen und dem angekündigten Thema werden Wünsche berücksichtigt. Weitere Möglichkeiten, sich einzubringen, bietet die prozessorientierte, rollende Planung während des Seminarverlaufs unter Einbezug der Beteiligten. Damit ist von Anfang an die Chairperson der Teilnehmer angesprochen und eine gleichberechtigte „Kommunikation auf Augenhöhe" eingeführt. Das ergibt eine ganz andere Lernatmosphäre „als wenn ich mein Besserwissen portionsweise verabreiche" (12,4). Als Leiter muss er als „Hüter des Themas" die Ich-, Wir-, Es-, Globe-Balance im Auge behalten und durch Interventionen wieder herstellen, wenn er bemerkt „wir rutschen ab in reine Selbsterfahrung, wir schwelgen im Wir, vernachlässigen aber die Ichs und das Thema und/oder den Globe" (12,11). Als Leiter muss er auch Themen, die im Verlauf des Prozesses „in der Luft liegen" oder „heimliche Themen" aufgreifen, ansprechen und einplanen, wenn es für die aktive Zusammenarbeit erforderlich ist.

Immer wiederkehrend hält Ronald Euler in Zusammenarbeit mit einer Gestalttherapeutin an sechs Wochenenden im Jahr mit einer festen Gruppe einen TZI-Kurs „Identität und Lebenszyklus" zur Entwicklung der Persönlichkeit. Bei diesem Kurs geht er – wie bei allen seinen Kursen – von dem Grundgedanken aus, „dass im Einzelnen, in der Einzelnen das existenzielle Bedürfnis besteht, immer noch mehr das zu verwirklichen, was in ihnen steckt, (…) auch in dem Wissen, dass es nur eingeschränkt klappen wird, aber auch in dem Wissen, dass ohne Weiterarbeit sofort die Gefahr der Stagnation auftritt" (10,38).

In der Gestaltung seiner TZI-Kurse ist Ronald Euler das Zusammenfließen von Haltung und Methode sehr wichtig, sowohl bei ihm selbst als auch bei den Teilnehmern.

Feedback auf der Basis von Wertschätzung betrachtet Ronald Euler als einen wichtigen Baustein für die Persönlichkeitsentwicklung. Feedback soll dem Betreffenden u. a. helfen, eine von ihm bisher nicht wahrgenommene Realität zu erkennen, Illusionen zu beseitigen und besser durchs Leben zu kommen. Das kann auch schmerzhaft sein und zu Problemen führen. Insbesondere tritt das dann ein, wenn Empfehlungen von Graduierten im Rahmen der TZI-Ausbildung „noch nicht" gegeben werden können, wenn „nötige Selbsterfahrungen verweigert werden, Menschen einfach nicht wahrhaben wollen, dass sie in bestimmten Kommunikations- oder Interaktionsmustern in einer Weise agieren, reagieren, die bei anderen auf Ablehnung stößt" (7,51). Einige machen dann eine Therapie und kommen wieder zur TZI zurück, andere steigen aus der TZI-Ausbildung aus oder wenden sich einer anderen humanistischen Richtung zu, die für sie passender erscheint.

5.2.9 Ludwig Kanig

„TZI, wenn man das so lernt in den Kursen, ist zunächst etwas für einen selbst (2,2) (…) Ich bin mein wichtigstes Handwerkszeug" (2,14).

(1) Ludwig Kanig ist Jahrgang 1944. Sein Berufsziel nach dem Abitur war, Lehrer zu werden. Im Studium erfuhr er in den Fächern Mathematik und Physik, die er aufgrund seiner guten Noten gewählt hatte, eine sehr verwissenschaftlichte Ausbildung. Als er 1972 dann an eine Gesamtschule – inzwischen in ein Gymnasium umgewandelt – in den Schuldienst trat, spürte er einen pädagogischen Mangel. Von seinem Selbstverständnis als Lehrer her war es sein Bestreben, die Schüler/innen als Personen im Blick zu haben. Deshalb ließ er sich zum Beratungslehrer ausbilden, was in seinem Bundesland in mehreren Stufen erfolgte. Bei den Kursen in Vorbereitung auf die Prüfung 1984 lernte er eine Dozentin für den Bereich der Psychologie kennen, die TZI in die Fortbildung integrierte und auch TZI-Kurse anbot.

(2) 1986 besuchte Ludwig Kanig dann den ersten TZI-Kurs und erkannte, dass die TZI in seinem Bestreben, neben den Fächern auch den Menschen zu sehen, sehr hilfreich war. Er beobachtete bei sich selbst und vielen Teilnehmern den Effekt, dass TZI zunächst einmal für einen selbst etwas bewirkt, und dies allein schon große Auswirkungen auch auf den Unterricht hat: „Ein ausgeglichener Lehrer hält ganz anders Unterricht. Es passieren viele Dinge nicht. Und dann gibt das so einen Rückkopplungsprozess. Ich bin mehr bei mir. Ich kann mit Krisen besser umgehen, muss nicht rumtoben oder sonst was machen, und das hat Rückwirkungen auf die Schüler. Dann sind die Schüler anders, und das ist

wie so eine Spirale, das entwickelt sich dann so weiter" (2,8). Für diesen Zusammenhang ist ihm die Ausgestaltung der Haltung in der TZI und des Chairperson-postulats sehr wichtig.

(3) Mit Vertiefung der TZI-Ausbildung ging Ludwig Kanig einen Schritt weiter im Planen des Unterrichts nach TZI-Prinzipien. Er setzte dabei zwei Schwerpunkte: zum einen das Vier-Faktoren-Modell, das zur Herstellung einer dynamischen Balance eine wichtige Rolle spielte, zum anderen die Themensetzung. Das Thema als Fokus des Unterrichts hatte ihn schon immer interessiert und er machte im Zuge der weiteren Ausbildung sehr gute Erfahrungen in diesem Bereich. So geht er in den ersten 14 Tagen eines neuen Schuljahres nicht gleich mit den vorgegebenen Inhalten aus Stoffplan und Lehrbuch, z. B. im Fach Mathematik, in die Klassen, sondern erkundet und erweitert ohne Stoffdruck, spielerisch und anhand praktischer Beispiele mit den Kindern deren Wissenshorizont auf dem zu erarbeitenden Gebiet. Indem er den Impulsen der Kinder folgt, gibt er manchmal einen Überblick über den Stoff des künftigen Halbjahres, fertigt davon ein Protokoll an, hängt es in der Klasse auf und zeigt im weiteren Verlauf, wo an Vorhandenes anzuknüpfen und dieses zu vertiefen sei. Das gilt bereits für die 5. und 6. Klassen, in denen Ludwig Kanig auch eine Doppelstunde in der Woche hat, die u. a. der Einführung in neue Themen dient und in der viel Interaktion stattfindet. Ohne großen Zeitaufwand lassen sich dafür auch Raumveränderungen zur Kleingruppenarbeit arrangieren. Ein Beispiel zu einem veränderten Herangehen an ein Gebiet gibt er für das neue Fach „Natur und Technik" in der Orientierungsstufe. Statt der Thematik „Aggregatzustände des Wassers" formuliert er „Das Wasser hat viele Gesichter – wir erforschen seine Veränderungen". Eigenverantwortung für das Lernen (Chairpersonship) wird bereits in der 5./6. Klasse geweckt und auch bis zu den Leistungskursen in der Oberstufe mit gutem Erfolg praktiziert. Selbst in Vorbereitung auf das Zentralabitur ließen sich mit dem TZI-Konzept gute bis sehr gute Ergebnisse erreichen.

An der eigenen Schule ist Ludwig Kanig geachtet, wird von den Kollegen in pädagogischen Fragen konsultiert und von der Schulleitung unterstützt. Er gestaltet jedes Jahr einen Pädagogischen Tag, dessen Vorbereitung ihm immer sehr schwerfällt, der dann aber immer gut verläuft; einmal war auch die Einführung in die TZI ein Thema. Darüber hinaus leitet er an seiner Schule zurzeit die Steuergruppe für Schulentwicklung. Auf der Grundlage von deren Ergebnissen und anderer Kleingruppenarbeit werden fortan die Pädagogischen Tage gestaltet und es sind daraus veränderte Zielvorstellungen für die Schule hervorgegangen. Seine Moderation dieser ganzen Arbeit wird sehr geschätzt und seiner TZI-Ausbildung zugeschrieben. Als er 2004 eine äußerst kritische Situation während einer Personalversammlung „bravourös" gemeistert hatte, meinten Kollegen:

„das kannst du ja nur, weil du die TZI gemacht hast" (9,22). Drei Lehrer seines Kollegiums wurden durch ihn angeregt, eine TZI-Ausbildung zu beginnen.

Zu den Eltern der Schüler/innen hat Ludwig Kanig ein sehr gutes Verhältnis. Er ist als Beratungslehrer bekannt und wird oft konsultiert. Die Elternabende gestaltet er manchmal als „Lernen-lernen-Abende".

Auf Bezirksebene wurde er aufgrund seiner TZI-Ausbildung in das Schulentwicklungsteam für Gymnasien aufgenommen.

In seiner Tätigkeit in der Lehrerfortbildung kam er auch mit Kollegen in Verbindung, die als Multiplikatoren für Teamentwicklung, Methodenentwicklung, eigenverantwortliches Lernen (EVA) nach den Methoden Klipperts ausgebildet werden, und nahm als Zuhörer an einem solchen Kurs teil. Ludwig Kanig stellte dabei jedoch fest, dass in diesem System die Ich-Wir-Basis nur gering ausgebildet ist. In den Gruppen ist man sehr schnell bei „einem formalen Ablauf: Gruppe an die Übung, Gruppe an die Übung, und jetzt die nächste Übung" (9,49). Als dann einmal die Frage „welche Methode passt für welchen Stoff in welchem Fach?" gestellt wurde, warf er ein: „Haben sie nicht die Idee, zu fragen, für welche Kinder?" Mit dieser Intervention konnten die Lehrer/innen wenig anfangen. Er will nun mit dieser Gruppe einen Wochenendkurs zur Einführung in die TZI veranstalten. TZI hat bei der Fülle von Angeboten an Arbeitsblättern, Arbeitsmitteln, die sehr praktikabel aussehen, aber Menschen und deren soziale Kompetenz zu wenig berücksichtigen, eine wichtige Komponente einzubringen.

All seine Tätigkeiten im Bereich der Schule liefen parallel zu Ludwig Kanigs TZI-Ausbildung, mit der er sich Zeit ließ und nach über zehn Jahren sein Diplom erhielt, 2002 dann die Graduierung, für die der von ihm dokumentierte Kurs für Mathematiklehrer „Mathematik lernen und verstehen – was kann TZI dazu beitragen?" eine wichtige Rolle spielte. Zur eigenen Weiterbildung existiert eine TZI-Peergruppe „TZI und Naturwissenschaften", die sich viermal im Jahr trifft.

TZI-Gremienarbeit ist ihm seit Beginn seiner Ausbildung wichtig. Zurzeit ist er als Leiter der Ausbildungskommission sehr stark engagiert. Er lernte viele Menschen mit unterschiedlichen Haltungen kennen und erlebte die vielschichtige Lebendigkeit der TZI auch in dieser Arbeit.

In der Vermittlung von TZI erteilte Ludwig Kanig als Graduierter Einführungskurse in die TZI an einem staatlichen Institut für Lehrerfortbildung. Seine Schwerpunkte waren dabei:

Die dynamische Balance im Vier-Faktoren-Modell für Planung, Durchführung und Reflexion im Kurs und für den zukünftigen Unterricht; das Moment der Balance, auch für die Lehrer/innen selbst als Prävention von Burn-out; Themenfindung und -formulierung im Kurs – mit Abwägen der Teilnehmerwünsche – und als Anregung für den eigenen Unterricht; Chairperson-Entwicklung und

Wir-Förderung bei Schülerinnen und Schülern; Feedbackförderung zur eigenen Entwicklung der Teilnehmer/innen auf der Basis von Vertrauen und Wertschätzung und als Anregung für den Unterricht, u. a. in der Frage, ob der Stoff verstanden wurde und die Methode angemessen war. Ludwig Kanig regt auch während des Kurses die Teilnehmer dazu an, sich angesichts der wenigen Rückmeldungen im Kollegium und zur Förderung des Wir in der Gruppe wechselseitig Feedback zu geben. Die starke Prozessorientierung dieser Kurse wird daran ersichtlich, dass jeder Kurs anders verläuft. Dazu äußert Ludwig Kanig: „Wenn ich mal vier Sitzungen für einen Tag vorplane, läuft spätestens die dritte ganz anders als geplant" (19,36).

Ludwig Kanig ist am Projekt der TZI-Ausbildung für Führungskräfte in Kooperation mit der Universität Tübingen mit Themen wie Projektarbeit, Organisations- und Schulentwicklung sowie an einem Projekt mit Einführungskursen in die TZI für Referendare an der Berufschule beteiligt.

Zur pädagogischen Professionalität gehört für Ludwig Kanig fachliches Können in Verbindung mit sozialen Qualitäten zur Bildung der Persönlichkeit.

5.2.10 Erika Härtel

> „Ich habe gemerkt, dass ich immer wieder Aspekte dessen, was ich in den Kursen gelernt habe, in mein Lehrer-Sein und in meinen Unterricht habe einfließen lassen" (2,29).

(1) Erika Härtel ist Jahrgang 1942. Sie kommt aus einem bürgerlichen Bildungsmilieu, das weniger privilegierte Schichten der Gesellschaft kaum in den Blick nahm. Für die Anstellung in der Schule nach ihrem zweiten Staatsexamen mit den Fächern Französisch und Deutsch im Jahr 1970 wählte sie das erste Ganztagsgymnasium jener Gegend mit 40 % Kindern von Werktätigen, deren sozialer und kultureller Hintergrund ihr nicht vertraut war.

Ihre Vision von Schule war von einem partnerschaftlichen Umgang mit den Lernenden und einer Teamarbeit im Kollegium geprägt. Doch für die Arbeit an der von ihr nun gewählten Schule sah sie sich nicht gerüstet. Sie wollte „nachlernen" und stieß dabei ca. 1972 auf die TZI, die ihr dann allmählich „die Systematik und das Konzept zu dem geliefert hat" (11,28), was ihr in ihren Werthaltungen wichtig war und sie bereits mitgebracht hatte.

(2) Erika Härtel begab sich bald in eine TZI-Peergruppe für Lehrer/innen und begann ihre TZI-Ausbildung. Dabei ging es ihr nicht um Erfüllung der geforderten Kurse, vielmehr wählte sie diese nach Interesse, persönlicher Entwicklung und den Möglichkeiten der Teilnahme aus. Damals gab es keine Beurlaubung für

TZI-Kurse und so standen zur Fortbildung nur die Ferien zur Verfügung. Wichtig war für sie der Kompetenzerwerb, so dass die in den Kursen erworbenen Kenntnisse in ihre Arbeit einfließen konnten. Diese Kombination von Theorie und Praxis wurde für sie zu einer bleibenden Motivation. Das betraf auch die von der TZI-Ausbildung geforderten Wahlarbeitsgruppen, die dem Kennenlernen anderer Methoden galten. Sie wählte u. a. Gestaltarbeit, Transaktionsanalyse und Konzentrative Bewegungstherapie, die dem ganzheitlichen Anspruch der TZI, den Körper mit seinen Signalen und Bedürfnissen ernst zu nehmen, entspricht. In der TZI-Gremienarbeit und -ausbildung erlebte sie auch Schattenseiten, die aber das System als solches nicht in Frage stellten. Denn für sie gibt es „keine andere Methode vergleichbarer Art, die die Tatsache, dass Menschen störbar und verstörbar sind, so mit einbezieht und der so Rechnung trägt. Und das finde ich eben, das ist ein Grund, warum ich immer sage, TZI ist in meinen Augen für die Schule das Mittel der Wahl" (5,4).

(3) Aufgrund des systemischen Aspektes der TZI hatte Erika Härtel auch immer die Schule als Ganze im Blick und engagierte sich fächerübergreifend für Themen, die die Schulgemeinde insgesamt betrafen, so z. B. im Bereich der Drogenproblematik. Zu ihrer Bearbeitung gründete sie einen Arbeitskreis aus Eltern, Lehrenden und Schülern. Außerdem war sie bald an der Schule zur Vertrauenslehrerin gewählt worden. Sie stand Schülern, die in Krisen steckten, mit persönlichem Einsatz bei.

Im Unterrichten war ihr die Herstellung einer guten Lernatmosphäre mit guten Beziehungen zwischen Schülern und Lehrern wichtig. Dadurch können – nach ihrer eigenen Erfahrung – die Schüler/innen stärker zur Selbsttätigkeit angeregt werden. In diesem Zusammenhang greift sie einen Satz von Ruth Cohn auf: „die Beziehung trägt die Arbeit".

Im Literaturunterricht förderte Erika Härtel die Selbständigkeit, indem Schüler/innen bei der Lektüre ihre Erfahrungen mit Lieblingspassagen, Identifikationen und ihre Widerstände sowie eigene Aspekte und Themen einbringen konnten. Das floss in den weiteren Unterricht mit hinein. In dem unbeliebten Bereich von Klassenarbeiten wandte sie eine Rot-Grün-Korrektur an: Rot für das, was falsch oder unfertig war, Grün für das, was gelungen war. Auch der Kommentar war in den beiden Farben geschrieben. In einer Klasse, in der sie als Klassenlehrerin tätig war, gestattete sie zwei bis vier Schülerinnen, die Deutschaufsätze ihrer Mitschülerinnen mit ihr gemeinsam zu korrigieren. Das erfuhren diese, wie sie anschließend bekundeten, als eine „Offenbarung". Das Einverständnis der anderen Schüler/innen vorausgesetzt, diente diese Art der Korrektur einer größeren Transparenz. Nicht alle Schüler/innen waren jedoch mit einem solchen Unterrichtsstil einverstanden. Manche „wollten Schule als etwas ihnen Fremdes behalten" (8,16). Erika Härtel meint, sie habe die Schüler/innen bezüglich des selbständigen Arbeitens vielleicht auch manchmal überfordert, denn auch das will ja gelernt sein, ebenso wie das Arbeiten in Gruppen oder das Vertreten der eigenen Gedanken und das selbstbewusste Formulieren von Fragen. Die Vermittlung solcher Kompetenzen ist für sie „immer wieder eine Gratwanderung" (7,2) oder, wie Ruth Cohn es nannte, ein „dynamisches Balancieren" (6,30 und 14,47). Ihr ist auch der eigene Anteil daran klar, „dass Schüler, Schülerinnen da nicht so die Kurve gekriegt haben und nicht so zufrieden und erfolgreich waren. (...) Ich habe den Lernenden gegenüber schon auch das System Schule vertreten. Ich könnte vielleicht heute auch noch anders mit dem System umgehen" (8,30).

In der TZI-Ausbildung ist Erika Härtel Ruth Cohn zweimal begegnet. Sie erlebte die Ausstrahlung dieser Person, ihre „Wärme, Freundlichkeit, Wachheit" im Blickkontakt, ihr „überzeugendes Umgehen mit dieser Wertschätzung für die andere Person". Sie war beeindruckt „durch ihre Präsenz, manchmal präzise Formulierungen" in Großgruppen, aber auch durch „ihre Fähigkeit, sich über sich selbst lustig zu machen" (14,14; 14,33; 14,43).

Auf dem Weg zum Diplom 1987 und zur Graduierung 1999 spielt für Erika Härtel die Supervision, die in den 80er Jahren aufkam, eine wichtige Rolle. Sie nahm zunächst an Supervisionen teil, bot dann aber auch selbst Supervision mit TZI für Lehrergruppen an und machte einen Ausbildungsabschluss bei der DGSv.

Bis 1992 war sie in der Schule tätig und machte sich dann, nach einer Beurlaubung aus privaten Gründen, in einem gleitenden Übergang selbständig. Sie verband damit das Ziel, als Multiplikatorin in einem größeren Rahmen schulische und gesellschaftliche Veränderungen zu erreichen.

Erika Härtel hat einen weiten Wirkungsradius. Sie arbeitet jetzt in verschiedenen Bundesländern und der Schweiz, zurzeit auch in Indien, wo TZI in die Erwachsenenausbildung integriert wird, sowie in Indonesien an der Universität und dem Goethe-Institut in Jakarta.

Sie erhält viele Anfragen zur Lehrerfortbildung, wo es besonders um Aufarbeitung didaktisch-methodischer Defizite und um persönliche Entwicklung sowie Anfragen zur Supervision von Schulleitern geht. Bei diesen stehen Fragen zum Führungsstil im Vordergrund: „Anderer Umgang mit den Kollegen, als sie ihn vorher kannten. Das heißt mehr Aufmerksamkeit und mehr Ernstnehmen des einzelnen Kollegen, wie verquer er sich auch aufführen mag. Also ein gewisses Weggehen von der reinen Funktionsebene hin zu einer Arbeitsbeziehung" (26,7). Andererseits ist es ihr wichtig, dass der Schulleiter auch zu seiner Rolle als Vertreter einer Institution mit einem Auftrag steht und sich auch abgrenzen darf.

In der Lehrerfortbildung besteht Erika Härtels Ziel darin, den Lehrern zu helfen, sich selbst, die Schüler/innen und die Schule vor Ort im humanen Sinne

weiterzuentwickeln. Dabei macht es einen Unterschied, ob TZI-Ausbildungskurse im direkten Sinne mit einem höheren Theorieanteil oder Fortbildungskurse
erteilt werden, in denen es darum geht, die Teilnehmer mit Hilfe von TZI „dabei
zu unterstützen, ihren Auftrag zu erfüllen, und das ist eben, Wissen und Können
und Fähigkeiten und Fertigkeiten zu vermitteln und dies in einer selbstbestimmten Weise" (17,27). Wesentliche Themen sind hierbei a) das Selbstverständnis
der Lehrerrolle, b) die Unterrichtsgestaltung und c) die Dynamik von Schul-
klassen einschließlich ihrer Krisen. Diese Themen haben in der Vermittlung
durch Erika Härtel die im Folgenden dargestellten Inhalte.

Zu a) Die Lehrer/innen kommen in ihre Kurse mit einem Unbehagen an der eigenen Situation. Angesichts einer meist interkulturellen Zusammensetzung der
Klassen und zunehmend verstörter Jugendlicher – für den Umgang damit wurden
die Lehrer/innen nicht ausgebildet – treten bei ihnen Ermüdung und Resignation
auf. Sie brauchen Ermutigung und „neues Handwerkszeug". Sie müssen lernen,
die Balance zu halten zwischen einem teils unveränderbaren Globe (z. B. Bildungsstandards, Notengebung), an dem sich zu reiben kräftezehrend ist, und den
Spielräumen und Nischen, die es gleichwohl gibt, die man herausfinden kann
oder die man einfordern muss und für deren Aufspüren an der jeweiligen Schule
das Strukturmodell als Raster eine Hilfe darstellt. Oft verhilft eine Entdeckungs-
reise zum eigenen Ich mit seinen Ansprüchen zu einer neuen Begeisterung für
das Fach und für die Lernenden. Das setzt neue Energiepotenziale frei. Fall-
arbeit, mit einem reichen Methodenrepertoire durchgeführt (z. B. Gestaltarbeit,
pädagogisches Rollenspiel), bringt für alle neue Einsichten und eine Bereicherung. Feedback wird wörtlich genommen als „Zurückfüttern" und ist ein „Geschenk" für die Persönlichkeitsentwicklung. Es bildet in den Kursen ein wichtiges Thema und erfolgt auf unterschiedliche Weise auf verschiedenen Ebenen.

Zu b) Im Rahmen der Didaktik wird in der herkömmlichen Referendar-Ausbil-
dung häufig nur nach der immanenten Logik des Stoffes zur Unterrichtsgestaltung gesucht. Hier sollte, so Erika Härtel, aus TZI-Sicht zumindest eine Phase
hinzukommen, in welcher der Lernende die Gelegenheit erhält, seine eigene Verbindung und Motivation zum Stoff zu entdecken. Dabei wird dann deutlich, dass
es nicht nur den einen richtigen Zugang zum Thema gibt, sondern dass unterschiedliche Schüler/innen unterschiedliche Zugänge finden. Das kann Staunen
und Neugierde erregen, zu einer intrinsischen Motivation führen und den Unterricht lebendig machen sowie Achtung für Verschiedenheit erzeugen. Die in diesem Prozess scheinbar verlorene Zeit wird durch ein anderes Tempo und eine
andere Intensität des Lernens wettgemacht. Außerdem bleiben bei einer solchen
Methode des teilweisen selbständigen Erarbeitens der Inhalte diese besser im
Gedächtnis haften. Erika Härtels Ziel ist es, zu vermitteln, „dass wir Lernende

als Subjekte ihres Lernprozesses auffassen und nicht als Objekte, die wir abfüllen" (6,20).

Zu c) Die unterschiedlichen Zugänge zum Thema führen auch zur Dynamik der
Interaktion auf der Beziehungsebene. Es genügt Erika Härtel nicht, einfach
Gruppenarbeit nach der Art von Klippert zu betreiben, sondern die Dynamik von
Gruppenprozessen zu kennen und Gruppenarbeit systematisch zu vermitteln –
eine Stärke der TZI. Das umso mehr, als Klassen immer heterogener zusammen-
gesetzt sind.

In Erika Härtels Kursen sind die Teilnehmer schulformgemischt. Und das ist positiv, „weil dadurch viel mehr Welt reinkommt und die eigenen Positionen, Erfahrungen und Überzeugungen auf eine sehr glückliche Weise relativiert werden
(18,38). (…) Ich hatte in einem dieser Lehrerkurse von der Sonderschule bis zur
Universitätsdozentin alles vertreten. Und die haben sehr voneinander profitiert.
Diese Mischung finde ich eine Stärke von TZI-Angeboten, und das ist mir wichtig" (18,33).

5.2.11 Gisela Weber

„Die Supervision tut dir immer so gut" (3,4).

(1) Gisela Weber ist Jahrgang 1962, hat Biologie und Sport für das Lehramt am
Gymnasium studiert und zur beruflichen Absicherung zusätzlich ein Diplom im
Studienfach Biologie erworben. Denn Absolventen bekamen schon während
ihres Studiums kaum eine Anstellung als Lehrer/innen. So wurde sie nach ihrem
2. Staatsexamen 1992 auch zunächst – wenn auch nur 6 Wochen – arbeitslos. Sie
fand eine Anstellung bei einem privaten Bildungsträger, der Kurse für arbeitslose
Jugendliche veranstaltete. Ihre Aufgabe war es, Jugendliche auf einen externen
Hauptschulabschluss vorzubereiten und sie sozialpädagogisch zu betreuen. Das
war ein für sie neues, sehr spannendes Aufgabengebiet. Immerhin hatte sie sich
schon während ihres Studiums stark mit pädagogischen Fragen beschäftigt, auch
in den Sommerferien Kinderfreizeiten geleitet und dabei Vorkenntnisse im Umgang mit verhaltensschwierigen Kindern erworben. An dieser ersten Arbeitsstelle
häuften sich die Probleme: „Also mir begegneten drogenabhängige und verwahr-
loste Jugendliche, Null-Bock-Generation, also es war alles da. Und was eben gut
war bei diesem Arbeitgeber, dass er berufsbegleitende Supervision anbot von
einem ortsansässigen Psychologen, wo ich aber das erste mal so ein Verfahren
kennenlernte, genauer zu reflektieren, was passiert, einmal auf der Ebene der
Teilnehmer, aber was passiert auch mit mir als Lehrender" (1,35). Ergänzend gab
es an dieser Arbeitsstelle einmal im Jahr Bildungsurlaub und jährlich eine Mit-

arbeiterfortbildung für das ganze Haus. Die Kurse für die Schüler/innen wurden zu zweit in Teamarbeit mit Kollegen unterschiedlicher Berufsrichtung geleitet, mit denen sich Gisela Weber austauschen konnte, „ein Highlight im Vergleich zum Referendariat" (1,27). Andere Mitarbeiter hatten schon im Bildungsurlaub einen TZI-Kurs besucht und berichteten davon.

(2) Gisela Weber hatte eine TZI-Kursausschreibung „Supervision als Handwerkszeug" gelesen und meldete sich dafür an, weil ihr Supervision schon immer gut getan hatte. Der Kurs wurde von einer TZI-Graduierten gehalten, die Teilnehmer waren fast alle Supervisoren. In diesem Kurs lernte sie das System der TZI zwar kennen, aber im Widerspruch zum vertretenen System stehende Verhaltensweisen der Leiterin ließen sie zunächst auf Distanz zur TZI gehen.

Das änderte sich, als Kürzungen seitens des Arbeitsamts ihre Stelle unsicher werden ließen und Gisela Weber sich 1995 für die pädagogische Leitung einer Förderstufe in einem sozialen Brennpunkt bewarb und als einzige Bewerberin diese Stelle auch bekam. Der Abschied von ihrem bisherigen Tätigkeitsfeld fiel ihr schwer. Sie nahm schließlich ihren letzten Bildungsurlaub im Bereich „Konzentrative Bewegungstherapie" mit dem Titel „Sich von Altem trennen, Neues beginnen" wahr und konnte dabei ihre eigene Situation aufarbeiten.

Die Förderstufe gehörte zu einer Grund-, Haupt- und Realschule unter einheitlicher Schulleitung. Es gab dort einen hohen Ausländeranteil aus 27 Nationen und die deutschen Schüler/innen kamen aus einer „sehr schwachen Schicht". Gisela Weber brachte Berufserfahrungen mit: „Ich musste in meinem anderen Bereich auch immer improvisieren, analysieren: Was haben wir, was können wir, und wie machen wir das? Und das war in der Schule ein Denken, was nicht gefragt war. Also, da ging es mir nicht gut. (...) Es war eindeutig eine Überforderungssituation" (5,43). Es gab keine offene Konfrontation ihr gegenüber. Ihren eigenen Arbeitsalltag zu bewältigen, gelang ihr noch mit großem Kraftaufwand, aber der Kontakt zu den Kollegen war schwierig. Die Kollegen fühlten sich an dieser Schule von administrativer Seite allein gelassen, hatten eine ziemlich fatalistische Haltung, auch allem Neuen gegenüber. Sie war die Jüngste im Kollegium und konnte nur sehr begrenzt wirksam sein. So suchte sie Hilfe und fand sie in einer Supervisionsgruppe „Schulleitung und Menschenführung", die nach TZI geleitet wurde: „Das war für mich die Rettung" (6,18). Zwar gab es die Supervision nur einen Nachmittag im Monat, „aber das war sehr, sehr nachhaltig und eindrücklich. (...) Ich lernte, und das war das, was mir TZI letztendlich so spannend gemacht hat: Es ist möglich, die verworrensten Situationen aufzudröseln und eine Handlungsfähigkeit zu entwickeln" (6,28). Gisela Weber erfuhr, wie persönlich verhärtete Strukturen und verkrustete Situationen sich manchmal durch kleine Änderungen der Sichtweise, bzw. andere eigene Positionierung aufweichen und verändern ließen. Diese Supervision wurde zu einem Schlüsselerlebnis für sie. Das Verfahren faszinierte sie und veranlasste sie, sich intensiver der TZI zuzuwenden. In der TZI-Supervision und TZI-Ausbildung erarbeitete sie sich eine „Leitungskompetenz für das System Schule" (6,38) und ein „Handwerkszeug", um ihren „Arbeitsalltag auf die Reihe zu bekommen" (7,1).

(3) TZI-Ausbildung und Entwicklung der Persönlichkeit mit Auswirkungen auf die Berufsarbeit gehen für Gisela Weber Hand in Hand, sind ein fließender Vorgang, der sich einer detaillierten Abgrenzung entzieht und im Rückblick nur Konturen sichtbar werden lässt. Von der Supervisorin wurde ein Langzeitkurs „TZI für Lehrende" über zwei Jahre hinweg angeboten. Sie nahm daran teil und konnte gelegentlich auch Sitzungen mit der Leiterin zusammen vor- und nachbereiten. Das eröffnete ihr das Verständnis für Überlegungen, die bei der TZI in den Seminar-Pausen angestellt werden, um in der folgenden Einheit mit Thema und Struktur lebendiges Lernen zu ermöglichen. Das Wichtigste in diesem Kurs war für sie die persönliche Entwicklung. Sie gewann Verständnis für ihre eigene Person, indem sie u. a. ihre Familienkonstellation und ihre Rolle darin mit deren Auswirkungen auf den Beruf und das tägliche Verhalten aufarbeitete. Sie erwarb kommunikative Kompetenzen und innere Sicherheit für flexibleres Handeln. Ein „zentraler Punkt" wurde für sie schließlich die „Haltung von Akzeptanz und Wertschätzung", die sie „in der Arbeit mit Schülern sehr getragen hat, insbesondere im sozialen Brennpunkt, wo Kinder einfach zu wenig haben von Wertschätzung, Anerkennung, Akzeptanz ihrer Person mit all ihren Fehlern" (9,25). Und das war dann auch „der Schlüssel im Umgang mit den Kollegen", die für eine solche Arbeitssituation nicht ausgebildet waren und „sich durchkämpfen mussten" mit „Strategien", die in der Außensicht manchmal problematisch erscheinen können, „aber (sie) doch auch wertzuschätzen und sich nicht abzuwenden" (9,35). Mit dieser Haltung ließ sich sodann eine Leitung anbahnen, an der sich die Kollegen beteiligen konnten. Ihre anfängliche Offenheit gab sie jedoch – angesichts eines anderen Umgangs in der Schule – zunächst „erschreckt" auf. Sie öffnete sich dann aber wieder mit dem Gefühl für eine Balance zwischen Nähe und Distanz im Sinne der selektiven Authentizität.

Als gute Ergänzung zur TZI machte Gisela Weber eine Streitschlichterausbildung und leitete daran anschließend die Schüler/innen selbst zur Streitschlichtung an. Dazu bot der von ihr eingeführte Klassenrat entsprechende Gelegenheit. Besondere Erfahrungen machte sie mit einer balancierten Anwendung des Störungspostulats „Störungen haben Vorrang". Sie wog ab, ob hinter der Störung etwas anderes Wichtiges steht oder ob der Unterricht trotz der Störung weitergehen konnte: „Das heißt nicht, dass ich jedes Mal eine Störung aufgreife und im ganzen Klassenverband bespreche, sondern genau analysiere, was ist angesagt, also reicht eine Kleingruppe, die das miteinander klärt bin ich nötig dabei, muss die ganze Klasse betroffen sein?" (11,37). In ihrem Unterricht dürfen Schüler/innen auch den Wunsch äußern, 10 Minuten rauszugehen, weil sie etwas klären müssen, um den Kopf fürs Lernen wieder frei zu bekommen. Sie sieht ohne diese Klärung Reibungsverluste, weil andernfalls die Schüler/innen im Unterricht nicht präsent wären.

Als Gisela Weber aus privaten Gründen 1999 von der ersten Schule wegging, hatte sie sich dort eine gute Stellung erworben. Sie wurde vom Kollegium, von den Schülern/innen und den Eltern anerkannt. Ihre Unterrichtspraxis bezeichnet sie als „nicht optimal, aber für die Umstände gut" (12,22). Bei ihrer Bewerbung um die derzeitige Stellung als Stufenleiterin für die 5./6. Klasse war der Schulleiter von ihrem Auftreten und ihren Kompetenzen so überzeugt, dass er ihr den Vorzug gegenüber der favorisierten Bewerberin des Schulamtes gab. Sie meint, die TZI-Ausbildung habe ihr dieses selbstbewusste Auftreten ermöglicht.

Auch an dieser Schule fühlt sich Gisela Weber wohl und hat einiges bewegt. Es handelt sich um eine große Schule mit ca. 1100 Schülern; die von ihr betreute Stufe umfasst 13 Klassen. Sie hat auch in ihrer derzeitigen Klasse den Klassenrat eingeführt; in den 5. Klassen führen einige Kollegen – auch angeregt durch ihren Einfluss – neuerdings Projekte zum sozialen Lernen durch. In den 9./10. Klassen wird ein Ethikkurs angeboten, in dem es um soziales Lernen mit praktischen Übungen, etwa Streitschlichtung und die Unterstützung jüngerer Schüler/innen bei den Hausaufgaben geht.

In den Schulleitungssitzungen regt Gisela Weber Bilanzgespräche über die gemeinsame Arbeit an: „Was läuft gut, was läuft nicht gut, und was wünsch ich mir von dir oder Ihnen?" (20,29). Als Stufenleiterin holt sie sich von den Kollegen Feedback zu ihrer Leitung, von den Schülern zu ihrem Unterricht. Für Schüler/innen gibt sie ein sachbezogenes, individuelles Feedback zu deren Lernprozessen. Die vergleichende Benotung muss sie als Globe akzeptieren, aber an anderen Stellen lassen sich Grenzen erweitern.

So arbeitet sie an der Erweiterung ihrer Unterrichtskompetenz. Gelernt hat sie – besonders in ihrer TZI-Ausbildung – Metareflexion des Unterrichts und Beobachtung der Gruppenprozesse. Die Steuerung des Unterrichts mit flexibler Veränderung der Themen fällt ihr noch schwer. Auch für ihre Aufbereitung des Themas im Sinne der TZI sieht sie Verbesserungsmöglichkeiten. Unterstützung dafür findet sie in einem Konzept „Beurteilen und Fördern", das von einem Schweizer Ausbilder Fritz Zaugg entwickelt wurde. Dieses Konzept ist in seiner Haltung gegenüber den Schülern der TZI sehr ähnlich. Im Rahmen der vorgegebenen Lehrziele erhalten die Interessen und individuellen Lernwege der Schüler/-innen viel Raum. Mit diesem Konzept des selbständigen Lernens, in dem der Dialog mit den Lernenden eine zentrale Rolle für die Förderung spielt, befasst sich Gisela Weber zurzeit: „Und da bin ich im Moment ganz doll am Ausprobieren" (18,30).

5.2.12 Uwe Fiedler

„Grenzen der TZI? Meistens stößt man bei sich selbst an Grenzen in dem Nicht-wahrnehmen von alternativen Möglichkeiten, die vielleicht doch da sind. Ich verste-he TZI nicht als eine Methode, die zu funktionieren hätte, sondern es ist für mich eher auch diese Haltung, die dahinter steht. Und es wäre schlimm, wenn meine Hal-tung auf eine Grenze stößt, wenn ich die nicht mehr leben könnte" (16,11).

(1) Uwe Fiedler ist Jahrgang 1961. Nach dem Abitur 1979 machte er Zivildienst. Dieser beeinflusste auch seine Berufswahl, nämlich Sonderschullehrer zu wer-den. 1981-1986 absolvierte er zunächst eine Ausbildung zum Diplompädagogen und daran anschließend zum Grund- und Sonderschullehrer. Ein erster Kontakt mit TZI entstand 1982/1983 in den Seminaren bei Prof. Helmut REISER, die „so klassisch nach TZI gestaltet waren" (1,26). Er fand die ganz andere Art der Se-minararbeit damals sehr spannend, hat sich aber zunächst einmal nicht weiter theoretisch mit TZI beschäftigt, sondern sich dem Studium gewidmet.

(2) Intensiver wurde der Kontakt mit TZI während der Referendarzeit. Uwe Fiedler konnte an einer Supervisionsgruppe bei Helmut REISER teilnehmen: „Und das war für mich sehr interessant, weil das Referendariat ja auch immer so eine ganz besondere Phase ist, wo man mit Pädagogik konfrontiert wird, und das Ganze auf der Grundlage von TZI zu reflektieren, fand ich sehr spannend" (1,32). Er hat dann sehr intensiv den Unterricht vor- und nachbereitet. Das be-deutete für ihn den Einstieg in die konkrete Arbeit mit TZI im Rahmen der Schu-le: „Wie kann ich meinen Unterricht so vorbereiten, dass meine Interessen, die Interessen der Schüler, aber auch das Sachthema in angemessenem Rahmen Be-standteil sind" (1,39). Ehe Uwe Fiedler jedoch 1991 ganz in den Dienst der Son-derschule eintrat, arbeitete er zwei Jahre in der heilpädagogischen Ausbildung.

(3) Parallel zur Schultätigkeit besuchte Uwe Fiedler TZI-Kurse und belegte über 8 Jahre TZI-Supervisionen. Ihm war es immer wieder wichtig, Prozesse auf der Grundlage von TZI zu reflektieren, die sich auf den verschiedenen Ebenen „Schüler-Lehrer, Eltern-Lehrer, Lehrer-Lehrer, Leitung-Lehrer" (2,11) voll-zogen, und sodann die gewonnenen Erkenntnisse in die eigene Arbeit zu inte-grieren. Hilfreich war da beispielsweise ein TZI-Kurs „Unterrichten in schwieri-gen Gruppen", der den Umgang mit schwierigen Teilnehmern in Zwangsgruppen thematisierte und dabei Störungen mit den am Prozess beteiligten Personen an-sprach und Bearbeitungsmöglichkeiten aufzeigte. Ebenso wurde seine Berufs-arbeit durch einen TZI-Kurs zur Themenformulierung bei einer Graduierten, die Germanistin war, gefördert. In den TZI-Kursen fand er es reizvoll, unterschied-liche Persönlichkeiten zu erleben, die zwar auf einer gemeinsamen Basis stehen, aber letztlich doch ganz andere Ausprägungen von TZI vermittelten. In der Peer-

gruppe waren die Teilnehmer ebenfalls bunt zusammengesetzt: Theologen, Pädagogen, freie Trainer, Leute aus der Wirtschaft. Für die vielfältigen gesellschaftlichen Beziehungen einer Sonderschule war das vorteilhaft. Seine TZI-Ausbildung gestaltete er nicht konsequent auf einen Abschluss hin, sondern je nach den persönlichen Bedürfnissen in seinen teils unterschiedlichen Funktionsstellen. Er war von 1993-2000 im Leitungsteam einer Sonderschule tätig und ist zurzeit Ausbilder für Referendare mit einer Abordnung zum Teilunterricht an einer Sonderschule.

Der Einfluss der TZI auf Uwe Fiedlers Berufsarbeit in der Sonderschule mit einer großen Streuung von Schülerinnen und Schülern, wie geistig Behinderten, praktisch Bildbaren, schwerst mehrfach Behinderten, ist vielfältig. Den größten Einfluss auf seine unterrichtliche Tätigkeit schreibt er seiner Grundhaltung gegenüber den Lernenden zu. Das ist der Respekt für ihre Persönlichkeit. Das drückt sich darin aus, „letztendlich Unterricht auch so zu gestalten, dass die Schüler die Möglichkeit haben, ihre Interessen, ihre Fähigkeiten oder auch ihre Widerstände in den Unterricht mit einfließen zu lassen" (3,21). Praktisch sieht das so aus, dass sie bei der Gestaltung von Themen schon relativ früh ihre Interessen einbringen können. Der Gedanke der Balance spielt bei so heterogenen Gruppen eine wichtige Rolle: „Was sind meine Forderungen, was ist die Ausgangslage der Schüler und wo ist der Punkt, wo wir zusammenarbeiten können. Und das ist etwas, was immer wieder neu ausgehandelt werden muss" (10,5). Denn die eigenen Ansprüche an die Arbeit und die Entwicklungsmöglichkeiten und Grenzen der Schüler unterliegen immer wieder Veränderungen.

Es besteht aber auch Klarheit darüber, was Uwe Fiedler von den Schülern erwartet. Das betrifft die Einhaltung von Regeln zum täglichen Umgang und die Art der Kommunikation, die gemeinsam vereinbart wurden. Da gibt es eine Gesprächsregel beim Ritual des Erzählsteins in der Gesprächsrunde, beispielsweise am Montagmorgen. Es ist klar, wer den Erzählstein hat, ist frei, ob er etwas sagen möchte oder nicht, und die anderen müssen aufmerksam sein und zuhören.

Achtung der Persönlichkeit fließt auch als Thema immanent in den Unterricht ein. So in der Gruppenarbeit bei den Fragen: „Auf was müssen wir achten? Wie können wir die Arbeit so verteilen, dass jeder Aufgaben übernimmt, aber auch gewisse Freiräume hat in der Gestaltung" (3,47).

Uwe Fiedler unterrichtet auch Sexualerziehung. Zur Stärkung der Vertrauensbasis, die dazu dient, dass die Schüler/innen sich auch persönlich einbringen können, erfolgt die Absprache, dass alles Gesagte im Raum bleibt und nicht in eine Bewertung einfließt. Dann nutzen die Schüler/innen diesen Freiraum, der sich auf einer anderen Ebene abspielt. Damit wurden sehr gute Erfahrungen gemacht.

Für die Reflexion seines Unterrichts – ob dieser für die Schüler/innen stimmig war oder ob und an welcher Stelle in Zukunft Alternativen eingeplant werden müssen – holt sich Uwe Fiedler Rückmeldung, sowohl bezüglich des Themas als auch der Interaktion. Dazu verwendet er verschiedene Formen, von der ganz einfachen Art der Vergabe von 3 Smileys – „fand ich gut" (grün mit Lächeln), „fand ich nicht so gut" (rot mit nach unten gezogenen Mundwinkeln), „na ja, war so in der Mitte" (gelb mit Mund als graden Strich) – bis hin zum Punktesystem und verbaler Rückmeldung.

Der Unterricht findet üblicherweise mit zwei Lehrkräften statt. entweder mit einem anderen Lehrer/einer anderen Lehrerin oder mit Personen aus anderen Berufszweigen, wie u. a. Erzieherin, Sozialpädagogin, Zivildienstleistender. Das erfordert einerseits eine zeitintensive Vorbereitung, wirkt andererseits aber auch entlastend. Uwe Fiedler findet diese Zusammenarbeit, die oftmals mit spontanen Fragen zu seiner Arbeitsweise oder anderen Gesichtspunkten einhergeht, sehr bereichernd. Es gelingt ihm, die unterschiedlichen Sichtweisen und Ressourcen der Lehrenden in die Arbeit mit den Schülern einzubinden, was er auch seinem TZI-Hintergrund zuschreibt.

Uwe Fiedler hat viel mit Abgangsklassen gearbeitet. Diese Arbeit stellt sich bei ihm folgendermaßen dar: Der Abschluss der Schulzeit ist eine pädagogische Entscheidung und wird von den Schülern und Eltern miterarbeitet Eine Verlängerung der Schulpflicht ist bis zu 5 Jahren prinzipiell möglich. Für die Schüler/-innen gibt es extra Kurse, in denen sie anhand von Video-Aufzeichnungen und anderen Materialien ihre Schulzeit noch einmal Revue passieren lassen können: „Wie war eigentlich so meine Schulzeit, was habe ich gelernt von den verschiedenen Personen in den verschiedenen Gruppierungen, und ist für mich der Punkt gekommen, dass vielleicht die Schule nicht mehr der richtige Platz ist, dass meine Interessen eher auch in andere Altersgruppierungen gehen und ich mich wohler fühle im Kreis von Erwachsenen und auch im Arbeitsleben zu stehen" (8,42). Die Schüler/innen streben dann meist um das 18. Lebensjahr aus der Schule, während die Eltern sie mitunter lieber noch in der Schule beließen. Diese Phase ist reich an Interaktion auf verschiedenen Ebenen. Uwe Fiedler muss dabei mit den Eltern arbeiten – hier kommt ihm die in der TZI erarbeitete Beratungskompetenz zugute –, um den gemeinsamen Punkt für den Wechsel zu finden.

Die Kommunikation mit den Eltern ist generell sehr wichtig, denn „oftmals wird in der Schule versucht, mit den Schülern Dinge zu erarbeiten, die sehr eng mit der familiären Situation zusammenhängen" (9,15). Das Engagement der Eltern ist unterschiedlich. Das merkte Uwe Fiedler während seiner Schulleitertätigkeit besonders, als er eine intensive Kooperation mit ihnen anstrebte. Es ging ihm darum, in „Anerkennung der unterschiedlichen kulturellen Ausgangslagen" (9,41) eine gemeinsame Gesprächsbasis zu finden, aber auch abzuwägen, bis wohin man Forderungen von Seiten der Eltern akzeptieren kann und wo Forderungen von schulischer Seite dazu im Widerspruch stehen und man eine gemeinsame Lösung aushandeln, d. h. eine Balance finden muss.

Im Rahmen seiner Arbeit in der Schulleitung bezog sich Uwe Fiedler auf denselben TZI-Hintergrund, wie er für die Unterrichtstätigkeit gegolten hatte. Das zeigt sich in der Wertschätzung der Kolleginnen und Kollegen; Anerkennung ihrer Qualitäten; Ernstnehmen ihrer Anliegen; der Bereitschaft zur Delegation; Beteiligung und Mitbestimmung, soweit das irgend möglich ist, und der Bereitschaft, sich in Fachfragen Beratung einzuholen. All das förderte ein gutes Klima der Zusammenarbeit und der Teambildung.

Seit 2000 ist Uwe Fiedler in der Referendarausbildung tätig und unterrichtet selbst nurmehr einige Stunden an der Sonderschule. Bei den Didaktiken sieht er „TZI als eine Ergänzung dieser Modelle, in vielen Bereichen eine punktuelle Vertiefung auch von einzelnen Aspekten, also gerade auch in Bezug auf die Unterrichtsvorbereitung, Einbeziehung des Globe, die Aspekte der Gruppe überhaupt, der einzelnen Persönlichkeit, was mit in den Unterricht reingebracht wird – diese Aspekte bei der Planung doch viel, viel stärker zu berücksichtigen, die Form der Kommunikation im Unterricht, da vielleicht auch andere Formen zu wählen" (12,2). In den Seminaren gibt er einen Themenrahmen vor, die Ausgestaltung der konkreten Inhalte wird mit den Referendaren erarbeitet. Diese bringen ihre Vorerfahrungen und das, was sie an der Universität gelernt haben, mit ein. Großen Wert legt er auf die Ausbildung einer Lehrerpersönlichkeit, zum Teil unabhängig von den didaktischen Modellen. Es geht um die Authentizität der Lehrperson mit allen Stärken und auch Schwächen in ihrem Einfluss auf den Unterricht. Daran mit den Referendarinnen und Referendaren in Seminaren und Unterrichtsbesuchen zu arbeiten, sieht er als einen Schwerpunkt seiner Tätigkeit an. In der Beratung gibt er dann auch – situativ – einen Überblick, was die TZI für seine Begriffe für die Schule leisten kann. Aber: „Es kann nicht sein, irgend etwas zu imitieren oder irgendetwas zu erfüllen, was man denkt, was jemand möchte, sondern es geht wirklich darum, eine eigene Persönlichkeit, einen eigenen Stil auch zu entwickeln und den zu vervollständigen. (…) Und meines Erachtens, die Referendare, die es schaffen, da an sich zu arbeiten, sind letztendlich die besseren Lehrer" (15,3). Fachliche Qualität muss vorausgesetzt sein, aber Schüler/innen merken sehr gut, wenn eine Person in sich stimmig ist – mag das nun ein/e strengere/r oder weniger strenge/r Lehrer/in sein, die/der mehr auf die Schüler/innen eingeht –, sie akzeptieren das.

Bei der Frage, ob Uwe Fiedler irgendwo Grenzen der TZI sehe, hat er zunächst lachend die Frage wiederholt und dann die diesem Kapitel als Motto voranstehende Antwort – von mir sinngemäß zusammengefasst – gegeben, dass nämlich TZI keine reine Methode sei, die versagen könne, sondern mit einer Haltung verbunden sei, die man ausleben können müsse.

5.2.13 Sonja Reinhardt

„Ich musste mich vielfältig fortbilden nach meiner ersten und zweiten Staatsprüfung und kannte dadurch Lehrerfortbildung gut. Aber ich hatte nie einen Fortbildungskurs von dieser Qualität" (1,47).

(1) Sonja Reinhardt ist Jahrgang 1955, ihre berufliche Ausbildung fiel in die zunehmende Arbeitslosigkeit der Lehrer/innen. Entsprechend vielgestaltig sind ihre Wege und Umwege bis zu ihrer Lehrertätigkeit. Sie absolvierte von 1974-1979 ein Lehramtsstudium für die Sekundarstufe II in Deutsch und Psychologie. Psychologie sollte im Rahmen der Oberstufenreform in ihrem Bundesland in Zukunft als Fach angeboten werden. Während ihrer Referendarzeit 1980-1982 war zwar die Oberstufenreform bereits durchgeführt, aber an die Stelle des geplanten Faches Psychologie trat das Fach Erziehungswissenschaft. Mit ihren bisher erworbenen Kenntnissen konnte sie dieses Fach jedoch ebenfalls unterrichten. Noch während ihres Studiums hatte sie TZI theoretisch kennengelernt, als Theorieansatz für die Gruppenarbeit interessant gefunden und sogar darüber referiert.

Von 1977-1980 hatte Sonja Reinhardt – parallel zu ihrem Studium – eine Ausbildung in Klientenzentrierter Gesprächspsychotherapie gemacht, wo ihr auch TZI in theoretischer Form begegnet war. Aus privaten Gründen zog sie in ein anderes Bundesland und absolvierte von 1982-1984 ein Studium der Evangelischen Religion. Dadurch wurde ihr bereits erworbenes Staatsexamen anerkannt. Während der ersten Erziehungjahre ihrer zwei Kinder erteilte sie von 1984-1988 „Deutsch für Ausländer" an der Volkshochschule. Um wieder in den Schuldienst zu kommen, studierte sie 1989-1990 Deutsch und Sozialkunde für die Grundschule und unterrichtete von 1990-1997 an einer Grundschule. Von 1997-2002 erhielt sie eine Abordnung an eine Universität als Pädagogische Mitarbeiterin.

(2) An der Universität näherte sich Sonja Reinhardt verschiedenen Theorieansätzen, reflektierte ihre bisherige Berufstätigkeit und brachte sie in Beziehung zu dem, was aktuell diskutiert wurde. Eine Kollegin regte sie an, einen TZI-Kurs zu belegen. Aus der Theorie kannte sie TZI und nun war sie neugierig auf die Praxis. Gleich beim ersten TZI-Kurs machte sie eine sehr bereichernde Erfahrung. Sie hatte nie einen Fortbildungskurs von dieser Qualität erlebt. Das äußerte sich allein darin, dass sie bei früheren Nachfragen, was sie gelernt habe, erst in ihre Unterlagen sehen musste, während sie nach diesem Kurs sofort einige Dinge for-

mulieren konnte, „weil sich im Kopf und Herz etwas geändert hatte in meiner Einstellung zu Lernprozessen. Und das war der Beginn. Und ich habe dann weitere Kurse auch belegt und habe sehr qualifizierte Ausbilder dort kennengelernt, so dass ich dann auch dabei geblieben bin" (2,2). Neu für Sonja Reinhardt war in diesem ersten Kurs die Art der Reflexion eines Lernprozesses. Dafür nahm man sich sehr viel Zeit. Jede Kurseinheit war in Form eines Plakates an der Wand dokumentiert. Die Einheiten wurden einzeln reflektiert und am Schluss ließ man den gesamten Kurs noch einmal Revue passieren. „Dann sah man, welche Funktion im Ganzen die einzelnen Bausteinchen hatten" (2,43). Viel von den neu gewonnenen Kenntnissen und Erfahrungen konnte Sonja Reinhardt dann in ihren Unterricht integrieren, den sie 2002 an einer Gesamtschule mit 1500 Schülern wieder aufnahm und an der sie als zusätzliche Funktion Praktikanten betreut.

(3) So unternimmt sie auch mit den Schülern nach einer Unterrichtseinheit eine Reflexion, bzw. eine anonyme schriftliche Rückmeldung – ein Zugeständnis an TZI in „Muss-Gruppen". In Anlehnung an das Modell von Ruth Cohn wird gefragt: „Was hat mich am *Thema* besonders angesprochen? Hat die *Gruppe* mich bereichert durch ihre Beiträge, war die Gruppe so, dass ich mich einbringen konnte? Wie ist das mit der *Leitungsperson* in der Gruppe gewesen, hat die Leiterin den Prozess so unterstützt, dass ich es als gewinnbringend empfunden habe? Habe *ich mich selber* mit dem nötigen Engagement eingebracht, um den Prozess auch voranzubringen?" (3,6). (Ein ausführlicheres Muster, das sie für die Klassen 5-7 und 8-13 verwendet, ebenso eine Übersicht über einen Grundkurs Ethik mit spezieller Kursreflexion befindet sich im Anhang G). Diese Rückmeldungen – in der Regel positiv – kann sie als Anregungen für weitere Unterrichtseinheiten nutzen. Aber auch am Ende einer Doppelstunde darf jeder formulieren, was für ihn wichtig oder unwichtig war. Das vermittelt ein sehr lebendiges Bild darüber, was beim Einzelnen angekommen ist. Sonja Reinhardt erlebt in den Oberstufenkursen immer Lebendigkeit und viel Beteiligung, während Kollegen von diesen Schülern oftmals sagen, dass diese schwerfällig seien und sich nicht äußern.

In einer 5. Klasse ist Sonja Reinhard Klassenlehrerin. Auf dieser Altersstufe ist die Beziehung zur Lehrerin noch enger, so dass die oben genannten Fragen auch mündlich angesprochen werden können. Außer einer Reflexion nach den Unterrichtseinheiten gibt es regelmäßig Gesprächsrunden im Unterricht, wie am Montagmorgen mit dem Erzählstein oder zu anstehenden Themen. Beeindruckend war für sie ein Gespräch anlässlich der letzten Halbjahreszeugnisse. Es ging um die Frage: „Auf welche Lernerfahrungen im letzten Halbjahr bin ich stolz, und was habe ich mir vorgenommen für das zweite Halbjahr?" (18,12). Die Schüler/innen hatten Zeit, darüber nachzudenken. Sonja Reinhardt freute sich dann, dass viele Schüler/innen sich genau das vorgenommen hatten, was sie ihnen auch geraten hätte.

Beim Elternstammtisch äußerten sich die Eltern sehr positiv über ihren Unterrichtsstil mit den Auswirkungen, „dass die Kinder gerne in die Schule kommen, gerne zusätzliche Aufgaben übernehmen, dass sie hoch motiviert sind, ihre Sachen gründlich und ordentlich zu machen" (4,42). Die besondere Motivation hängt nach Sonja Reinhardts Auffassung mit der Art ihres Umgangs mit einem Thema zusammen. Dies betrifft die Herstellung einer persönlichen Beziehung zum Thema, sowohl für sie selbst als auch für die Kinder. In früheren Zeiten war sie häufig versucht, das Thema als abfragbares Wissen zu unterrichten, das aber sonst wenig mit den Schülern zu tun hatte, deshalb meist bald vergessen und nicht ins Leben integriert wurde. Jetzt nimmt sich Sonja Reinhardt die Zeit, eine Verbindung von Ich und Thema zu ermöglichen. Als Beispiel nennt sie die Behandlung eines Kinder- und Jugendromans von Ursula Fuchs „Emma – oder die unruhige Zeit". Neben einer Analyse des Inhalts und der Beziehungskonstellation samt ihrer sprachlichen Vermittlung muss für die Schüler/innen auch Raum ein, sich zu fragen: „Welche Gedanken und Gefühle habe ich, wenn ich in diesem Buch lese?" (4,3).

Beim Thema „Konfliktlösung" hat sie eine ähnliche Entwicklung vom distanzierten Thema zur persönlichen Betroffenheit durchlaufen. An der Universität hatte sie sich mit Modellen der Konfliktlösung und der Mediation beschäftigt, ohne ihre eigenen Kindheitsmuster auf diesem Gebiet zu hinterfragen. Darauf kam sie erst in TZI-Seminaren, in denen sie die Entwicklung ihres eigenen Ich in Kindheit und Jugend besser zu verstehen lernte. Die erweiterte Erkenntnis, warum sie auf bestimmte Menschen in einer bestimmten Art und Weise reagiert und welche Verhaltensmuster sich in ihrer Biographie herausgebildet haben, geben ihr heute mehr Autonomie und Freiheit in der Entscheidung und im Handeln. Diese innere Sicherheit wirkt sich in ihrer Unterrichtsgestaltung ebenso wie im Umgang mit Konflikten aus. Sie gibt ein drastisches Beispiel dafür, wie sie einen Konflikt zu einem fruchtbaren Ende führen konnte. Eine Klassensprecherin sollte mit 23 Unterschriften – bei einer Klasse mit 29 Schülern – abgewählt werden. Die Klassensprecherin bat verzweifelt unter Tränen, nach Hause gehen zu dürfen. Sonja Reinhardt konnte sie bewegen, zunächst doch noch zu bleiben. Obwohl einige Schüler/innen schon gerne den von ihnen spannend erwarteten Unterricht wahrgenommen hätten, hatte die Störungsbearbeitung jetzt Vorrang. Der Fall wurde ausführlich behandelt. Ein Schwerpunkt war die Klärung, dass man jemandem zunächst ein Feedback seines Verhaltens und eine Chance zur Stellungnahme und zur Veränderung geben müsse, ehe man zu gravierenden Maßnahmen greife. Der andere Schwerpunkt bestand dann in der Entwicklung einer kreativen Lösung zur Entschärfung der konflikterzeugenden Situation. Die Klasse arbeitete dabei aktiv mit und es kam zu einer für alle akzeptablen Lösung. Sonja Reinhardt lobte die Schülerin, die dageblieben war und den Konflikt so durchgestanden hatte. Als die Mitschüler/innen dazu applaudierten, endete die Krise für sie mit Freudentränen.

In diesem Konflikt kam ein Grundsatz Sonja Reinhards zum Tragen. Trotz Fehlern und Verschiedenartigkeit darf niemand „fertiggemacht" werden. Der Umgang mit Differenz gehört zu ihrem demokratischen Grundverständnis und das möchte sie auch den Schülern vermitteln. Das findet seinen Niederschlag u. a. in einem gut funktionierenden Klassenrat, der in ihrer 5. Klasse im Rahmen einer Zusatzstunde stattfindet und der von einem Schüler kompetent geleitet wird. In der Klasse hängt ein Plakat, auf das die Schüler/innen die Themen schreiben, die ihnen am Herzen liegen. Der Klassensprecher ordnet dann die Themen, ruft sie im Klassenrat ab, um sie im Klassenverband selbständig bearbeiten zu lassen. Nur selten muss die Lehrerin eingreifen.

Sonja Reinhardt bedauert die derzeitigen Einschränkungen für einen noch besseren Unterricht durch die räumliche Konstellation und den zeitlichen Rhythmus in der Sekundarstufe I. Von der Grundschule her war sie einen eigenen Klassenraum gewöhnt, der von niemandem anderen genutzt wurde, der mit umfangreichem Material ausgestattet war, das sie auch selber mitbrachte und an sicherem Ort verwahren konnte. Ebenso war der Tagesrhythmus viel lernfreundlicher, beispielsweise mit einer intensiven Phase zur Einführung von neuen Inhalten in den ersten Stunden, dann Wochenplanarbeit, bei der sie sich auch einzelnen Schülern widmen konnte und ein etwas leichterer Ausklang mit „Kunst oder Musik oder Sport oder etwas Ähnlichem" (11,41) stattfand. Hier sieht sie zurzeit manchmal „Lernprozesse sehr zerhackt in kleine Einheiten, die es schwer machen, Schülerinnen und Schüler wieder neu einzustimmen auf das, was jetzt gerade Thema ist und wirklich intensiv dranzubleiben. Kaum sind wir dran, klingelt es schon wieder und dann beginnt die nächste Stunde" (11,13). Sie meint, dass für die Strukturierung der Sek. I und ihre Rahmenbedingungen von der Kultusbehörde deutlich andere Akzente gesetzt werden müssten, wie sie ja in anderen Ländern nach Auskunft der PISA-Studie bereits erfolgt sind.

5.2.14 Thomas Roth

„Gruppendynamik ist zwar wirksam, aber man braucht viel Zeit und es ist eine schmerzhafte Methode. TZI mit Transparenz und Angstabbau ist ein Verfahren, das viel geeigneter für Schule und Ausbildung ist" (1,40).

(1) Thomas Roth ist Jahrgang 1948. Er wollte seit seiner 10. Klasse Lehrer werden. In der Oberstufe ging er auf den sprachlichen Zweig und dachte an ein

Fremdsprachenstudium. In der Berufsberatung wurde ihm von der Kombination Englisch und Sozialkunde abgeraten: „Die Lehrer gibt es wie Sand am Meer, studieren Sie Naturwissenschaften" (15,7). So hat er die Fächer Chemie und Biologie für das Lehramt an Gymnasium studiert und zusätzlich in Biologie das Diplom gemacht. Nach dem 2. Staatsexamen war er von 1977-1990 im Schuldienst. Nebenbei setzte er sein schon während der Studienzeit begonnenes Studium der Erziehungswissenschaft mit den Nebenfächern Psychologie und Didaktik der Biologie fort und schloss es mit dem Magister Artium (M. A.) ab. Von 1990-1993 war er als Oberstudienrat im Hochschuldienst am Pädagogischen Institut einer Universität tätig. In diese Zeit fällt seine Begegnung mit TZI.

(2) Thomas Roth hatte 1992 für die Studenten ein Seminar „Klassenfahrt" angeboten, das von ihnen selbst nach gruppendynamischen Prinzipien organisiert werden sollte. Die Fahrt sollte auch mit ihnen selbst stattfinden. Thomas Roth hielt sich als Leiter sehr zurück und war für die Spiegelung und die Reflexionsebene zuständig. Die Selbstreflexion unter den Studenten war sehr gelungen, aber das Unternehmen scheiterte daran, dass die Studenten sich nicht auf einen Termin einigen konnten. Thomas Roth litt unter dieser Art seiner Arbeit und stieß durch Zufall auf die Ausschreibung eines TZI-Persönlichkeitskurses. Er nahm daran teil und wünschte auch Supervision. In diesem Kurs erhielt er Anregungen, die ihm für sein Seminar neue Handlungsperspektiven eröffneten: „Es hat einen Umschwung gegeben, der für mich so nachhaltig war, dass ich gesagt habe, das ist die Methode der Wahl. Dieses Gruppendynamische ist zwar sehr gut, (…) aber man braucht viel Zeit und es ist eine schmerzhafte Methode. Und diese TZI, die vor allem mit Transparenz und Angstabbau arbeitet – das waren also die ersten wichtigen Punkte für mich – ist ein Verfahren, das viel geeigneter ist. Und aus dem Grunde auch, weil es eben erfolgreich war, habe ich dann weitergearbeitet mit TZI" (1,38). Er begann die TZI-Ausbildung mit einer Reihe von TZI-Seminaren. Zusätzlich ist er in Gruppendynamik und Psychodrama ausgebildet.

(3) Nach der Rückkehr in die Schule 1993 konnte Thomas Roth TZI allmählich in seinen Unterricht integrieren. Gleich zu Beginn eines Schuljahres fordert er seine Schüler/innen zu aktiver Mitarbeit mit folgender Fragestellung heraus: „Wenn heute der letzte Schultag wäre und ich könnte sagen, der Unterricht war gut – was müsste dann passiert sein?" (3,11). Er hat inzwischen über 2000 schriftliche Antworten erhalten, untersucht und damit einen Einblick gewonnen, was Schüler/innen aus der Sekundarstufe I und II gerne haben und brauchen. Für die Vermittlung von Modellvorstellungen, Formeln und Gleichungen in seinen Fächern kann er sehr produktiv die Kombination von Psychodrama und TZI anwenden, zum Beispiel in der Erarbeitung des Säure-Base-Themas und in der ge-

samten Biochemie der Fotosynthese. Begünstigt wird diese Art einer sonst un-
üblichen Vermittlung von Inhalten in diesen Fächern durch die breit gefächerte
Arbeit an seiner Schule auf künstlerischem Gebiet mit Musicals, Theaterspielen
und ähnlichen Aktivitäten.

Im Fach Chemie entwickelte Thoma Roth in der 9. Klasse beispielhaft ein
Projekt, wie TZI umgesetzt werden kann. Nach der obigen Frage und nachdem er
sich persönlich vorgestellt hatte – Nachfragen waren erlaubt –, ging es um die
Themenfindung. Da „Luft" als Thema im Lehrplan wenig griffig war, einigte
man sich nach verschiedenen Vorschlägen auf das Thema „Es liegt was in der
Luft". Dann haben die Schüler/innen in 7 Gruppen selber in Büchereien und im
Internet zum Rahmenthema recherchiert, ihre Ergebnisse schriftlich festgehalten
und mit einem chemischen Experiment in spielerischer Form lebendig dargestellt. Vortrag allein war zu wenig und nicht erlaubt. Die jeweils anderen 6 Gruppen konnten zur Darbietung Fragen stellen. Sie gaben dann am Ende ein qualitatives und quantitatives Feedback in Form eines Fingerfeedbacks. Thomas Roth
erteilte jeder Gruppe ein qualitatives Feedback in Form eines Feedbackbriefes.
Zur Rückmeldung über die Zusammenarbeit in der Gruppe gab es ein so genann-
tes „Interwriting". Zwei Schüler/innen führten dabei ein stummes Schreib-
gespräch über ihre Zusammenarbeit. Das machten sie gerne, denn Zettelschrei-
ben ist nach der Erfahrung von Thomas Roth unter Schülern/innen beliebt. Thomas Roth hat den gesamten Prozess beratend begleitet, dokumentiert, auch das
Interwriting gesammelt und in die Klasse zurückgemeldet, was mit großem Interesse gelesen wurde. Das Interwriting bot unter anderem eine Grundlage, um
daraus Regeln für die Gruppenarbeit abzuleiten.

Diese gesamte Art der Arbeit hat das Selbstwertgefühl der Schüler/innen
und ihre Kooperationsfähigkeit gestärkt. Aus der Arbeit heraus entstanden Fragen, auf die nun Thomas Roth als Fachlehrer in einer Gesamtschau, mit Formeln
und Gleichungen vertiefend, eingehen konnte. Er sieht in dieser Struktur der Zusammenarbeit eine Umkehr häufiger Arbeitsstile: „Ich muss die Schüler nicht
mehr zwangsbeglücken mit chemischen Gleichungen, sondern ich werde nach-
gefragt, nämlich dort, wo ich wirklich Funktionen habe als Chemielehrer" (6,14).
Eine Befragung der Schüler/innen in der 12. Jahrgangsstufe, drei Jahre nach
diesem Projekt, zeigte die noch sehr guten vorhandenen Kenntnisse und positiven Erinnerungen. Hier eine kleine Auswahl an Antwortsätzen: „Der Unterrichtsstoff wurde auf spielerische Art beigebracht. Alles war sehr anschaulich,
sehr lebendig. Jeder konnte sich einbringen. Dass die Thematik mit Bio verbunden wurde, so dass es nicht so realitätsfern war, war schön. Es war die schönste
Zeit, die ich in Chemie erlebte. Das Interesse wurde so verstärkt und ich ging mit
mehr Verantwortungsbewusstsein bei der Arbeit vor" (12,28). Nach einem sol-

chen Projekt wurde Interesse geweckt und für Thomas Roth auch wieder Frontalunterricht mit herkömmlicher Stoffvermittlung gut möglich.

Das Projekt kann man im Internet finden, ebenso wie andere Projekte aus der Oberstufe, in der er auf Schülervorschlag hin die Organische Chemie unter dem Thema „Mörderische Chemie oder Viagra, Jade, Tupperware – Chemie bestimmt unser Leben" (vgl. www.chemie-macht-spass.de)[11] erarbeitet hat.

Die beiden TZI-Postulate fasst er in einem Satz zusammen: „Sagen, wo es klemmt" (13,11). Mit der Aufforderung an die Schüler/innen, zu „sagen", ist das Chairperson-Prinzip, mit der Erläuterung, „wo es klemmt", das Störungsprinzip angesprochen. Soziale Prozesse zu erkennen und Störungen/Konflikte zu bearbeiten, fallen Thomas Roth nicht schwer.

Die genannten Ausarbeitungen im Fach Chemie dienen Thomas Roth auch als eine Anregung für die Referendarausbildung, in der er zurzeit hauptamtlich als Fachleiter für Erziehungs- und Gesellschaftswissenschaften tätig ist, mit einer Abordnung zum Unterricht an einer Schule. Mit den Referendaren entwickelte er unter Anwendung moderner Medien ein digitales Portfolio. Es enthält die von ihnen gehaltenen Unterrichtssequenzen, die per Video aufgenommen wurden, mitsamt Vorbereitung und anschließender Diskussion der anderen Referendare und Ausbilder/innen, sowie anderes Material. Das bietet gute Möglichkeiten zur Reflexion, ermöglicht Transparenz und macht am Ende der Ausbildung den Weg ihrer Entwicklung deutlich. In etlichen Examensarbeiten haben Referendarinnen und Referendare auch TZI-Ansätze umgesetzt.

Bei Lehrerfortbildungen geht Thomas Roth einen induktiven Weg in der Hinführung zur TZI. Er lässt die Kollegen Beispiele geben, in denen sie selbst lebendig gelernt haben. Das wird anschließend im Rollenspiel dargestellt, gefilmt und analysiert. Daraus lassen sich dann Kriterien ableiten, die zur TZI und zum TZI-Strukturmodell hinführen. Anschließend besteht Gelegenheit zur Erörterung der Umsetzung im Unterricht, wobei die Lehrer/innen ihn „als Warenhaus anzapfen können" (12,14). Thematisch erarbeitet er mit Lehrerinnen und Lehrern „TZI und neue Medien".

Thomas Roth sagt von sich: „Ich bin mit Lust Lehrer und Ausbilder" (15,2).

---

11 Thomas Roth hat zusammen mit anderen Autoren ausbildungsbezogene und naturwissenschaftliche Schriften herausgegeben, in denen TZI eine Rolle spielt und die im Literaturverzeichnis unter den Namen HUTTEL, ILTEN, PEUKERT zu finden sind.

5.2.15 *Rita Ebner*

„Zu wissen, dass ich zähle" (2,31).

Rita Ebner ist Jahrgang 1959, in ihrer Herkunftsfamilie sind Lehrer und Pfarrer vertreten, sie wuchs bei den Eltern auf einem Bauernhof auf. Nach dem Abitur 1977 absolvierte sie zunächst ein freiwilliges Soziales Jahr. Dann studierte sie Theologie. Sie hörte während ihres Studiums von einem Professor in Kirchengeschichte, der an einer Universität TZI in seinen Seminaren praktiziert, und ging dann dorthin.

(2) In den Kursen dieses Professors spürte sie, dass sie als Studentin *und* als Mensch in einer Weise wahrgenommen und ernst genommen wurde, wie sie das bisher nicht erlebt hatte. Das war für sie ein Schlüsselerlebnis (2,32; 2,45). Am besten lässt sich dieses Gefühl mit den Worten von Ruth Cohn fassen: „Zu wissen, dass ich zähle" (2,31). In diesen Kursen ging es nicht nur darum, als Student fachlich zu funktionieren, sondern als Mensch da zu sein und das war auch mit der Erlaubnis verbunden, sich in einer Krise eine Auszeit zu nehmen.

Rita Ebner entschloss sich bald, die TZI-Ausbildung zu beginnen. Besonders wichtig wurde für sie dabei die Entwicklung von Sensibilität zur Wahrnehmung in den verschiedensten Bereichen: „Das hat mir auch mein ganzes Berufsleben durch immer ganz viel geholfen" (15,33). Nach einer Pause wegen beruflicher Verpflichtungen als Pfarrerin und der Geburt zweier Söhne setzte sie mit dem Beginn ihrer Unterrichtstätigkeit an einer Berufsschule vor acht Jahren ihre TZI-Ausbildung intensiv fort.

(3) Die Arbeit an der Berufsschule fing schon beim Einstellungsverfahren recht dramatisch an. Da gab es Bedenken von allen Seiten, u. a. von ihrem Studienleiter und ihren Vorgängern, die sich so äußerten: „Na, wenn Sie unbedingt wollen, dann gehen Sie hin, aber Sie werden es sowieso nicht schaffen. Und Berufsschule ist so schwer. Sie, so ein zartes Persönchen, das kriegen Sie nicht hin. Alle Ihre Vorgänger haben das nach spätestens anderthalb Jahren geschmissen" (2,7). Der Schulleiter begann sein Einstellungsgespräch damit, dass er die Unterrichtsstunden von Religion dringender für andere Fächer benötige und sie nicht einstellen wolle. Sie bestand darauf, wenigstens ihre Qualifikation darzulegen. Als er von ihrer TZI-Ausbildung hörte, schwenkte er um und stellte sie ein.

In der Berufsschule unterrichtet Rita Ebner Religion in sehr verschiedenen Schulstufen, in denen Schüler/innen einen Abschluss für die Hauptschule, für die Realschule oder für die Fachoberschule erreichen sollen. In unterschiedlicher Weise haben diese Schüler/innen einen mehr oder weniger schwierigen Bildungsgang hinter sich und entsprechend schwierig gestaltet sich manchmal der Unterricht. Dabei hat Rita Ebner die Erfahrung gemacht, „dass mir TZI da die

Rettung ist" (1,51). Es ist ihr wichtig, zu allen Schülern eine gute Beziehung aufzubauen und sie spüren zu lassen, dass sie als Menschen zählen, auch unabhängig von ihrer Leistung. „Dabei spielen auf jeden Fall auch die Axiome eine Rolle" (9,24).

Am schwierigsten sind die Hauptschüler/innen. Manche kommen aus Sonderschulen, andere haben Migrationshintergrund, Drogenprobleme „Knasterfahrung", alle keinen Ausbildungsplatz und sind schulmüde. Wegen dieser Hintergründe ist die Klassengröße auf 15 Schüler/innen beschränkt. Rita Ebner hat sich beim Einarbeiten in diesen Unterricht an dem „Modell zur Selbstsupervision in TZI" und dem „Modell der TZI-Vorbereitung auf Gruppen/Stunden" von Matthias Kroeger orientiert und darüber auch einen Beitrag zum „seelsorgerischen Unterricht" veröffentlicht. Die Selbstsupervision beinhaltet u. a., dass nach jedem Unterricht über jede/n Schüler/in schriftliche Notizen gemacht werden, ebenso über die Gruppe und das eigene Verhalten. Und das fließt wiederum in die weitere Unterrichtsvorbereitung (Kurzfassung im Anhang F) und Unterrichtsgestaltung ein. Auf dieser Grundlagenarbeit „entsteht eben automatisch Beziehung" (4,24) und führt dazu, dass die Schüler/innen sich wirklich wahr- und ernst genommen fühlen. Anderen Kollegen, die am verzweifeln sind und nicht weiterwissen, obwohl sie eine viel umfangreichere pädagogische Ausbildung haben, kann Rita Ebner diese Methode als hilfreiche Anregung vermitteln.

Inhaltlich knüpft Rita Ebner an die Situationen und Lebensphasen der Schüler/innen an mit Themen wie Aufbruch, Migration, Neuanfang, Heimkehr, was ja stark auch in den religiösen Büchern thematisiert ist. Die Klassen sind konfessions- und religionsgemischt mit Christen, Muslimen, Aramäern. Praktische Themen, die die Schüler/innen bedrängen, haben ebenfalls Platz, wie das z. B. in einer Einheit über „Umgang mit Geld, Verschuldung vermeiden" zum Ausdruck kommt. So stehen ihre Inhalte denen in LER (Lebenshilfe, Ethik, Religion) nahe. Wenn Vertrauen besteht, dann kommen die Geschichten der Schüler/innen, z. B. über Gewalt etc., aus ihrem eigenen Leben zur Sprache und sie braucht nicht auf Beispiele aus der Literatur zurückgreifen. Zur Herausforderung für selbständiges Arbeiten erstellt Rita Ebner Arbeitsblätter „mit relativ offenen Themen, mit verschiedenen Aufgabenstellungen. Da müssen sie sich eine von aussuchen. Das erarbeiten sie zu Hause und bringen sie und das wird benotet" (5,40). Es gibt bei ihr auch Fünfen, die aber transparent gemacht und akzeptiert werden. Denn Akzeptanz heißt für sie auch, vorhandenes Potenzial zu wecken, zu fördern und Leistung zu verlangen. In der Unterrichtsgestaltung achtet sie „in diesen Schulformen auf eine klare Struktur, dass ich mir schon sehr genau überlege, was ich mit denen machen will. Dass ich mir auch verschiedene Formen überlege und natürlich offen bin für den Prozess" (7,50).

Eine Hilfe im Umgang mit Störungen stellt ihre eigene rechtzeitige Selbstwahrnehmung dar, wann es für sie kritisch wird. Dann kann sie besonnen gegensteuern, vielleicht mit etwas Humor statt mit Ironie oder Zynismus, oder auch ihr eigenes Unbehagen an der Situation deutlich machen. Die Schüler/innen wissen, dass sie nicht ausflippt. Sie werden von ihr auch nicht öffentlich vor der Klasse getadelt. Bei Schwierigkeiten mit Hausaufgaben, Verspätungen etc. versucht sie, die Hintergründe zu erfahren. Sie geht davon aus, „dass es jeder so gut macht, wie er kann" (8,15) und spricht bei Problemen mit den Schülern/innen persönlich. So kommt es, dass sie in Klassenkonferenzen hilfreiche Beiträge liefern kann, weil sie „durch diese Art zu unterrichten einen ganz anderen Draht zu den Schülern kriegt"(12,45), auch wenn sie nur ein Fach zweistündig unterrichtet.

Kollegen kommen bei Problemen mit der Klasse manchmal auf sie zu, um diese mit ihr zu besprechen oder sie um eine Moderation in der Klasse zu bitten, wobei sie von ihrem Können begeistert sind.

Es gab eine kirchliche Visitation, bei der zwei Vertreter der Kirche in ihrem Unterricht hospitierten. Die waren „am allermeisten von der emotionalen Dichte beeindruckt, das wäre ja so intensiv gewesen" (18,48). Sie selbst hatte den Eindruck eines normalen Stundenverlaufs.

Wo stößt Rita Ebner an Grenzen? Beim Transfer von TZI-Kursen in den Berufsalltag beachtet Rita Ebner, dass der Globe sehr unterschiedlich ist: In den TZI-Kursen gibt es freiwillige Teilnahme, gehobenes Sprachniveau, in der Schule dagegen Zwang und reduziertes Sprachvermögen. Wenn der Globe beachtet wird, lassen sich für sie durchaus wichtige Prinzipien der TZI realisieren. Sie stößt an Grenzen, wenn die Klassen zu groß werden, wie es jetzt bei der Fachoberschule vorgesehen ist. Dies begrenzt das Eingehen auf den Einzelnen. Manche Methoden lassen sich wegen räumlicher und zeitlicher Verhältnisse nicht realisieren. Vom geistigen Vermögen her kann sie in der Oberstufe ganz anders auch einmal in Kleingruppen zu zweit, zu dritt, zu viert arbeiten. Es gelingt auch nicht, jede einzelne Stunde im gewünschten TZI-Stil zu gestalten, dies kann durchaus auch einmal misslingen, aber wichtig ist ihr, „auf dieser vertrauensvolle Ebene da möglichst keine Einbrüche sich zu erlauben" (19,22).

Rita Ebner kann von sich sagen, dass sie ihren Unterricht in der Berufsschule gut meistert, bis heute gerne macht und dies auf ihre Ausbildung in der TZI zurückführt (2,4ff).

5.2.16 Dora Lührs

> „Ich unterstütze alles Lebendige in seinem Wachstum. Jedes Kind, egal wie es ist, hat hier seinen Schutz und seinen Raum" (4,27).

(1) Dora Lührs ist Jahrgang 1946. Sie verfügt über eine Ausbildung für Grund- und Hauptschulen. Seit 2000 ist sie Schulleiterin einer Grundschule. Ihre Begegnung mit TZI fiel in die Zeit 1974/75, in der sie zunächst Assistentin und dann nebenamtliche Studienleiterin für Pädagogik war. Ihr damaliger Chef wünschte sich von ihr: „Sie müssten, wenn sie mit mir zusammen arbeiten, eine Arbeitsweise kennenlernen, die mir wichtig ist" (1,20). Diese Arbeitsweise war die TZI.

(2) Der erste TZI-Kurs fand mit ihrem Chef und Leuten statt, die sich schon kannten. Der Beginn im Plenum war anderen wohl schon vertraut, für sie mit Stuhlkreis und recht persönlichen Bemerkungen in der Anfangsrunde „völlig abgehoben, (…) völlig unverständlich und auch bedrängend" (1,39). Sie wollte abreisen. Der Leiter sagte dann: „Geben sie dieser Arbeit noch eine Chance, bleiben Sie bis morgen" (1,49). Sie blieb, die folgenden Sitzungen verliefen dann so, dass sie die Woche über teilnahm und später eine TZI-Ausbildung begann. Heute ist sie Graduierte. Eine besonders motivierende Erfahrung innerhalb ihrer TZI-Ausbildung war ein TZI-Kurs bei Ruth Cohn im Jahr 1982. Dabei war Ruth Cohn für sie „nicht jemand, für den man sofort schwärmt. Ich musste sie erst in verschiedenen Situationen erleben. (...) Sie hat auch Ecken und Kanten. Und sie konnte ja zauberhaft und witzig sein wie ein elfjähriges Mädchen (4, 6). (…) Sie ist natürlich geblieben und authentisch" (4,35). In der Lehre hat Dora Lührs sehr auf Ruth Cohn geachtet, wie sie etwas sagt und tut, „mit ihrer tiefen Achtsamkeit und Wertschätzung für jeden Menschen. Und das ist das, was ich bewundert habe und was mich auch geprägt hat" (4,23). Das zweite Axiom ist – bezogen auf ihre Arbeit in der Schule – für sie zum Motto geworden: „Jedes Kind hat hier seinen Schutz und seinen Raum" (4,28).

(3) Dora Lührs hält eine gewisse Langsamkeit in der TZI-Ausbildung für erforderlich, damit das in den Seminaren Erfahrene „sich setzen" kann. Nach einer langen Ausbildungszeit hat sie 1990 ihr TZI-Diplom und 1993 ihre Graduierung erhalten.

Die berufsbegleitende Anwendung von TZI weist drei Ebenen auf: a) die Praxis an der eigenen Schule, b) die Ausbildung von Referendarinnen und Referendaren, c) die Vermittlung von TZI als Graduierte.

a) Praxis an der eigenen Schule
Dora Lührs ist zurzeit Klassenlehrerin einer vierten Klasse. Der Kontakt zu den Kindern und der Kinder untereinander stellt für sie eine wichtige Basis für die

Unterrichtsarbeit dar. Dabei unterstützt die flexible räumliche Gestaltung in der Klasse dieses Anliegen, insbesondere in Bezug auf Gruppengespräche. So beim Montagskreis mit dem Bericht vom Wochenende; für das Konfliktgespräch, wenn zunächst Probleme geklärt werden müssen; für Rückmeldungen, z. B. nach einem Diktat oder dem Wochenende, wenn etwas schwierig war oder erfolgreich verlief etc.

Probleme bereitet ihr die Übergangsregelung nach der 4. Klasse: „Ich muss jetzt Zehnjährige sortieren. Es ist schlimm. Die sind noch gar nicht so weit, dass sie selbst wissen, wohin es gehen könnte. Und die Eltern sind auch noch unsicher" (15,25). Auf der Basis einer guten Beziehung zu den Kindern ist die in der 4. Klasse manchmal notwendige konzentrierte Arbeit für sie durchführbar. Natürlich winkt nach dem „Durchgang" durch einen „dunklen Wald" „mit Handfassung" auch wieder Helligkeit: „Da machen wir was Schönes" (6,40).

Dora Lührs strahlt ein Stück weit Mütterlichkeit aus. Damit kann sie begrenzt familiäre Defizite der Kinder ausgleichen: „Wir können nicht das, was zu Hause fehlt, alles ausgleichen, aber wir können hier und da ein bisschen heilen" (7,37). Dabei achtet sie auf die nötige Balance von Nähe und Distanz. Das gilt auch für das Kollegium. Die Atmosphäre und Zusammenarbeit im Kollegium sind gut, keiner möchte aus der Schule fort, alle fühlen sich wohl. Ebenso ist die Zusammenarbeit mit den Eltern sehr intensiv. Das drückt sich in der Beteiligung der Eltern an Projektwochen, Mitarbeit in Arbeitsgemeinschaften, Helfen beim Lesen und beim Computer sowie in der Mitgestaltung von Festen aus.

b) Ausbildung von Referendarinnen und Referendaren

Die Integration von TZI in die Ausbildung von Referendarinnen und Referendaren war für Dora Lührs ein wichtiges Anliegen. Ihr Chef, der sie zur TZI geführt hatte, stand voll hinter ihr. Sie konnte nach dem TZI-Konzept arbeiten und hat „ein wunderbares Arbeitsfeld gehabt, beruflich eine schöne Zeit" (6,24).

Mit der Änderung der Referendarausbildung um 1999, die in dem neuen System sehr zur Vereinzelung führt und eine Begleitung von Lerngruppen im bisherigen Stil unmöglich macht, war eine sinnvolle Arbeit für Dora Lührs nicht mehr gegeben.

Dafür bot sich eine neue Aufgabe in der Leitung einer Grundschule an. Ein Teil studentischer Ausbildung findet jetzt an ihrer Schule statt. Studierende machen Blockpraktika oder begleiten als Assistent/in einen Tag in der Woche den Unterricht mit Gelegenheit zu eigener Unterrichtserfahrung.

c) Vermittlung von TZI als Graduierte

Bei der aktuellen Belastung als Schulleiterin sind Kursleitungen für sie nicht möglich. Früher bot sie ihre Themen „TZI macht Schule", „Moderieren in Gruppen", „Einführung in die TZI" an. Besonders intensiv waren ihre TZI-Langzeitgruppen in Abschnitten an Nachmittagen und an Wochenenden über mehrere Monate hinweg. Die Teilnehmer/innen konnten ihre Anliegen einbringen, neue Erfahrungen sammeln, sie in die Unterrichtspraxis integrieren und erneut Supervision erhalten. Ein Element der Kursgestaltung war das Feedback im Dreierschritt Ich – Wir – Es im Globe, das sich bezog auf die Befindlichkeit der Teilnehmer/innen, Vorgänge in der Gruppe, Arbeit am Thema. Das diente der Planung und Steuerung eines lebendigen Prozesses, dem Abwägen, wo Anliegen bei angegebenem Kursthema einen Raum haben können und wo Krisenbearbeitung Vorrang hat.

Im Rahmen ihrer vielfältigen Kontakte führte Dora Lührs einen Kreis von 25 Ausbildern aller Schularten zu kooperativen Gesprächen zusammen, was anfangs für sie „Schwerstarbeit" war. Die Teilnehmer/innen wollten nicht zusammenarbeiten, haben auch nur wenig miteinander gesprochen, später aber dann doch „sehr voneinander profitiert" (12,39).

Unter pädagogischer Professionalität versteht Dora Lührs in Anlehnung an Heinrich Roth eine Handlungskompetenz, die mit Selbst-, Sozial- und Sachkompetenz umschrieben ist und die von der Wertschätzung der TZI-Axiome getragen ist.

5.2.17 Monika May

„Also die Lebendigkeit, die Vielseitigkeit, dieses Gefühl, einfach auch sehr gut angenommen und aufgehoben zu sein, das fand ich einfach unglaublich" (1,40).

(1) Monika May ist Jahrgang 1963. Sie hat eine Ausbildung als Grund- und Hauptschullehrerin und war von 1988-1989 an einer Grund- und Realschule tätig. Mit der Geburt eines Sohnes und einer Tochter unterbrach sie ihre Berufarbeit. Von 1992-1998 war sie als Lehrbeauftragte für Orientierungs- und Einführungspraktika mit Begleitseminaren an einer Hochschule tätig. Seit 1998 wirkt sie an der Peter–Petersen-Grundschule. In die berufsfreie Zeit fällt ihr Kontakt mit der TZI.

(2) Monika May hatte einen Pastor kennengelernt, der in seinen Predigten die Menschen sehr persönlich ansprach und auch sonst ein bisschen anders als andere Menschen sprach, handelte und auf Menschen zuging. Das hatte sie immer fasziniert, so dass sie im Sommer 1990 eine Einladung zu einer Kanufahrtfreizeit mit ihm annahm. Abends arbeitete man in der Gruppe zusammen. TZI kannte sie noch nicht, aber der Pastor und sein Kollege waren in TZI ausgebildet und leiteten nach diesem Konzept in einer Weise, die sich von allem gemeinsamen Arbeiten, das sie im Studium und anderswo erlebt hatte, sehr positiv abhob: „Und das

fand ich einfach faszinierend. Ich kann gar nicht sagen, was es war. Also die Lebendigkeit, die Vielseitigkeit, dieses Gefühl, sehr gut angenommen und aufgehoben zu sein (...) eine tolle Truppe hier an Menschen" (1,39). Im Rückblick denkt
sie, dass Strukturen, Leitung und die immer wieder in TZI-Kursen erlebte humanistische Grundhaltung dazu beigetragen haben, dass die Menschen so miteinander umgegangen sind.

Als Monika May 1992 ihren Lehrauftrag an der Hochschule annahm, traf es
sich gut, dass ein Mitarbeiter der Kanufahrtfreizeit auch dort tätig war. Mit ihm
und zwei weiteren Kollegen wandte sie TZI-Elemente in der Arbeit mit Studierenden an, ohne das System genauer zu kennen. Das erstaunlich offene, persönliche und produktive Arbeitsklima in den Gruppen machte sie neugierig, das
TZI-Modell genauer kennenzulernen. Sie besuchte 1993 einen TZI-Methoden-
kurs, der den Einstieg in ihre TZI-Ausbildung darstellt.

(3) Es folgten dann in einem persönlichen Rhythmus Peergruppenarbeit, Persön-
lichkeits-, Methoden-, Wahlarbeits-, Aufbau-, berufsspezifische und Krisenkurse
über einen Zeitraum von 15 Jahren bis hin zum TZI-Diplom 2005. Zur persönlichen Entwicklung und Reifung trug jeder Kurs etwas bei. In persönlichen Krisen
fühlte sie sich dort wertgeschätzt, gestärkt, bereichert. Die Kurse ließen sie auf-
atmen und gaben ihr das Gefühl, die zu sein, die sie war und werden wollte.
Diesen Prozess, in dem sie sich selbst auch verändert hat, genau zu beschreiben
und anderen zu vermitteln, hält sie für schwierig.

Beruflich gelang Monika May die Umsetzung der Erkenntnisse aus den
TZI-Seminaren fast eins zu eins. Im Schuldienst ab 1998 wurde das zunächst
schwieriger durch den Globe in Form von festgesetzten Lehrplänen und anderen
Rahmenbedingungen. Dabei findet sie, dass die Peter-Petersen-Schule den Intentionen der TZI sehr entgegenkommt. Da gibt es einen übergreifenden Unterricht
für die Klassen 1 und 2, Wochenendfeiern, Raum für Gespräche am Viereck-
tisch, Nebenräume für Einzelarbeit, die Flure können in der Wochenplanarbeit
mit benutzt werden. Diese und manche anderen Möglichkeiten nutzt sie zur frei-
eren Unterrichtsgestaltung.

In den Fächern Religion, Kunst, Musik, Heimat- und Sachunterricht bringen
Kinder mitunter selber Themen ein. In diesen Fächern lässt sich eher herausfinden, was das Thema mit den Kindern zu tun hat, um es stärker gemeinsam zu
erarbeiten. Im Pflichtpensum gelingt es ihr, die Schüler/innen durch eine positive
Einstimmung zur Mitarbeit herauszufordern. Die Schüler/innen trauen sich aber
auch, deutlich zu machen, wenn ein Thema sie langweilt oder ermüdet. Dann findet sie die Balance zwischen der Zumutung zur Weiterarbeit, Veränderung des
Unterrichtsstils mit Wechsel der Arbeitsformen oder auch der Perspektive, den
kindlichen Bedürfnissen im Anschluss an die Arbeitsphase mit entsprechenden

Angeboten entgegenzukommen. Eine Transparenz dessen, was sein muss, und dessen, was Spielräume erlaubt, hilft den Kindern und ihr in diesen Situationen.

Die Lehrerpersönlichkeit mit ihrer wertschätzenden Grundhaltung sieht Monika May als „das zentrale Medium" zur Gestaltung der Beziehung mit den Schülerinnen und Schülern, was sich wiederum positiv auf den Unterricht auswirkt. Das Ernstnehmen von Stärken und Schwächen jedes Einzelnen, die Erlaubnis, Fehler zu machen und Gefühle im Unterricht zu äußern – vielleicht auch mal zu weinen, ganz viel miteinander zu lachen –, schafft bei ihr eine Atmosphäre lebendigen Lernens. Ein wichtiger Faktor sind dabei die Gespräche um den großen Tisch. Das gegenseitige Anteilnehmen im Montagskreis hatte sie schon an der anderen Schule praktiziert. Neu hinzugekommen ist die Rückschau am Freitag auf die zurückliegende Woche: „Und da ist es schon erstaunlich, wie präzise Zweitklässler sagen können: Was war eine Überforderung? War es zu einfach, war es zu viel, war es zu wenig, fiel es mir schwer? Also diese Selbsteinschätzung der Kinder wird ja dadurch ein bisschen sensibilisiert" (9,13). Weitere Überlegungen gibt es schließlich zur Wochenplanarbeit und zum Umgang miteinander mit Verbesserungsvorschlägen in schwierigen Situationen: „Was können wir anders machen, um besser miteinander klarzukommen" (9,9).

Für die Wochenendfeiern der ganzen Schule, die ca. alle sechs Wochen stattfinden, wird gemeinsam beraten, was ihre Klasse oder besonders talentierte Schüler/innen aus der Unterrichtsarbeit präsentieren werden. Im Rückblick werden dann die eigene Leistung und die anderer Klassen begutachtet. Außer diesen Wochenendfeiern gibt es zu besonderen Anlässen für alle 150 Schüler/innen ein Plenum. In diesem Plenum kommen Inhalte von allgemeinem Interesse zur Sprache, seien es innerschulische Probleme oder außergewöhnliche Ereignisse (z. B. Tsunami) oder auch die Anknüpfung an Jahreszeiten oder Feiertage.

Die Eltern sind zu den Wochenendfeiern eingeladen, helfen bei Bücheraustausch und Kinderfesten mit. Es gibt eine gute Zusammenarbeit auf verschiedenen Gebieten. So bereiten sie auch ca. alle drei Wochen ein gesundes gemeinsames Frühstück für die Kinder vor.

Für Monika May bietet diese Schule „ein ideales Umfeld hier, auch vom Kollegium" (14,29). „Ich erlebe bei uns ausgesprochen wenig Konkurrenz und wirklich ein sehr kollegiales Miteinander" (14,40).

So besteht hier für Monika May eine echte Chance, ähnliche Leitgedanken der TZI und der Peter-Petersen-Schule, wie sie im Schulprogramm formuliert, aber auch in der allgemeinen Pädagogik zu finden sind, zu realisieren

5.2.18 Rudolf Lehmann

„Das ist die Frau, die muss ich kennenlernen" (1,29).

(1) Rudolf Lehmann ist Jahrgang 1935. Er hat Evangelische Theologie studiert, 1964 promoviert, dann habilitiert und war Professor im Fachbereich Evangelische Theologie. Inzwischen ist er emeritiert und veröffentlicht wissenschaftliche Studien. In seinen Seminaren praktizierte er eine Eigenart, die er möglicherweise als seine Disposition für die TZI ansieht. Er gab den Seminarteilnehmern in der ersten Sitzung den Auftrag, ihre eigene Meinung zum angekündigten Thema niederzuschreiben und zur nächsten Sitzung mitzubringen; erst danach würde er seine Arbeit zum Thema beginnen. Von Anfang an bezog er also die persönlichen Motive und das Vorwissen der Teilnehmer/innen in die Arbeit mit ein. Außerdem pflegte er vielseitige Kontakte zu den Studierenden.

An den Anfang des Kontaktes mit der TZI erinnert er sich ganz genau. 1971 äußerte er im Gespräch mit einem Kollegen: „Ich weiß jetzt alles über Marx, Marxismus, Soziologie, Politologie, was man so wissen muss, wenn man mit den Studenten reden möchte, aber ich weiß nicht, was in den Studenten vorgeht und wie wir unsere Stoffe lehren sollen" (1,19). Der Kollege sagte dann: „Ja, da gibt es so eine alte Frau, deutsche Frau, die kommt aus Amerika rüber und gibt in der Schweiz Kurse (...) Die macht so etwas: Wie man Themen mit Menschen zusammenkriegt" (1,25).

(2) Die spontane Reaktion von Rudolf Lehmann war: „Das ist die Frau, die muss ich kennenlernen" (1,29.) Er erhielt den vorletzten Platz in einem TZI-Kurs in Arosa zu Beginn der Semesterferien. Seit dieser Zeit ist er „bis heute begeistert von der TZI, die heute natürlich völlig anders gemacht wird als damals" (1,36).

Rudolf Lehmann beschreibt seine persönliche Entwicklung in der TZI-Ausbildung im Zusammenhang mit den Zeitströmungen. In den ersten TZI-Kursen spielte die Entdeckung des Ich mit seinen Gefühlen, die Chairperson und die Interaktion eine zentrale Rolle: „Das Thema der Selbstentdeckung war unter den damaligen gegebenen Umständen in Deutschland etwas ungeheuer Neues" (3,21). Zunächst waren Gestalttherapie und TZI keine „approbierten Dinge. Für die gab es keinen Schein, das war kein berufliches Vorankommen, das war das Extravaganteste, was man sich vorstellen kann. (...) (Es ging um) mehr Kapieren, nach innen und nach außen" (6,38).

Ruth Cohn begleitete die Ausbildung von Rudolf Lehmann, auch mit persönlichen Empfehlungen, so, als sie ihn bei seinem ersten Kurs darin bestärkte, seine begonnene Psychoanalyse fortzuführen: „Lerne geduldig dein Inneres kennen, das brauchst du für eine gute Leitung" (2,28).

(3) Von da an nahm er jährlich an ca. 2-3 TZI-Kursen bei Ruth Cohn teil bis zu seiner Graduierung 1976/77. In der ersten Begeisterung übernahm er viele TZI-Elemente in seine Arbeit an der Universität. Rückblickend sagt er: „Das war wahrlich nicht balanciert" (3,28). Manche Studenten beschwerten sich, mit persönlichen Fragen konfrontiert zu werden, wo sie doch Theologie studieren wollten. Der Weg zu dem, was eine dynamische Balance ist, war für Rudolf Lehmann weit. Heute betont er in der Vermittlung von TZI die kleinen Schritte in der Umsetzung, die schon viel bewirken können.

An Ruth Cohn erinnert er sich als eine selber Lernende. Sie hat oft gesagt: „Ich hab viel, in vieler Hinsicht, religiös und pädagogisch von euch Jüngeren gelernt" (4,1). Er schildert sie als eine Frau mit einem natürlichen Selbstbewusstsein, einer Schlichtheit, aber auch manchmal von einer albernen Kindlichkeit, wobei ihr keine Bedenken kamen, sie könnte an Würde und Ansehen verlieren. Sie konnte auch misstrauisch gegen sich selbst sein. Viele warfen ihr nämlich vor, dass die Methode nur auf sie zugeschnitten sei. So war sie an Erfahrungen, die Rudolf Lehmann in TZI-Kursen mit Pfarrern machte, sehr interessiert: „Erzähl mal, wie machst du den Kurs? Wie kommt das an? Ach, es geht tatsächlich! Also nicht nur ich kann es, sondern andere können es auch" (5,21).

Rudolf Lehmann fand in manchen geistigen Richtungen Ähnlichkeiten und Ergänzungen zur TZI, so in der erweiterten Darstellung der intrapsychischen Welt u. a. bei Freud und Jung, in der Erforschung der interpersonalen Bezüge u. a. bei Rogers und Buber. Was diesen Richtungen aber seiner Meinung nach fehlt, ist die Beantwortung der Frage, die „Ruth Cohns ganzes Anliegen immer war: Wie muss das Thema gestaltet werden und die Struktur, damit es die Autonomie und die Chairperson der Personen und die Wir-Bezogenheit unterstützt. Diese Interaktion zwischen dem Thematischen und der Personenseite, die ist das absolut Besondere an der TZI" (10,34). In der TZI geht Haltung und Methode eine Verbindung ein, in der die Methode versucht, technisch umzusetzen, was die Haltung, ausgedrückt in der Axiomatik, anvisiert.

Für Rudolf Lehmann hat die TZI nichts absolut Neues in die Welt gebracht. Sie hat nur das, was jeder liebende Mensch, wie Eltern, Lehrer etc., als Schritte zur Vermittlung von Kenntnissen und Fähigkeiten ersonnen haben und was dann für beide Seiten beglückend erfolgreich war, gesammelt und methodisiert. Was zunächst als banal und selbstverständlich erscheint, ist durch das elliptische Modell mit den zwei Brennpunkten Mensch und Thema genial zu einem offenen System unter Integration von anderen humanen Ansätzen, wie sie als Wahlarbeitskurse verbindlich in das Konzept aufgenommen wurden, entwickelt worden und hat bis heute seine Aktualität behalten. Als wichtige Ergänzung innerhalb der TZI-Ausbildung erachtet Rudolf Lehmann beispielsweise das Rollenspiel und eine gewisse Kenntnis von Persönlichkeitsstrukturen, wie sie etwa bei Rie-

mann in „Grundformen der Angst", bei Jung in seinen „Psychologischen Typen"
oder bei Rogers in „Die Entwicklung der Persönlichkeit" dargelegt sind.

In der Vermittlung der TZI bevorzugt Rudolf Lehmann Methodenkurse. Dabei praktiziert er mehrere ganz bestimmte Settings und Abfolgen. Zur inneren
Sammlung beginnt er oft mit Musik. Größere Gruppen teilt er zunächst in Kleingruppen auf, „damit sie eine Heimat kriegen" (26,50) und inhaltlich auf das
Thema eingestimmt werden, wenn sie darüber nachdenken sollen, was sie in
letzter Zeit im Zusammenhang mit diesem Thema erlebt haben. Wochenkurse
beginnt er dann oft so: „Das Zentralanliegen der TZI ist es, gute Themen und
Strukturen zu machen, die zu den Menschen passen, also sie nicht niedermachen,
aber ihnen auch was zumuten. Damit ich aber Thema und Struktur gut machen
kann, muss ich erst einmal wissen, wo sind die Leute, wie sind sie?" (24,13).
Deshalb folgen dann Wahrnehmungsübungen von anwesenden und abwesenden
Personen und Situationen, die in Einzelarbeit schriftlich fixiert und dann in
Zweiergruppen ausgetauscht werden. Es schließen sich Übungen zur Themen-
formulierung nach dargelegten Prinzipien sowie eine Strukturfindung für das
Thema an, dies alles in sehr detaillierter Form.

Das theoretische Gebäude der TZI wird meist, angebunden an die unmittel-
bare Interaktion in der Gruppe, zu Beginn oder am Ende einer Sitzung in zwei
bis fünf Minuten erläutert. Die abschließenden Feedbacks fördern die Einsicht in
die laufenden Prozesse und helfen, den weiteren Prozess zu steuern. Eine Pro-
zessanalyse am Schluss eines Kurses geht den zentralen Fragen nach: „1. Wie
war es: Ist die dynamische Balance von Person und Sache, von Ich/Wir/Es/Globe
hergestellt worden, habt ihr Raum gehabt für eure Chairperson und ist das Thema zur Geltung gekommen? Und 2. Was in diesen 5 Tagen hat es gemacht, dass
es so geworden ist? Waren das die Leitung, die Strukturen, die Themen, die Atmosphäre, die Sachen, die zwischen den Sitzungen stattfanden?" (27,13).

Teilnehmer an den TZI-Kursen melden Rudolf Lehmann später zurück, dass
sie methodisch an Kompetenz gewonnen haben, ihre Kräfte besser in der Balance halten können und mehr Freude an ihrem Beruf haben. Für viele war die
TZI-Kursarbeit ein entscheidender positiver Einschnitt in ihrem Leben.

Eine Professionalisierung durch TZI ist für Rudolf Lehmann eine doppelte:
„Es ist eine geübte Emotion der Wahrnehmung und Zuwendung sowie des technischen Könnens und Vermögens" (30,37). TZI-Qualifikation schließt als „eine
ganz wesentliche Komponente Begeisterung, Liebe, Beteiligung und Mensch-
lichkeit" ein. Sie ist „nicht nur in einer Tabelle abfragbar, und besteht nicht nur
in pragmatisierbaren Qualifikationskriterien" (30,39).

5.3 Pädagogische Professionalität im Kontext der TZI: Zum pädagogischen TZI-Habitus

Nachdem ich in den Dichten Beschreibungen die Auswirkung einer TZI-Ausbildung auf das professionelle Handeln in der Berufskultur der Lehrenden beschrieben habe, wende ich mich, wie bereits im Methodenkapitel unter 4.4 angekündigt, nun dem zweiten Teil meiner Auswertung zu. Es geht darum, einen TZI-spezifischen pädagogischen professionellen Habitus als übergreifenden Typus aus den Berufsbiographien herauszuarbeiten. Dazu verwende ich die typisierende Strukturierung der Qualitativen Inhaltsanalyse von Philipp MAYRING. Die Dimensionen dafür entnehme ich dem Habitusbegriff von Pierre BOURDIEU. Bei ihm ist dieser Begriff nicht ohne das dazugehörige Feld zu denken. Deshalb erfolgt zunächst eine Beschreibung der TZI-Studienkultur in Anlehnung an Beschreibungen akademischer Fachkulturen als Feld fachspezifischer Sozialisation.

5.3.1 Akademische Fachkultur und TZI-Studienkultur als Felder fachspezifischer Sozialisation

Seit den 1980er Jahren ist man der Frage nachgegangen, wie sich im Rahmen eines Hochschulstudiums bei Studierenden allmählich sehr unterschiedliche fachspezifische Sichtweisen herausbilden. Gerhard PORTELE macht in seinem Beitrag „Habitus und Lernen. Sozialpsychologische Überlegungen" diese fachspezifischen Unterschiede anhand des Berichts eines mehrfach durchgeführten Experimentes mit Studenten und Wissenschaftlern verschiedener Disziplinen sehr anschaulich. Diese sollten ein Problem bearbeiten, das sich bei einem Streit unter Nachbarn ergeben hatte, in deren aneinander stoßenden Gärten zwei Quadratmeter ungenau vermessen waren. Nachbar A vermutete, dass die Birke von Nachbar B seinem Boden so viel Wasser entzöge, dass seine Möhren verdorrten. Mit Spaten und Beil kappte er kurzerhand die Wurzeln der Birke, die auf sein Land reichten. Nach kurzem Wortwechsel kam es zu Tätlichkeiten, an dessen Ende Nachbar A – mit einer Platzwunde am Kopf ohnmächtig geworden – mit einer Gehirnerschütterung ins Krankenhaus eingeliefert wurde und einen Verdienstausfall erlitt.

Ohne die Antworten der Mediziner, Juristen, Psychologen, Soziologen, Wirtschaftswissenschaftler und Vermessungstechniker hier im Einzelnen wiederzugeben, sei die zusammenfassende Beobachtung zitiert:

„Beeindruckend ist für die Teilnehmer an diesem kleinen Experiment regelmäßig die Tatsache, dass jede Fachwissenschaft einen ganz spezifischen Zugang zu der

Wirklichkeit in dieser kleinen Geschichte hat. Jeder Fachwissenschaftler sucht sich seine ihm wichtigen Wirklichkeitsaspekte heraus, stellt fachspezifische Fragen und hat fachspezifische Lösungsvorschläge. Häufig sind sich die Teilnehmer bewusst, dass ihr Zugang nur einer der mögliche Zugänge ist, und nur einige wehren sich auch dagegen, ihren fachspezifischen Zugang zu wählen" (PORTELE 1985, S. 299).

Für Gerhard PORTELE waren die bisherigen Erklärungen der Forschung zur Hochschulsozialisation mit Einstellungs- oder Identitätskonzepten nicht hinreichend (vgl. PORTELE/HUBER 1983). Er fand demgegenüber im Habituskonzept eine Reihe von Vorteilen, die er mit dem von Pierre BOURDIEU verwendeten Begriff der Handlungsgrammatik zur Erzeugung des Habitus erläutert. Mir selbst erscheint der von Noam CHOMSKI entwickelte Begriff der „generativen Grammatik", den Pierre BOURDIEU in Analogie verwendet, eine hilfreiche Vorstellung, die dem Verdacht begegnet, mit dem Habitus sei eine strenge Determiniertheit des Handelns gegeben. Denn wie Noam CHOMSKY davon ausgeht, dass der kompetente Sprecher mit einem nur begrenzten Repertoire an grammatischen Regeln unendlich viele grammatisch korrekte Sätze bilden kann, so erlaubt der Habitus als „generative Grammatik der Handlungsmuster" (BOURDIEU 1974, S. 150) – an anderer Stelle als „System generativer Schemata" bezeichnet (BOURDIEU 1982, S. 279) –, „unendlich viele und (wie die jeweiligen Situationen) relativ unvorhersehbare Praktiken von begrenzter Verschiedenartigkeit" (BOURDIEU 1987, S. 104) zu erzeugen. Gerhard PORTELE sieht zehn Vorteile einer Anwendung des Habitus-Konzeptes auf den fachspezifischen Habitus. Da die allgemeine Definition des Habitus schon in Kapitel 4.4 gegeben wurde, sei hier auf Gerhard PORTELES Ausführungen dazu verzichtet, um hier nur die mir wesentlich erscheinenden Punkte 6 und 7 zu zitieren:

> „6. Es kann verschiedene Handlungsgrammatiken geben, z. B. kulturspezifische, disziplinspezifische usw. Sie können die gesellschaftliche Gruppe definieren.
>
> 7. Man kann dem Dispositionssystem der Handlungsgrammatik genau entsprechen und trotzdem seinen eigenen Stil an Handlungen entwickeln, individuell und persönlich handeln, wie man unter Beachtung der Sprachgrammatik seinen eigenen Sprachstil entwickeln und individuell und persönlich sprechen kann. Diese Tatsache weist auf das nicht ganz einfache Verhältnis von Autonomie und Regelgebundenheit hin" (PORTELE 1985, S. 201 f.).

Hieran anknüpfend, erhebt sich die Frage, wie Veränderungen des Habitus möglich werden. Für Gerhard PORTELE gilt: „Die Sozialisation ist bis zum Tod nicht abgeschlossen. Es gibt immer neue Erfahrungen, die sich im Habitus niederschlagen, er verändert sich dauernd und bleibt trotzdem auf einer höheren Ebene stabil" (ebd., S. 304). Für Pierre BOURDIEU ist beim Habitus, da er ja nach seinem Verständnis „einverleibt", bzw. „inkorporiert" ist, eine Infragestellung der „strukturierten Struktur" zur Erzeugung „strukturierender Struktur" nur unter bestimmten Bedingungen möglich. Dazu ist Kritik in jeder Form notwendig, aber nicht hinreichend; „kulturelle Kontakte" oder „politische oder ökonomische Krisen" müssen hinzukommen (BOURDIEU 1976, S. 331). Zu den Krisen gehören beispielsweise für ihn auch Berufsausbildungen. So beschreibt er am Beispiel der Hostessenausbildung, wie junge Mädchen aus einfachen Verhältnissen als „andere Menschen" die Ausbildung verlassen: „Die Art zu gehen, sich zu setzen, zu lachen und zu lächeln, zu sprechen, sich zu kleiden, zu schminken und vieles mehr ist danach von Grund auf umgemodelt" (BOURDIEU 1982, S. 328). Hier erfolgte also eine Restrukturierung des ursprünglichen Habitus bis in den Leib hinein. Ähnliches kann für die Ausbildung des fachspezifischen Habitus angenommen werden, der in der Praxis des alltäglichen Umgangs im fachspezifischen Feld sowohl durch die offiziellen Anforderungen als auch durch das „hidden curriculum", den „heimlichen Lehrplan" einverleibt wird.

Für dieses Phänomen haben Eckart LIEBAU und Ludwig HUBER 1985 in „Die Kultur der Fächer" (vgl. ebd., S. 314-399) einen Beitrag geleistet. Darin werden deutliche Unterschiede zwischen den einzelnen Fächern beschrieben, die sich damals auf vielen Gebieten zeigten (vgl. auch HUBER 1991, S. 435- 441). So in:

- Äußerlichkeiten wie Kleidung, Haartracht, Anpassung an Geschmacksnormen;

- Arbeitsplatz und Arbeitsart, Freizeitgestaltung und Wohnung (Wohngemeinschaft taucht beispielsweise am häufigsten bei Studenten der Geistes- und Sozialwissenschaften auf);

- Kommunikation bezüglich Dichte und Qualität (in Naturwissenschaften dominieren Fachfragen, in Geistes- und Sozialwissenschaften sind auch persönliche Themen möglich);

- Curricularen Codes (vgl. Basil BERNSTEIN 1977), die beim „Kollektions-Code" scharfe Differenzierung und hierarchische Strukturen der Inhalte aufweisen, beim „Integrations-Code" gibt es dagegen schwächere Grenzziehungen, mehr Offenheit für andere, besonders subjektive Sichtweisen;

- Studienstrategien und Lernstile;

- Wahrnehmungs-, Denk- und Handlungsmuster mit unterschiedlicher Konstruktion ihrer Wirklichkeit;

- politischen und sozialen Einstellungen nach Selbsteinstufung in ein „Links-rechts-Schema".

Nach der Ebene der phänomenologischen Beschreibung geben die Autoren einen Orientierungsrahmen für die Ausprägung der einzelnen Fächer in Zusammenhang mit dem gesellschaftlichen Umfeld. Sie greifen dazu auf den von Pierre BOURDIEU seit Anfang der 1970er Jahre benutzten Begriff des Feldes zurück. Feld und Habitus stehen in einem dialektischen Verhältnis, d. h. sie bedingen einander für ihre Entstehung (vgl. BOURDIEU 1970, S. 125). Die Existenz eines Feldes ist abhängig vom Vorhandensein notwendiger Ressourcen, die Pierre BOURDIEU nach kulturellem, ökonomischem und sozialem Kapital differenziert. Für den Bereich der Wissenschaft können nachfolgend Kapitalsorten nach LIEBAU/HUBER (1985, S. 325-326) definiert werden:

> „Kulturelle Ressourcen wären danach die Fachtraditionen, die wissenschaftlichen „Schulen" und die spezifischen Erfahrungen, Interessen und Kompetenzen der Lehrenden, die Institutsformen und die in ihnen zu Geltung kommenden wissenschaftlichen und bürokratischen Normen und schließlich die spezifischen Erfahrungen, Interessen und Kompetenzen der Studierenden;
>
> als ökonomische Ressourcen wären die räumliche und sachliche Ausstattung, die verfügbaren finanziellen Mittel und die Ausstattung mit Personalstellen anzusehen;
>
> soziale Ressourcen wären schließlich die wissenschaftliche Reputation der Lehrenden, das Ansehen und die Bedeutung des Instituts oder Seminars in der wissenschaftlichen Öffentlichkeit, die wissenschaftlichen und sozialen Beziehungen, in die die Lehrenden einbezogen sind, und schließlich der Umfang der Beteiligung an wissenschafts- und forschungspolitischen Entscheidungen."

Auf die weitere Untergliederung der Wissenschaften in kulturelle, soziale und ökonomische Sphären gehe ich an dieser Stelle nicht ein, sondern schließe mit einer Zusammenfassung zum Begriff des fachspezifischen Habitus:

> „Der fachspezifische Habitus lässt sich beschreiben als Synthese aus biographisch erworbenen Dispositionen der Studenten, studentischem Lebensstil, akademischem Selbstverständnis und zukunftsweisendem Professionsverständnis, in dem gesellschaftliche Positionen und Zustände präsent sind" (FRIEBERTSHÄUSER 1992, S. 74).

5.3.2 TZI-Studienkultur als Feld fachspezifischer Sozialisation

Zur Beschreibung des Feldes der TZI-Studienkultur gehe ich von den drei Arten von Kapital aus, die der TZI zur Verfügung stehen.

An erster Stelle steht dabei die kulturelle Ressource, herausragend vertreten von Ruth COHN als Gründerin der „Schule" mit ihren Initiativen und dem, was sie persönlich an andere weitergegeben hat, sowie ihrem Schrifttum. Alle Interviewten kannten ihr Schrifttum mehr oder weniger und hatten zumindest das Standardwerk „Von der Psychoanalyse zur Themenzentrierten Interaktion" gelesen, das immer wieder neu aufgelegt wird.

Ebenfalls zum kulturellen Kapital gehört das „Ruth Cohn Institute for TCI – International"[12] mit den vier Fachgruppen (s. Kapitel 2.4) und den RCI-Regionen in Deutschland, Österreich, der Schweiz, den Niederlanden, Luxemburg, Polen, Ungarn und Indien. In Kontrakt mit diesem Institut stehen 122 Graduierte als Lehrende der TZI; 32 emeritierte Graduierte sind teilweise ebenfalls noch aktiv. Im Internet ist TZI unter www.tzi-forum.com und unter www.ruth-cohn-institute.org mit Beiträgen vertreten; auch die halbjährliche Fachzeitschrift „Themenzentrierte Interaktion" sowie sämtliche weiteren Publikationen zur TZI-Thematik stellen eine kulturelle Ressource dar.

All diese Ressourcen finden ihren zentralen Fokus in der TZI-Aus- und Weiterbildung in Seminaren nach einer Ausbildungsordnung (s. Kapitel 2.3), außerdem in den früher jährlich, jetzt in anderen Intervallen stattfindenden Fachkongressen und Internationalen Austauschtreffen (IAT), die in der Regel in der Woche nach Ostern stattfinden. 2007 wird das IAT von der Fachgruppe Wirtschaft mit dem Thema „Navigieren in einer bewegten Arbeitswelt – professionell und integer mit TZI" vom 12.-15.4. ausgerichtet.

Eine kulturelle Ressource stellen auch alle in TZI Ausgebildeten oder in der TZI-Ausbildung Stehenden mit ihren Erfahrungen, Interessen und Kompetenzen dar.

Bezüglich der ökonomischen Ressourcen stellt sich die Lage anders dar. TZI verfügt über keine eigene Lokalität für Ausbildungsseminare; die Dozenten finanzieren sich durch Honorare aus den Seminaren und in der Regel durch andere Einnahmequellen aus Tätigkeiten in anderen Institutionen sowie freiberuflich beispielsweise als Supervisoren oder die Tätigkeit in anderen Berufssparten. Auch das TCI-Institut selbst ist personell knapp besetzt mit einem/einer Geschäftsführer/in und knapper Besetzung im Sekretariat. Die meiste Arbeit wird ehrenamtlich durchgeführt und finanziert sich bezüglich der anfallenden Kosten und sonstigen Aktivitäten aus Mitgliedsbeiträgen.

Die sozialen Ressourcen sind in der historischen Entwicklung unterschiedlich gewesen und lassen sich nicht genau beschreiben. Es gab eine aufblühenden Reputation der TZI nach der 68er-Bewegung und unterschiedliche Rezeptionen auf verschiedenen Gebieten, bis hin in die Hochschulen, an denen 13 TZI-Graduierte als Professoren tätig sind. Eine Publikation von Gerhard PORTELE/ Michael HEGER 1995 über „Hochschule und lebendiges Lernen, Beispiele für Themenzentrierte Interaktion" kann als Beispiel für eine Beachtung in diesem

---

12 Abgekürzt: RCI International oder RCI.

Sektor gelten. Das Ressort „Wissenschaft und Forschung" im RCI arbeitet zurzeit an einer Standortbestimmung, um mit den veröffentlichten Ergebnissen zu
Forschungskontakten und neuen Forschungen anzuregen. Die Vertretung der TZI
mit einem Ausbildungskurs an der FernUniversität Hagen und die erwähnte Zusammenarbeit mit der Universität Tübingen zur Ausbildung von Führungskräften
an den Schulen gehört ebenfalls zum sozialen Kapital. In den einzelnen deutschen Bundesländern ist die TZI bei der Lehrerfortbildung in Abhängigkeit von
schulpolitischen Entwicklungen und dem Bekanntheitsgrad der TZI ganz unterschiedlich vertreten. In Baden-Württemberg hat TZI einen festen Stand in der
Fortbildung, in Bayern gibt es ebenfalls TZI-Seminare. In Hessen gab es in den
1980er und 1990er Jahren in Weilburg zahlreiche TZI-Wochenseminare im Rahmen der psychosozialen Weiterbildung. Hessen wollte anstelle der Ausbildung
von Beratungslehrern die Lehrer/innen generell zu beraterischen Funktionen befähigen.

Angesichts dieses Feldes, das ja von TZI-Ausgebildeten mit ihrem jeweiligen Habitus getragen wird, erhebt sich die Frage, wie sich Sozialisation in diesen Habitus vollzieht. Die TZI-Seminare in der staatlich organisierten Lehrerfortbildung können wertvolle Impulse geben und einen Anstoß, sich intensiver
mit TZI zu beschäftigen, eventuell auch eine Fort- oder Weiterbildung in der TZI
zu erwägen. Der größte Teil der herkömmlichen Lehrerfortbildungen konzentriert sich auf fachliche Fortbildung oder Inhalte, die die Schule neu vermitteln
muss. Eine kontinuierliche psychosoziale Ausbildung erfolgt bei der Ausbildung
zum/zur Beratungslehrer/in und dabei sind auch einige Interviewpartner in Kontakt mit der TZI gekommen. Zu einer allmählichen Ausbildung eines TZI-Habitus kommt es in den TZI-Ausbildungskursen als stärkste kulturelle Ressource.

5.3.3   Passungsprobleme zwischen einer komplexen schulischen Berufskultur
        und TZI

Zum Verständnis, warum TZI attraktiv für Lehrende ist, ihre pädagogische Professionalität zu entwickeln, kann das Konzept der „Passung", wie es Barbara
FRIEBERTSHÄUSER bereits für die Entwicklung des fachspezifischen Habitus
als heuristisches Modell beschrieben hat, eine Hilfe sein. Sie bringt dieses Konzept als Ergänzung zu der bisherigen Forschung zur Fachkultur ein, die „sich dabei hauptsächlich auf die Produktanalyse eines ausgebildeten fachspezifischen
Habitus konzentriert" hat (FRIEBERTSHÄUSER 1992, S. 74). In ihrer Untersuchung einer Statuspassage „Studienbeginn" spielen der Prozess des Übergangs
von einem Status in den anderen und der Erwerb eines veränderten Habitus mit
den dabei auftauchenden Problemen eine entscheidende Rolle. Ebenso lässt sich

der Übergang der Lehrenden von der Ausbildung zur Ausübung des Lehrerberufs als Statuspassage auffassen, der ebenfalls eine Reihe von Problemen mit sich bringt. Dabei sind die Fragen einer „guten" oder „schlechten" Passung und wie mit ihnen umgegangen wird, bedeutsam, und hier speziell, welche Rolle die TZI dabei spielen kann.

Ich gebe zunächst die Definition von „Passung" bei FRIEBERTSHÄUSER wieder, werde dann auf „gute" und „schlechte" Passungen in der schulischen Berufskultur eingehen und Beispiele dafür anhand von Darstellungen der Interviewpartner/innen anführen.

> „‚Passung' bezeichnet die vermutete Übereinstimmung zwischen individueller Disposition und der jeweiligen Anforderung der umgebenden Umwelt. Zwischen individuellen Dispositionen und Lebensstil (Habitus) der einzelnen und der jeweiligen Ausformung des soziokulturellen Umfeldes muss Übereinstimmung, eine kulturelle Homologie oder individuelle Passung hergestellt werden" (FRIEBERTSHÄUSER 1992, S. 77).

Eine „gute" Passung für eine schulische Berufskultur wäre gegeben, wenn die Kompetenzen eines Lehrenden mit dem Idealtypus eines guten Lehrers übereinstimmen. Ewald TERHART ist bei seinem Beitrag „Was wissen wir über gute Lehrer?" (TERHART 2006, S. 42-47) in einem Überblick darauf eingegangen, was erfolgreiche Lehrer/innen kennzeichnet, wie ihr Aufgabenspektrum aussieht, welche Bedingungen gegeben sein müssen, damit Lehrer/innen gut sein können, und was Aus- und Fortbildung leistet. Zur Einführung gibt er ein Idealbild, das er dann mit der Frage nach der Wirklichkeit in den Klassen- und Lehrerzimmern und deren noch unzureichender Abbildung durch die empirische Bildungsforschung konfrontiert. Allerdings sei die empirische Bildungsforschung auch bei einer so pauschalen Frage nach „dem guten Lehrer" überfordert, denn es muss

> „eine solch globale Frage in behandelbare, konkrete Einzelaspekte zerlegt werden. Je intensiver nun diesen Einzelaspekten empirisch nachgegangen wird, desto komplexer, vielgestaltiger und feinkörniger wird das Bild. Damit wird es aber immer schwieriger, auf ein zusammenfassendes, verallgemeinerndes Argumentationsniveau über ‚den guten Lehrer' zurückzukehren und dabei zugleich den Erkenntnisgehalt differenzierter Einzelforschung aufrechtzuerhalten" (TERHART 2006, S. 43).

Bereits in Kapitel 3.7 hatte ich mit Werner HELSPER die Möglichkeit ausgeschlossen, „unabhängig von der konkreten Person, dem jeweiligen Selbst, der jeweiligen Berufsbiographie und dem professionellen Habitus einen Idealentwurf oder ein ‚Leitbild' des professionellen Lehrers zu entwerfen" (HELSPER 2002, S. 95). Und trotzdem haben Menschen, die Lehrer/innen werden wollen, zwar unterschiedliche, aber ideale Vorstellungen von ihrem zukünftigen Beruf, die sie motivieren, die sie dann bei der Ausbildung in der pädagogischen Fachkultur modifizieren und in einem vom Berufsethos getragenen Handeln realisieren wollen. Um die landläufige Meinung über einen guten Lehrer, der nach TERHART recht einfach zu beschreiben ist, nicht völlig auszublenden, habe ich dessen Beschreibung im Anhang C wiedergegeben, ebenso wie die am 5.10.2000 im Beschluss der Kultusministerkonferenz festgehaltene Aufgabenbeschreibung für den Lehrerberuf, auf die man sich mit den wichtigsten Lehrerverbänden geeinigt hat und der zu „entnehmen ist, was man heute von einem guten Lehrer erwarten darf" (TERHART 2006, S. 42 und 43).

Die Passung zwischen Lehrerbildung und Sozialisation in die Berufspraxis hat entsprechend der Vielfalt der Bildungseinrichtungen, der unterschiedlichen Lehrerbildung in den einzelnen Bundesländern und den unterschiedlichen persönlichen Dispositionen ein breites Spektrum an Facetten vom Praxisschock bis zum Gelingen. Eine Untersuchung bei Uwe SCHAARSCHMIDT (Hg. 2004) mit dem provokativen Titel „Halbtagsjobber? – Psychische Gesundheit im Lehrerberuf – Analyse eines veränderungsbedürftigen Zustandes" wirft einen Blick auf die wachsenden Belastungen im Lehrerberuf. Die arbeitspsychologische Studie kommt beim Vergleich des Umgangs mit beruflichen Belastungen in unterschiedlichen Berufen zu keinem günstigen Ergebnis für die Lehrer. In einem Schaubild zeigt die Studie eine prozentuale Verteilung von vier Typen zu verschiedenen Zeitstufen vom Lehramtsstudium über das Referendariat bis zum Dienstalter über 35 Jahre (s. Abb. 1).

Der Typus mit dem Bewältigungsmuster „G (= Gesundheit: berufliches Engagement, ausgeprägte Widerstandsfähigkeit gegenüber Belastungen, positives Lebensgefühl)", kommt bei Lehrerinnen und Lehrern in den ersten 5 Berufsjahren nur auf durchschnittlich 26 %, in den restlichen Berufsjahren nurmehr auf 17 %. Über den gesamten Zeitraum – Studiumsbeginn bis über 35 Dienstjahre – verteilen sich die Durchschnitte der Bewältigungsmuster für den Typ „S (= Schonung: ausgeprägte Schonungstendenz gegenüber beruflichen Anforderungen)" auf 23 %, für den Typ „A (= überhöhtes Engagement/Selbstüberforderung, verminderte Widerstandsfähigkeit)" auf 30 %, für den Typ „B (= Resignation, verminderte Belastbarkeit, reduziertes Arbeitsengagement)" auf 29 % (zit. nach TERHART 2006, S. 44-45). TERHART fordert als Konsequenz aus dieser Untersuchung ein begleitendes System der Unterstützung für Lehrkräfte,

> „welches krisenhafte bzw. negative Bewältigungsmuster identifiziert und präventiv angelegt ist. Ein guter Lehrer muss nicht nur seinen Beruf in seinen verschiedenen Facetten beherrschen – er muss sich selbst in seinem Beruf beobachten und sich und seine Kräfte und Kompetenzen realistisch beurteilen können, und er muss schließlich konstruktive Formen der Belastungsbewältigung finden" (ebd., S. 45).

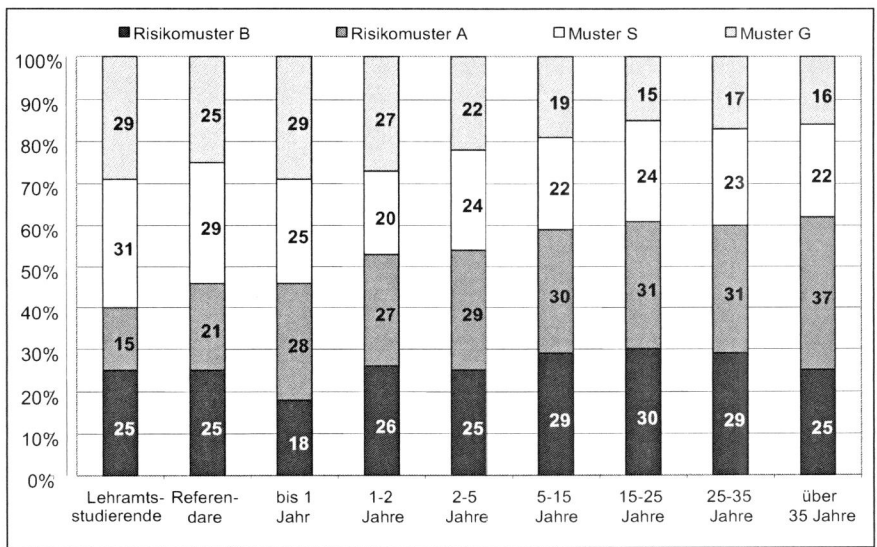

Abbildung 1: Musterverteilung bei Lehramtsstudierenden, Referendaren und Lehrern mit unterschiedlichem Dienstalter (nach SCHAAR-SCHMIDT 2004, zit. in: TERHART 2006, S. 46)

TERHART fragt auch nach dem Beitrag der Lehreraus- und -weiterbildung zu dieser Forderung. Obwohl Zusammenhänge empirisch in ganzer Breite noch nicht untersucht seien, gebe es doch Belege dafür, „dass der (nicht nur) bei Lehramtsstudenten während ihres Studiums festzustellende Wandel der Einstellungen in Richtung auf liberale bis progressive pädagogische Haltungen sich bei den allermeisten wieder verliert" (ebd., S. 45). Ihre Orientierung an Vorbildern aus der Schulzeit oder im Kollegenkreis habe „anscheinend eine stärker handlungsbestimmende Kraft als das erziehungswissenschaftliche bzw. schulpädagogische Wissen aus Studium und Referendariat" (ebd., S. 45). Es würden sich „subjektive Theorien" herausbilden als „Hintergrund für Wahrnehmungsgewohnheiten und Handlungsroutinen. Schließlich entstehen innere Drehbücher (scipts), denen mehr oder weniger unreflektiert gefolgt wird" (ebd., S. 45).

Diese Entwicklung wird nach Diethelm WAHL durch die besondere Eigenart des pädagogischen Handelns unter Zeit- und Leistungsdruck begünstigt, wo in der aktuellen Situation des Handelnmüssens auf alte, eingeschliffene Muster zurückgegriffen wird.

„Ein Zurückgreifen auf Situations- und Reaktionsprototypen und damit auf nicht mehr voll bewusste und auch nicht mehr voll zugängliche Strukturen ist unausweichlich (vgl. WAHL 1991). Veränderungen im Handeln sind wegen der Schnelligkeit der Prozesse besonders schwierig" (Wahl 2002, S. 238).

Manche Lehrer/innen leiden unter dem Widerspruch, den sie bei der Reflexion ihres Handelns sehen, den Widerspruch oder die mangelnde Passung zwischen ihrem pädagogischen Ethos und dem praktischen Tun. Diethelm WAHL bietet den Lehrerinnen und Lehrern auf dem „weiten Weg vom Wissen zum Handeln" und „vom trägen Wissen zum kompetenten Handeln" (vgl. WAHL 2002, S. 227-241) Trainings und Übungen in gut durchdachten Settings an. Manche dieser Inhalte hatten in TZI-Ausbildungs-Kursen schon immer ihren Platz und tauchen in den Dichten Beschreibungen auf, wie z. B. das „Bewusstmachen mitgebrachter, handlungsleitender subjektiver Theorien", „Selbstreflexionen, Perspektivenwechsel, differenzierte Selbstbeobachtungen, rollenspielartige Formen", „Feedbackprozeduren" (WAHL 2002, S. 238). TERHART stellt in dem Abschnitt über Lehreraus- und -weiterbildung abschließend fest:

„Immerhin weiß man mittlerweile etwas über einzelne Aspekte des gesamten Bereichs, und die machen deutlich, dass Folgen von Ausbildung – und dies gilt auch für Weiterbildung – dann am ehesten zu verzeichnen sind, wenn man – erstens – sehr handlungs-, fach- und situationsnah ausbildet, mit anderen Worten: wenn man die späteren Anforderungen des Arbeitsplatzes Schule und Klassenzimmer im Auge hat und wenn – zweitens – der Ausbildungsweg bzw. die Weiterbildungsmaßnahme individualisiert, d. h. auf die individuelle Ausgangssituation bzw. das individuelle Muster der Kompetenzentwicklung abgestimmt ist" (TERHART 2006, S. 45-46).

Diese von Ewald TERHART geschilderten günstigen Voraussetzungen für die Berufsausübung lagen bei den Interviewpartnern meiner Untersuchung teilweise in nur sehr begrenztem Maße vor. Daraus resultierte dann eine schlechte Passung, deren Folgen wiederum Konflikte und Reibungspunkte bis hin zu psychischen Kosten, wie die Gefahr des Burn-out, sein konnten.

Wie erfolgreich eine TZI-Ausbildung (vgl. Kapitel 2.3) sein kann, die ja die eben von TERHART genannten Aspekte berücksichtigt, zeigt sich daran, wie eine Lehrperson in ihrem Feld mit fehlender Passung umgeht. Im Folgenden sollen drei Beispiele aus meiner Untersuchung zeigen, wie TZI-Ausbildung hilft, die Kluft mangelnder Passung zwischen problematischen Schulsituationen und unzureichender Kompetenzentwicklung zu überbrücken.

Gleich im ersten Interview berichtet **Gerda Iser** von teilweise chaotischen Zuständen in der Oberstufe des Gymnasiums in Gefolge der studentischen Unruhen am Ende der 60er Jahre. Die Schüler/innen fehlten, weil sie für etwas demonstrieren mussten, und sie rebellierten auch im Unterricht. Ergänzend zu der herkömmlichen Gymnasiallehrerausbildung brachte Gerda Iser aufgrund ihrer gruppendynamischen Seminare und ihrer personenzentrierten Orientierung aus der Tiefenpsychologie bereits eine überdurchschnittliche zusätzliche Qualifikation mit. Dennoch spürte sie einen Mangel. Erst durch die TZI-Ausbildung konnte die Lücke geschlossen werden, indem sie die dort versprochene Balance zwischen den drei Polen Ich – Wir – Thema erlebte und in einen humanen Unterricht integrieren konnte. Damit erfolgte eine Passung zwischen den Anforderungen der Schule und ihren erworbenen Kompetenzen.

Zwei weitere drastische Beispiele für die Herstellung einer Passung zwischen schwierigen schulischen Bedingungen und unzureichenden Kompetenzen, diesen Situationen zu begegnen, bieten Gisela Weber und Rita Ebner. Gisela Weber unterrichtete zeitweise an einer Schule in einem so genannten sozialen Brennpunkt, Rita Ebner tut dies noch heute.

Gisela Weber hatte bereits während ihres Studiums in Kinderfreizeiten Erfahrungen mit verhaltensschwierigen Kindern gemacht. In ihrer ersten Anstellung 1992 bei einem privaten Bildungsträger, wo sie arbeitslose Jugendliche auf einen externen Hauptschulabschluss vorbereitete und sozial betreute, konnte sie weitere wertvolle Erfahrungen mit schwierigen Schülern sammeln. Diese Einrichtung bot auch sehr gute ergänzende Fortbildungsmöglichkeiten „ein Highlight im Vergleich zum Referendariat" (1,27). Trotzdem reichte das nicht für die neue Herausforderung aus, die pädagogische Leitung an einer Förderstufe in einem sozialen Brennpunkt zu übernehmen und diese Aufgabe in einer für sie zufriedenstellenden Weise zu meistern. Sie war die Jüngste in diesem Kollegium und so kamen zu den schwierigen Schülern nun noch Kollegen hinzu, die sich für die Aufgabe in diesem Brennpunkt unzureichend vorbereitet und von administrativer Seite im Stich gelassen fühlten. Diese Kollegen hatten eine ziemlich fatalistische Haltung und waren Neuem gegenüber nicht aufgeschlossen. So erlebte sie eine Überforderungssituation: „Es war eindeutig eine Überforderungssituation. (…) Also da ging es mir nicht gut" (5,43). Vor Überforderung und zeitlicher Überbeanspruchung hat sie es erst nach einem halben bis dreiviertel Jahr geschafft, sich Hilfe zu holen. Diese bestand in einer Supervisionsgruppe „Schulleitung und Menschenführung", die nach dem Konzept von TZI geführt wurde: „Das war dann die Rettung" (6,18). Es folgte eine TZI-Ausbildung, in der sie die „Haltung von Akzeptanz und Wertschätzung" nicht nur für benachteiligte Schüler, sondern auch als „Schlüssel im Umgang mit Kollegen" als „zentralen Punkt" kennenlernte (9,34). Außerdem gewinnt das Stichwort „teilnehmende Leitung" aus der TZI bei ihr reale Gestalt „dies zu unterscheiden, diesen klaren Leitungsaspekt zu haben und auch zunehmend auszufüllen, aber teilnehmend zu leiten, das ist eine Technik, gekoppelt mit einer Haltung, die mir wichtig geworden ist, die ich umgesetzt habe und die Vieles in der Förderstufe leichter gemacht hat" (9,48). So konnte sie sich anhand dieser TZI-Ausbildung eine „Leitungskompe-

tenz für das System Schule" (6,38) und ein „Handwerkszeug" für ihren „Arbeitsalltag" (7,1) erarbeiten. Sie hatte sich an der Schule „durch TZI einen guten Platz
geschaffen. (…) Ich war da zu Hause zum Schluss, habe die Arbeit gerne gemacht, habe mich wohl gefühlt in dem Kollegium, es gab von Seiten der Eltern,
Schüler/innen und Kollegen eine Akzeptanz" (12,21). Anders ausgedrückt: Hier
war bei Gisela Weber mit Hilfe der TZI-Ausbildung eine Passung zwischen den
Kompetenzen in einer erweiterten pädagogische Professionalität und den Anforderungen des schulischen Brennpunktes erfolgt.

Rita Ebner kommt ebenfalls in eine Schule mit Schülern, die einen sozial auffälligen Hintergrund mitbringen. Sie mussten beispielsweise einen Hauptschulabschluss nachholen, waren zum Teil im Gefängnis gewesen oder hatten Drogenprobleme gehabt. Während manche ihrer Vorgänger mit dem Fach Religion
nach kurzer Zeit (1-2 Jahren) gescheitert waren, wird Rita Ebner vom Schulleiter
nur aufgrund ihrer TZI-Ausbildung eingestellt. Es gelingt ihr, das Vertrauen der
Schüler/innen zu gewinnen, einen fördernden, fordernden und die Persönlichkeit
bildenden Unterricht zu gestalten, in Klassenkonferenzen bei der Beratung über
Schüler/innen vertiefende Einsichten einzubringen und Kollegen gelegentlich
hilfreiche Tipps für ihren Unterricht zu vermitteln. Als Beispiel für ihre kreative
Gestaltungskraft sei ein jährlich erarbeitetes Buchprojekt mit und über Jugendliche aus ihren Herkunftsländern erwähnt. Die Bücher liegen in der Schülerbüche-
rei aus und werden von Schülern und Lehrern gerne betrachtet. Sie heben das
Selbstwertgefühl der beteiligten Schüler/innen, fördern sowohl das Verständnis
der Schüler/innen untereinander als auch das zwischen Lehrern und Schülern und
leisten somit für die gesamte Atmosphäre an der Schule einen wichtigen Beitrag.
Für ihre Arbeit in der Schule spielt Rita Ebners wertschätzende Haltung gegenüber den Schülerinnen und Schülern eine wichtige Rolle. Sie hatte im Studium
selbst eine solche Wertschätzung von einem TZI praktizierenden Professor erfahren und konnte diese nun ihrerseits praktizieren. Die Integration des TZI-
Konzeptes in ihren Unterricht lässt sie in den problematischen Klassen positive
Erfahrungen machen, so dass sie resümiert, „dass mir TZI da die Rettung ist"
(1,51). Auch in diesem Fall leistet die TZI-Ausbildung eine Passung, die den
Vorgängern von Rita Ebner versagt geblieben war. Rita Ebner verfügte als Pas-
torin nicht über die geforderte Ausbildung für eine Schullaufbahn. Aber während
Kollegen an der Aufgabe in einem schwierigen Berufsschulfeld scheiterten,
konnte sie den Anforderungen mit ihren erworbenen Kompetenzen passend begegnen.

   In den eben geschilderten drei Beispielen ging es um Passungsprobleme
zwischen Lehrenden und den an sie in einer jeweiligen Institution gestellten Anforderungen. Eine andere mögliche Perspektive betrifft die Passung eines Konzeptes wie TZI innerhalb der persönlichen Entwicklung eines Lehrenden. Die

Frage lautet: Wie passt die TZI in die berufliche Entwicklung von Lehrenden? Wer fühlt sich vom TZI-Konzept angesprochen? Wo lassen sich in dieser Hinsicht Gemeinsamkeiten und Unterschiede feststellen? Darin könnte eine vergleichende Betrachtung der anfänglichen Begegnung meiner Interviewpartner/innen mit TZI Einblicke vermitteln und zudem hilfreich sein, den künftigen Erfolg eines TZI-Angebotes in der Lehrerfortbildung besser einzuschätzen. Eine vergleichende Betrachtung gehört auch zum Methodenrepertoire der Grounded Theory und erscheint mir an dieser Stelle als der angemessene Ansatz.

5.3.4 TZI-Kurse als Anregungspotenzial für eine erweiterte berufliche Passung

Bei den Interviewten ließe sich am einfachsten eine Passung zwischen dem Zustand vor der Begegnung mit der TZI und nach einem ersten und weiteren Kontakt mit der TZI feststellen, wenn die genaue Motivation für die Wahl des Lehrerberufs, deren später noch vorhandene Wirksamkeit oder ein Ungenügen an der Realisation ursprünglicher Erwartungen bekannt wären. Im Rahmen der Interviews habe ich nicht nach der Motivation für den Lehrerberuf gefragt, sondern danach, wie die Interviewpartnerinnen und -partner erstmals mit der TZI in Kontakt gekommen waren und welche weiteren Entwicklungen sich daraus ergaben. Aus den daraus gewonnenen narrativen Antworten lassen sich aber einige Aspekte zur Frage der Passung von TZI in die jeweiligen Berufsbiographien erschließen. Doch bevor ich damit beginne, erscheint mir eine Untersuchung über die Motive zur Wahl des Lehrerberufs als Hintergrund meiner Studie bedeutsam.

Es handelt sich um eine quantitative Untersuchung über „Motivation, Selbstkonzept und Lehrerberuf" (vgl. KIEL u. a. 2004, S. 223-233). Diese an der Pädagogischen Hochschule Heidelberg angefertigte Studie erfasst im Rahmen einer Befragung die gesamte Jahrgangskohorte der Studienanfänger für das Lehramt der Grund-, Haupt- und Realschule (97 %, N=568) im WS 2001/02. Ein darin enthaltener wesentlicher Teil war eine Aufstellung von 31 Gründen für den Studienwunsch, die faktorenanalytisch ausgewertet wurden. Dabei ergaben sich 7 Hauptkategorien mit je 2-4 Unterkategorien. Eine besondere Bedeutung kam dem Faktor „Freude an sozialen Kontakten" mit gegenüber anderen Faktoren doppelt so hoher Varianzaufklärung zu. Ewald KIEL u. a. stellen bei neueren Untersuchungen, aber auch bereits bei einer Untersuchung von 1969 im Bundesland Bayern eine ähnliche Bedeutung dieses Faktors fest. Diese Motivation eines „sozialen Menschen" (vgl. SPRANGER 1922, S. 170-172) kann durch die Konstitution der Schule, die durch Zweckhaftigkeit geprägt ist, frustriert werden: „Lehrer/innen verfolgen mit ihrem Unterricht Zwecke, und sie üben Macht aus, ob sie wollen oder nicht. Sie können nicht nur durch Hingabe an andere Men-

schen gebunden sein. Dieser Widerspruch birgt das Potential zu einer Quelle
großer Frustrationen" (KIEL u. a. 2004, S. 226). Man kann diesen Sachverhalt
auch als mangelnde Passung zwischen einer Erwartungshaltung und einer nicht
eingelösten Erfüllung bezeichnen. Als weitere mangelnde Passung, die zu „Belastung und Frustration" führt, kann man die beschriebene unzureichende Ausbildung im Hinblick auf eine zum Lehrerberuf an der Schule gehörende Aufgabe
ansehen. Damit ist die meist unzureichend vermittelte Interaktionskompetenz für
die zum Berufsspektrum gehörenden „Interaktionen mit Kollegen, Eltern, der
Schulleitung, der Schulbürokratie und auch außerschulischen Institutionen"
(ebd., S.231) gemeint. Ebenso gehören zu den Interaktionen, auf die nach Auffassung der Befragten nicht ausreichend ausgebildet wurde, die Beratung von
Schülern, der Umgang mit Disziplinkonflikten und die Veränderung von Bezie-
hungsfunktionen bei reifer werdenden Schülerinnen und Schülern (vgl. ebd.,
S. 231).

Wie sehen vor diesem Hintergrund die Motivationen der Interviewpartner/innen
vorliegender Untersuchung, ihre berufsspezifischen Kompetenzen und die konkrete Bewältigung der Aufgaben, die sie sich selbst gestellt und die ihnen die Institutionen gestellt haben, aus? Welchen Mangel spürten die Lehrer/innen in
diesem Netzwerk von Bedingungen? Oder wurden ihnen Defizite vielleicht erst
in der Begegnung mit TZI bewusst? Erwarben sie durch die TZI-Ausbildung
eine bessere Kompetenz in ihrem Berufsfeld und konnten sie damit den gestellten beruflichen Anforderungen besser begegnen?

   Antworten auf diese Fragen sind in den Dichten Beschreibungen verschiedentlich zu finden, als ausführliches Beispiel sei Erika Härtel genannt. Mir geht
es dabei um Gemeinsamkeiten, die vielleicht alle Befragten betreffen und
schließlich auch um Unterschiede, die die Einzigartigkeit der persönlichen Erfahrung berücksichtigen.

   Zunächst liegt bei allen Lehrenden meiner untersuchten Gruppe die Bereitschaft zur Fortbildung vor. Dafür investieren sie auch Zeit und Geld. Zum anderen lässt sich bei allen ein starkes soziales Engagement feststellen, ein Zu-
gewandtsein zum Menschen, ob Kind oder Erwachsener, und zu den Strukturen,
in denen sie leben. Das wird schon daran sichtbar, dass allein fünf Lehrer/innen
in besonderen vermittelnden Positionen standen: Gerda Iser, Luise Palmer und
Erika Härtel wurden Vertrauens- bzw. Verbindungslehrerinnen für Schüler, Tanja Lenz und Ludwig Kanig wurden Beratungslehrer/in und lernten bei dieser
Ausbildung die TZI kennen. Den Unterricht wollen alle schülerorientiert gestalten. Erika Härtel formuliert das Ziel so, „dass wir Lernende als Subjekte ihres
Lernprozesses auffassen und nicht als Objekte, die wir abfüllen" (6,20).

   Eine besonders bewusste Hinwendung zum Menschen und zum System, in
dem er lebt – und das schließt den politischen Aspekt mit ein – lässt sich bei

jenen Interviewpartnerinnen und -partnern finden, die die 68er Zeit miterlebten, von ihr beeinflusst und inspiriert wurden. Die TZI etablierte sich gerade und sie fanden während dieser Aufbruchzeit in ihr eine geistige Verwandtschaft und eine praktische Hilfe, ihre zukunftsträchtigen Ideen zu realisieren.

Neun meiner Interviewpartner/innen sind in den 1940er Jahren, drei in den 1930er Jahren geboren. Sie erlebten das Ende der 60er Jahre unterschiedlich intensiv und strebten pädagogische Innovationen auf schulischem und universitärem Gebiet an. Und während ein Teil der 68er, die zu einer Veränderung der Gesellschaft über den „Transformationsriemen der Institutionen" aufgebrochen waren, scheiterte (vgl. dazu ARENS 1997 und Dichte Beschreibung von Renate Martens), konnte diese Gruppe sich mit Hilfe der TZI-Ausbildung ihre ursprünglichen Motivationen erhalten und in einem begrenzten Raum ihre pädagogischen Intentionen und Initiativen verwirklichen. Die anderen sechs Interviewpartner sind in der Zeit von 1955-1963 geboren und weisen hinsichtlich ihres Zugangs zur TZI einen anderen Hintergrund auf.

Es erscheint mir von Interesse auch für das Konzept der TZI, wie dieses Menschen in unterschiedlichen Situationen und zu unterschiedliche Zeitpunkten ihrer persönlichen Entwicklung ansprechen konnte. Vermuten lässt sich, dass dabei einzelne Aspekte der verschiedenen Ebenen des TZI-Konzeptes, wie Axiome, Postulate, Vier-Faktoren-Modell mit dynamischer Balance, Leitungsstil etc., eine Rolle spielten und auf ein Bedürfnis der Suchenden trafen oder es sogar erzeugten, und dass es so zu einer ersten Passung kam, die dann weiter ausgebaut wurde. Die vergleichende Betrachtung der ersten Begegnung verschiedener Personen mit TZI kann einen Beitrag zum Gesamtkonzept eines pädagogischen TZI-Habitus leisten. Denn hierbei wird die Flexibilität dieses Konzeptes in der Praxis deutlich, verschiedenen Bedürfnissen entsprechen zu können. Gleichzeitig zeigt sich, dass erste Eindrücke sehr nachhaltig wirken und den pädagogischen Stil der betreffenden Lehrer/innen in habitueller Hinsicht stark beeinflussen können. Anfänge jedweder Art sind häufig richtungsweisend, stellen die Weichen für weitere Entwicklungen. Der Blick ist deshalb in der folgenden Analyse auf diesen ersten Anfang von Passung im pädagogischen Berufsfeld gerichtet.

Zunächst werde ich die anfängliche Begegnung von sechs Interviewpartner/ -innen mit TZI näher analysieren, die in besonderer Beziehung zu der großen Bewegung der Gruppendynamik der 68er standen.

Gerda Iser bewegte sich in Gruppen, in denen es „heiß herging". Sie wollte dieses „belebende Element" in die Schule einbringen und stellte fest, dass dabei auch leicht chaotische Zustände entstehen, als deren Folge die Stoffvermittlung auf der Strecke bleibt. Dann entdeckte sie im Konzept von Ruth COHN, wie die thematischen Ansprüche in dem dynamischen Dreieck „Ich – Wir – Es" so integrierbar sind, dass Themen in der Gruppe und für den Einzelnen human vermittelt werden können (2,39). Für sie selbst spielte das Chairpersonpostulat aus der TZI im Rahmen der Frauenemanzipation eine bedeutsame Rolle: „Dahin zu gucken, was du wirklich willst, unabhängig von dem, was man von dir will, das war ein ungeheurer Akt der Befreiung" (3,14).

Ronald Euler, Dozent für Didaktik der Naturwissenschaften an einer Universität, hatte sich, – angeregt durch ROGERS und FROMM – „näher mit der humanistischen Psychologie befasst. Dazu kamen dann noch konkrete Erfahrungen in Gruppendynamik" (1,39). Von der Teilnehmerin einer Gruppe wurde er auf TZI aufmerksam gemacht, allerdings so penetrant, dass er dieses Thema „erst einmal auf die Seite geschoben" (2,1) hat. Als er dann auf das Angebot zweier TZI-Kurse stieß, entschloss er sich teilzunehmen. Besonders der zweite Kurs gefiel ihm „sehr gut auch unter dem Aspekt der beruflichen Anwendung" (2,12). Auch die Leiterpersönlichkeiten beeindruckten ihn, ihr Stil des Unterrichtens wurde ein Stück weit Vorbild für ihn. In diesem Fall sind es also das „Handwerkszeug" der TZI, das besonders in dem Vier-Faktoren- Modell der TZI zum Ausdruck kommt, sowie die Art der Anwendung in der Leitungsfunktion, die Ronald Euler als bedeutsam für die berufliche Anwendung erachtet und die ihn intensiv in eine Ausbildung einsteigen lässt. Für sein persönliches Engagement einerseits im Beruf und andererseits als Graduierter in der Vermittlung von TZI war der politische Anspruch der TZI sehr bedeutsam. So führte er etwa TZI-Kurse mit dem Thema: „Politische Potenzen der TZI" durch.

Thomas Roth hatte gegen Ende eines Seminars „Klassenfahrt", das er selbst während einer Abordnung an eine Universität nach gruppendynamischen Prinzipien strukturierte, „durch einen Zufall eine Ausschreibung gefunden" (1,30) zu einem TZI-Persönlichkeitskurs. Die Teilnahme an diesem Kurs und die anschließende Supervision führten zu einer Wende bezüglich der Arbeit an seinem eigenen Seminar, bezüglich seiner Beurteilung der Gruppendynamik im Verhältnis zur Gruppenleitung der TZI und zu einer Hinwendung zur TZI-Ausbildung.

Rudolf Lehmann hatte als Privatdozent Anfang 1970 neben seinen Vorlesungen und Seminaren einen engen Kontakt zu seinen Studentengruppen auch außerhalb der Universität. Sie diskutierten dann heiß die aktuellen Themen in Politik und Wissenschaft aus den Gebieten des Marxismus, der Politologie und Soziologie. Aber ihn beschäftigten besonders auch die Fragen, „was in den Studenten vorgeht und wie wir unsere Stoffe lehren sollen" (1,22). Als er diese Fragen in einem Gespräch „mit einem Kollegen auf der Treppe in unserem Universitätshaus" (1,17) äußerte, macht dieser ihn auf eine alte Frau – und das war Ruth COHN – aufmerksam: „Die macht so etwas: Wie man Themen mit Menschen zusammenbringt" (1,25). Diese auf den wesentlichen Kern verdichtete Formulierung der TZI-Konzeption, die für Rudolf Lehmann auch heute noch gültig ist, elektrisierte ihn: Er musste diese Frau kennenlernen. Er erhielt den vorletzten Platz im folgenden TZI-Kurs und beschreibt den Anfang so: „Das war eine Konversion allererster Güte – mit tränenreichen Zusammenbrüchen am Anfang und einer heftigen Implosion. So fing es an und seither ohne Unterbrechung und mit vielen Wendungen und Veränderungen, aber ohne einen einzigen Bruch im Motiv" (1,33). Zur damaligen Zeit spielte die Entdeckung des Ich und die Aufarbeitung von Kindheitsmustern eine zentrale Rolle. Ruth COHN war auch Gestalttherapeutin und vor diesem Hintergrund muss die Beschreibung seines ersten TZI-Kurses gesehen werden. Für Rudolf Lehmann begann dann eine intensive Ausbildung unter Ruth COHNs Leitung. Bis heute besteht ein freundschaftlicher telefonischer Kontakt mit ihr. Seine Erkenntnisse und Erfahrungen integrierte er manchmal „unbalanciert", überstürzt in seine Seminare. Heute plädiert er für die kleinen Schritte der Einbeziehung von TZI-Erkenntnissen in die berufliche Praxis. Die Schwerpunkte des Interesses an der TZI haben sich aus seiner Sicht in Richtung Methodenkompetenz verlagert. Unbestritten bleibt für ihn die unauflösliche Beziehung von Mensch und Sache in einem Prozess des lebendigen Lernens.

Renate Martens war mit Freunden und Kollegen in dem aus den Impulsen der 68er-Bewegung Mitte der 70er Jahre gegründeten „Sozialistischem Lehrerzentrum" engagiert. Dort spürten sie bald gemeinsam, dass ihnen die Kompetenzen zur Umsetzung ihrer Ziele fehlten. Auf der Suche nach passenden Hilfen in dem weiten Feld damaliger Angebote, besonders im Bereich der Humanistischen Psychologie, stieß Renate Mertens auf die TZI. Was sie dort besonders beeindruckte, war, dass Menschen aus verschiedensten Berufen und Herkünften mit den unterschiedlichen Prägungen ihrer Persönlichkeit auf der Basis einer gegenseitigen Wertschätzung fruchtbar zusammenarbeiten konnten. Für sie lebte in diesem Kurs das, womit sie sich in Studium und Referendariat beschäftigt hatte. Was sie da neben anderen Elementen als teilnehmende Leitung der TZI erfuhr, setzte sie schließlich in ihrer Arbeit ein und die sehr guten Erfolge stellten für sie eine Bestätigung der Methode dar (21,38; 6,33).

Tabea Diehl machte Mitte der 70er Jahre während ihrer Unterrichtspraxis am Gymnasium ein zusätzliches Studium der Diplompädagogik, weil sie sich nicht ausreichend ausgebildet fühlte. Ihr Schwerpunkt war Gruppendynamik und Beratung. In den Gruppen erprobte sie mit einem jungen Dozenten neue Methoden und erlebte dabei so etwas wie „lebendiges Lernen". Bei der Beschäftigung mit der Humanistischen Psychologie stieß sie auf das Buch von Ruth COHN „Von der Psychoanalyse zur Themenzentrierten Interaktion" und entdeckte darin Vieles, was sie bisher so nicht gefunden hatte. Sie merkte aber bald: „Lesen allein nützt hier nichts" (2,32). Nach Abschluss ihres Diplomstudiums begann sie

schließlich ihre TZI-Ausbildung. Dabei entsprach Ruth COHNs politischer Anspruch sehr ihren eigenen Intentionen. Die Erfahrungen ihrer TZI-Ausbildung
veränderten ihren Unterricht, stießen aber manchmal angesichts der schulischen
Strukturen auch an Grenzen.

Die nachfolgend im Hinblick auf ihre erste Begegnung mit TZI zu betrachtenden
sechs Interviewpartner/innen weisen nicht diese enge Beziehung zur Gruppendynamik auf, sind aber ebenfalls pädagogisch innovativ tätig.

Gabi Nolde war von einem Ferien-Familienworkshop begeistert, an dem sie auf
Einladung einer Freundin teilnahm und der von TZI-Graduierten geleitet wurde.
Sie fühlte sich zusammen mit ihrem Kind sehr ernst genommen, war beeindruckt
vom Umgang miteinander und lernte viel über sich und ihr Kind. Das war für sie
der Anlass, sich nach TZI zu erkundigen und in einer TZI-Peergruppe zu engagieren. Die war für sie „spannend, interessant und sehr lebendig" (1,39). Sie
konnte dann in Verbindung mit anderen Ausbildungen aus der Humanistischen
Psychologie ihren Unterrichtsstil so verändern, dass die Schüler/innen mehr
Autonomie, Mitbestimmung und demokratische Unterrichtsformen erfuhren. Die
erste Berührung mit TZI erfolgte hier als ein positives Erlebnis des Konzeptes,
ohne rational genau zu verstehen, warum dies alles so gut lief. Sie atmete sozusagen dieses Konzept zunächst einmal ein und machte sich erst in der Folge genauer damit vertraut.

Dora Lührs nahm erst auf Wunsch ihres vorgesetzten Mitarbeiters an ihrem
ersten TZI-Kurs teil. Sie war bereits Mitte der 1970er Jahre als Assistentin an
einem Institut für Lehrerausbildung tätig. Der Leiter erwartete für eine weitere
Zusammenarbeit, dass sie eine Arbeitsweise kennenlernte, die ihm wichtig wäre,
und das war TZI. Nach anfänglichem Befremden hat sie im TZI-Kurs doch etwas
„angerührt", so dass sie dort blieb und bald in der TZI-Szene zu Hause war. In
der Referendarausbildung erlebte sie die Zusammenarbeit mit dem Leiter und
den beteiligten Kollegen als „segensvoll" (3,1), und kann ihre TZI-Erfahrungen
auch in der Schulpraxis, zuletzt als Schulleiterin einer Grundschule, umsetzen.

Thea Elsner begann ihre TZI-Laufbahn zunächst fremdbestimmt. Sie verspürte
überhaupt keinen Mangel, meinte für ihre Aufgaben gut ausgerüstet zu sein und
besuchte den ersten TZI-Kurs nur, weil das von dem Leiter ihres neuen Arbeits-
felds, einem Kooperationsmodell, verlangt wurde. Dann aber erschloss sich für
sie eine ganz neue Dimension mit dem Schwerpunkt auf dem Ich, der Wahrnehmung der eigenen Persönlichkeit im Lehrprozess und der anderen lernenden Ichs
im Lernprozess: „Also wie bereite ich mich auf Lerneinheiten vor im Prozess der
Ich-Wir-Entwicklung – das hatte ich in meiner Ausbildung nicht gelernt. (…)
Mich auf ein Ich oder gar auf mein Ich, meinen Kontakt zum Thema zu be-

ziehen, mein Bezug zu mir selbst und meinem Körper und meinen Gefühlen und Gedanken, zu meiner Rolle als Lehrender, oder Ich und Wir, also im Kontakt mit den einzelnen anderen Ichs als Lerngruppe, oder in Kontakt mit der Gruppe als Ganzer – das war mir völlig fremd. Das hat mich fasziniert" (4,28). Dies ist hier so ausführlich zitiert, weil auch andere TZI-Teilnehmer während ihrer Fortbildung eine neue Entdeckung ihres Ich und ihrer Berufsrolle erfahren, es aber nicht so differenziert darstellen. So sagt Erika Härtel, dass ein Schwerpunkt ihrer TZI-Fortbildungskurse für Lehrende darin bestehe, die Gleichgewichtigkeit des Ich als Lehrperson neu zu entdecken und sich nicht nur als Rädchen im Getriebe zu sehen (20,34). Verschiedene Feedbackmeldungen – auch aus anderen TZI-Kursen – bestätigen das Gelingen solcher Bemühungen.

Erika Härtel nahm an einer innovativen pädagogischen Maßnahme teil. Sie meldete sich als Lehrerin zur Anstellung am ersten Ganztagsgymnasium ihres Bundeslandes: „Das war ein Reformprojekt und dort habe ich so meine Vision von Schule entwickelt. Und die ist es eigentlich auch geblieben. Das war ganz stark geprägt durch einen partnerschaftlichen Umgang mit den Lernenden und durch Teamarbeit im Kollegium" (1,31). Sie merkte aber bald, dass sie für diese Schülerklientel, zu 40 % aus Arbeiterkreisen, beruflich gar nicht ausgerüstet war. Sie wollte „nachlernen" und stieß dabei ca. 1972 auf die TZI, die ihrer Werthaltung und auch anderen Reformvorstellungen entsprach. Bei ihr floss sukzessiv das, was sie in den TZI-Kursen lernte, in den Unterricht mit ein. Der Globe-Aspekt der TZI kam bei ihr in der Weise zur Geltung, dass sie über den Fachunterricht hinaus Vertrauenslehrerin für Schüler/innen wurde und für die Drogenproblematik an der Schule einen Arbeitskreis gründete, an dem Lehrer/innen, Schüler/innen und Eltern zusammenarbeiteten: „Und da hat mir natürlich die TZI unendlich geholfen" (2,37).

Ludwig Kanig kam während seiner Ausbildung zum Beratungslehrer über eine Dozentin für Psychologie, die auch TZI-Kurse gab, mit der TZI in Berührung. Von seinen Fächern her, der Mathematik und Physik, ist es nicht ohne Weiteres naheliegend, sich in dieses soziale Feld zu begeben. Aber sein Selbstverständnis als Lehrer und die rein wissenschaftliche Ausbildung, die er an der Universität erfuhr, bildeten eine Diskrepanz und ließen ihn einen Kompetenzmangel spüren: „Es war immer so mein Bestreben, die Schüler/innen im Blick zu haben. Aber wie, wie geht das auch? Dann hab ich mich sehr früh schon eben um den Posten des Beratungslehrers bemüht, weil ich da eben auch Tätigkeiten sah neben der Mathematik und Physik" (1,27). Nach dem Abschluss der Ausbildung zum Beratungslehrer 1984 begann er 1986 die TZI-Ausbildung. Dabei machte er die Entdeckung, dass er auch in seinen Fächern mit Hilfe der TZI lernt, „die Menschen zu sehen, die Schüler, die da sitzen" (1,47). Die erste große Hilfe der TZI-Kurse

liegt für ihn in dem „Effekt, den, ich denke, viele so haben, dass TZI, wenn man
das so lernt in den Kursen, zunächst einmal was für einen selbst ist. Und dieses
Für-einen-selbst-Sein, anders vor der Klasse zu stehen, ausgefüllter, ausbalan-
cierter aus der Schule rauszukommen, indem man auch gelernt hat, so ein bisschen auf sich zu achten, das stellt den Schülern oder der Klasse gegenüber gleich
einen anderen Lehrer vor" (2,2).

Luise Palmer hatte schon Erfahrungen in verschiedenen Berufen gesammelt, als
sie in den 1970er Jahren noch eine Lehrerausbildung mit Referendariat für
Grund-, Haupt- und Realschule durchführte. 1982 griff sie nach einer Begegnung
mit dem TZI-Konzept dieses begeistert auf, machte eine intensive TZI-Ausbildung und erfuhr dadurch eine außerordentliche Hilfe in ihrer schon gewählten
Funktion als Vertrauens- bzw. Verbindungslehrerin. In diese Funktion wurde sie
bis zu ihrer Pensionierung immer wieder gewählt. Sie hebt mehrfach die Bedeutung des zweiten Axioms für ihre Arbeit hervor. Sie hätte ihre Arbeit nur auf der
Basis einer Wertschätzung sowohl ihrer eigenen Person als auch einer bedin-
gungslosen Wertschätzung von Schülern, Eltern und Kollegen durchführen können. In vermittelnden Konfliktgesprächen (6,3) bewährte sich diese Wertschätzung für beide Seiten: „Also ich denke, diese Achtsamkeit, wie begegne ich von
Mensch zu Mensch, das ist mir in Fleisch und Blut übergegangen" (6,48). Wertschätzung schafft aus ihrer Sicht Vertrauen und eine Atmosphäre, in der Gegensätze ausbalanciert und kreative Potenzen freigesetzt werden können, so dass
dann im Arbeiten und Wirken so etwas wie ein lebendiges Fließen, ein „Flow",
entstehen kann.

   Hiermit sind die anfänglichen Zugänge jener sechs Interviewpartner/innen
aus den Geburtsjahrgängen 1932-1948 zur TZI analysiert, die die 68er-Bewe-
gung mehr oder weniger bewusst wahrgenommen haben und davon in ihrem Zugang zur TZI und ihrem pädagogischen Engagement direkt oder indirekt beeinflusst waren.

Es folgt die Darstellung der ersten Begegnung weiterer sechs Interviewpartner/
-innen mit TZI aus den Geburtsjahrgängen 1955-1963.

Rita Ebner erfuhr während ihrer Ausbildung zur Pfarrerin an der Universität
von einem Professor eine Wertschätzung, die sie bis dahin in gleicher Weise
nicht erlebt hatte: „Dass ich auf einmal als Mensch wahrgenommen werde, das
passierte mir zum ersten Mal in meiner ganzen Schul- und Uni-Laufbahn"
(2,24). Das war für sie ein Schlüsselerlebnis. Sie stellt dieser Wertschätzung als
Gegenpart das Funktionieren gegenüber: „Sonst an der Schule geht es ja immer
so und an der Uni, funktionieren, funktionieren, funktionieren, egal, was im Hintergrund passiert. Und dass so ein persönliches Ergehen auch eine Erlaubnis gibt,
nicht zu funktionieren, das war was ganz Interessantes" (3,3). Dieses „Interes-

sante" erlebte sie auch im Umgang jenes Professors mit seinen Studenten im Seminar. Sie begann bei ihm an TZI-Einführungskursen teilzunehmen. Der Satz
von Ruth COHN „zu wissen, dass ich zähle, dass Du zählst, dass wir zählen"
lebte dann in ihr und sie konnte ihn bei ihrer Arbeit im sozialen Brennpunkt im
Umgang mit den Schülern praktizieren. In der TZI-Ausbildung entwickelte Rita
Ebner eine besondere Fähigkeit der Selbst- und Fremdwahrnehmung, die ihr im
Beruf eine große Hilfe ist (15,33).

Gisela Weber machte mit TZI als Reflexions- und Diagnoseinstrument in der
TZI-Supervision ihre entscheidenden Erfahrungen: „Ich lernte, und das war das,
was mir TZI letztendlich so spannend gemacht hat: Es ist möglich, die verworrensten Situationen aufzudröseln und eine Handlungsfähigkeit zu entwickeln"
(6,28). Die Kompetenz, wie man eingefahrene Strukturen in einem System sowie
auf persönlicher Ebene verändern kann, begleitete sie später in ihrem Beruf, aber
auch eine grundsätzliche Wertschätzung der Person, besonders bei der Arbeit im
sozialen Brennpunkt.

Tanja Lenz war schon vor dem für sie entscheidenden ersten TZI-Kurs mit TZI
in Berührung gekommen. Sie hatte in ihrer Referendarzeit von ihrer Ausbildnerin, die TZI kannte, die Anregung erhalten, den Unterricht stärker schülerzent-
riert zu gestalten. Bei ihrer Ausbildung zur Beratungslehrerin erlebte sie dann
einen TZI-Kurs von einer ganz anderen Qualität als bei den parallelen Ausbildungskursen: „Und zwar war der fundamentale Unterschied dieses Atmosphärische, (…) diese Leitung, die uns irgendwie mit reinnahm, das war atmosphärisch
so etwas Besonderes. Und das konnte ich eben parallel sehr interessant erleben,
dass ich dachte, davon musst du einfach mehr wissen" (2,9). Die TZI-
Ausbildung befähigte sie schließlich, als Beratungslehrerin die Schullaufbera-
tung der Schüler/innen intensiver zu betreiben und im Unterricht thematisch
stärker die Interessen der Schüler/innen einzubinden (2,38).

Sonja Reinhardt hatte bereits während ihres Lehramtsstudiums von TZI gehört,
besonders im Zusammenhang mit Psychologie als Unterrichtsfach und war TZI
ferner bei ihrer Ausbildung zur Klientenzentrierten Gesprächsführung begegnet:
„Ich habe dieses Modell interessant gefunden, auch selber mehrmals referiert,
ohne aber letztlich verstanden zu haben, was es eigentlich bedeutet" (1,15). Erst
in einem kompetent geleiteten TZI-Kurs erschloss sich ihr eine andere Dimension des TZI-Konzeptes. Sie erlebte darin eine besondere Qualität. Dieses Besondere lag für sie auf der Reflexionsebene: „Also, ich habe zum ersten Mal erlebt, was eigentlich eine Reflexion eines Lernprozesses ist. Dafür wurde sehr viel
Zeit genommen, es wurde im Verlauf des Kurses jede Kurseinheit in Form von
Plakaten an der Wand dokumentiert, sodass am Schluss eine Reflexionseinheit
durchgeführt werden konnte, in der man den ganzen Kurs noch mal Revue pas-

sieren lassen konnte und mir im Nachhinein bewusst wurde, welche Funktionen die einzelnen Bausteinchen hatten" (2,38). Das in den TZI-Kursen praktizierte Vier-Faktoren-Modell zur Reflexion von Lehr-Lern-Prozessen integrierte sie ebenso wie den demokratischen Führungsstil der TZI später in ihren Unterricht.

Uwe Fiedler besuchte 1982/83 sein erstes TZI-Seminar bei dem Dozenten für Sonderschulpädagogik, Helmut Reiser, der einige TZI-Seminare im Rahmen seiner regulären Seminararbeit anbot: „Ich fand es damals sehr spannend, einfach eine ganz andere Art auch der Seminararbeit. Und so bin ich eingestiegen in die TZI-Arbeit, habe dann noch ein, zwei Seminare besucht, die, ich würde sagen, so klassisch nach TZI gestaltet waren" (1,23). Der stärkste Einfluss der TZI auf seine gesamte spätere berufliche Arbeit erfolgte dann während der Referendarzeit, als Uwe Fiedler an einer Supervisionsgruppe bei Helmut Reiser teilnahm. In dieser Zeit hat er „praktisch 18 Monate sehr intensiv Unterricht vor- und nachbereitet und letztendlich auf der Grundlage von TZI auch supervidiert. Das war für mich eigentlich so der richtige Einstieg in die konkrete Arbeit auch in der Schule mit TZI" (1,37). Diese Reflexion seines beruflichen Handelns durch Supervision von außen und durch Selbstsupervision unter Verwendung des gesamten TZI-Konzeptes, aber besonders des Vier-Faktoren-Modells, verinnerlichte er. Das wurde für ihn zu einem Leitmotiv und zu einer beruflichen Selbstverständlichkeit (2,8).

Monika May machte ihre erste Erfahrung mit TZI 1990 auf einer zehntägigen Kanufahrtfreizeit, ohne zunächst zu wissen, dass die Leitung der Freizeit und besonders die Abendgespräche auf dem praktizierten Konzept der TZI beruhten. Die beiden Leiter, ein Pastor und sein Kollege, leiteten nach dem TZI-Konzept in einer Weise, die sich von allem, was sie bisher an Leitung und Zusammenarbeit erlebt hatte, positiv abhob: „Was so spannend war, war einfach diese humanistische Grundhaltung, die ich später ja auch immer wieder auf TZI-Kursen kennengelernt habe, und dass eben auch ganz persönliche und manchmal auch heimliche Themen benannt wurden" (2,3). Monika May war in eine Welt eingetaucht, hatte etwas kennengelernt, ohne es zunächst analysieren zu können: „Und ich fand es einfach faszinierend. Ich kann gar nicht sagen, was es war. Also die Lebendigkeit, die Vielseitigkeit, dieses Gefühl, einfach sehr gut angenommen und aufgehoben zu sein. Das fand ich unglaublich" (1,40). Erst später, in ihrer TZI-Ausbildung ab 1993, hat sie die Strukturen des TZI-Konzeptes durchschauen und bewusster mit ihnen umgehen können. Der persönliche Gewinn dieser Kurse in Krisen, in Entwicklung und Reifung blieb für sie immer bedeutsam.

In diesem Überblick über erste Kontakte meiner Interviewpartner/innen mit der TZI und den Einstieg in eine TZI-Ausbildung zur Anbahnung einer beruflichen

Passung konnten weitere, die Dichten Beschreibungen ergänzende Betrachtungen eingebracht werden, die dort unberücksichtigt blieben.

Zudem lassen sich bei einigen Interviewpartnern *Gemeinsamkeiten* hinsichtlich von Aspekten der TZI finden, die für sie besonders bedeutsam wurden. So spielt die *Wertschätzung der Person*, wie sie im zweiten Axiom von Ruth COHN zum Ausdruck kommt, bei Rita Ebner, Luise Palmer und Gisela Weber eine herausragende Rolle bezüglich des eigenen Erlebens und der weiteren beruflichen Rolle. Die *Entdeckung des Ich* und seine Entfaltung im Unterrichtsgeschehen werden bei Thea Elsner und Ludwig Kanig besonders hervorgehoben. Die *Reflexion* innerhalb und außerhalb der Supervision – besonders im Sinne des *Vier-Faktoren-Modells* – ist für Gisela Weber, Uwe Fiedler und Sonja Reinhardt sehr bedeutsam.

Zum Verhältnis von *theoretischer Kenntnis der TZI* und *praktischer Erfahrung in einem TZI-Kurs* machen Tabea Diehl und Sonja Reinhardt ähnliche Erfahrungen. Tabea Diehl bemerkt von sich aus, dass TZI-Literatur allein „nichts nützt" und begibt sich in die praktische TZI-Ausbildung. Sonja Reinhardt erhält von einer Freundin die Empfehlung zu einem TZI-Kurs und erfährt dort ein ganz anderes Verständnis von TZI, als das, welches sie sich theoretisch angeeignet hatte. Tanja Lenz hat ein ähnliches Erlebnis. Sie hatte in ihrer Referendarzeit etwas von TZI erfahren, aber erst die aktive Teilnahme an einem TZI-Kurs eröffnete ihr ganz neue Dimensionen dieses Konzeptes.

Im Rückblick auf die eingangs vorgestellte Untersuchung über die *Motivationen zum Lehrerberuf* kann festgestellt werden: Wesentliches Merkmal des Motivs zur Wahl des Lehrerberufs war die „Freude an sozialen Kontakten". Die in der Realität des schulischen Berufsfeldes auftretenden Konflikte und Probleme, etwa wegen mangelnder Ausbildung im Hinblick auf die vielseitigen Interaktionen, konnten bei meinen Interviewpartnerinnen und -partnern durch die TZI-Ausbildung besser bewältigt werden und dadurch die Freude am Beruf erhalten bleiben.

Zu möglichen Motivationen für den Lehrerberuf scheint mir Erika Härtel etwas zu äußern, das auch für die anderen Lehrer/innen gilt und nur unterschiedlich formuliert wird. Erika Härtel sagte, dass sie ihre *„Vision von Schule"* entwickelt hat, die geprägt sei „durch einen partnerschaftlichen Umgang mit den Lernenden und durch Teamarbeit im Kollegium" (1,31). Thea Elsner wollte „ein bisschen die Welt aus den Angeln heben" (2,44). Solche Visionen sind mit der Grundhaltung der TZI gut vereinbar. Hinzu kommt die Ebene der *Konkretion* durch „Lernwege", TZI-Methoden, die Ruth COHN im Laufe ihrer persönlichen Erfahrungen und Erfolge entwickelt hatte und die sich in der Praxis bewährten. Dabei geht es nicht um einfache Rezepte, sondern um Aufbau von Strukturen mit Hilfe des Vier-Faktoren-Modells, die in einer dynamischen Balance gehalten werden müssen. Nur auf der Basis einer Grundhaltung sowie einer sukzessiv übenden „Einverleibung" können diese Methoden wirksam werden. Dieser Zusammenhang kommt in der häufig gebrauchten Formel von TZI als *„Haltung und Methode"* zum Ausdruck und findet in den Ausbildungsrichtlinien mit den Persönlichkeits- und Methodenkursen seine Entsprechung, auch wenn in diesen Kursen die Akzente nur unterschiedlich gesetzt sind und in jedem Kurs beides enthalten ist. Ich erwähne diesen Sachverhalt, weil die Interviewpartner/innen die Methoden der TZI in gewisser Verkürzung auch als Handwerkszeug bezeichnen. Aufgrund ihrer humanistischen Grundhaltung ist den Interviewten die Konkretion ihrer Ideen ein großes Anliegen. Da TZI hierbei wirklich hilft, kommt dem Begriff „Handwerkszeug" im erweiterten Sinn eines Kompetenzerwerbs durchaus eine gewisse Berechtigung zu.

Erika Härtel äußert, dass es ihr in der TZI-Ausbildung um *Kompetenzerwerb* ging: „Das war mir das Wichtigste. Und ich habe gemerkt, dass ich immer wieder Aspekte dessen, was ich da gelernt habe in den Kursen, dass die in mein Lehrer-Sein eingeflossen sind und in meinen Unterricht" (2,29). In dieser Aussage kommt Haltung und Methode des Lehrer-Seins und der daraus erwachsenden Unterrichtsgestaltung in pointierter Form zum Ausdruck. Ähnlich äußern sich andere Interviewpartner/innen, wie z. B. Renate Martens, wenn sie die in den TZI-Kursen gewonnenen Erkenntnisse als persönliche Haltung und Methodenkompetenz in ihrer beruflichen Praxis umsetzen. So ist mit der Verbesserung der beruflichen Passung durch die TZI-Ausbildung auch eine Verbesserung der persönlichen Passung im Hinblick sowohl auf die eigene Person (Ich) als auch auf die Außenwelt (Globe) verbunden. Einerseits geht es in der persönlichen Entwicklung um die Bearbeitung der Spannung zwischen dem „Wer bin ich?" und dem „Wer will ich werden?" Ruth COHN drückt diesen Sachverhalt aus, indem sie zur Selbstannahme mit dem im Selbst eingeschlossenen, inhärenten Wunsch zur Weiterentwicklung auffordert. Andererseits steht die persönliche Entwicklung in engem Zusammenhang mit der beruflichen Entwicklung. Dort geht es um eine Passung von Kompetenzen zur Bewältigung beruflicher Aufgaben. Zur Verbesserung beider Passungen macht TZI den Interviewpartnerinnen und -partnern Angebote.

Der *Anstoß zur TZI-Ausbildung* erfolgte bei vielen durch ein besonders starkes erstes Erlebnis in einem TZI-Kurs – oft als positiver Kontrast zu bisherigen Erfahrungen bezeichnet und mit Worten belegt wie „unglaublich", „ganz anders", „faszinierend". So taucht der Ausdruck „faszinierend" bei Thea Elsner in der ausführlichen Beschreibung des ersten 14-tägigen TZI-Kurses bei Ruth COHN neunmal auf (3,22; 3,34; 4,17; 4,36; 5,40; 5,44; 6,33; 6,42; 7,4). Kontrasterlebnisse begünstigen nach BOURDIEU den Beginn einer *Veränderung habitueller Prägungen.* Zum anderen scheint das daran anschließende kontinuierliche Verfolgen einer Richtung, verbunden mit entsprechender Praxis, den bisherigen Habitus verändern zu können. Die zunächst von außen in Form von TZI-Kursen an die Teilnehmer/innen herangetragenen Herausforderungen scheinen die Herausbildung eines besonderen pädagogischen TZI-Habitus zu begünstigen.

Was von „Neulingen als Zugangsvoraussetzung" zu einem „spezifischen Habitus" nach BOURDIEU mitgebracht werden muss, ist „ein spezifischer Denkmodus (eidos)", der in „einer spezifischen Wirklichkeitskonstruktion" auch den Wert „(ethos)", bzw. die Werte „begründet". An einer Stelle erläutert BOURDIEU das noch genauer: „(Was Neulinge in Wirklichkeit mitbringen müssen, ist nicht der stillschweigend oder ausdrücklich geforderte Habitus, sondern ein praktisch kompatibler oder hinreichend nah verwandter und vor allem flexibler und in einen konformen Habitus konvertierbarer, kurz: kongruenter und biegsamer und somit einer möglichen Umformung zugänglicher Habitus)" (BOURDIEU 2001, S. 126). Bezogen auf diese Aussagen erfüllen meine Interviewpartner die Anforderungen zur Weiterentwicklung des Habitus. Die „Kompatibilität" oder Verwandtschaft zwischen dem bisherigen Habitus und der TZI liegt in der politischen Grundhaltung und dem humanistischen Anspruch der Interviewteilnehmer. Die ausreichende Flexibilität ihres Habitus ist durch ihre ausgeprägte Bereitschaft zu Fortbildung und Innovation gewährleistet.

5.3.5 Das Habituskonzept in seiner Ausprägung als pädagogischer TZI-Habitus

In diesem Kapitel wird ein Bild eines pädagogischen TZI-Habitus entworfen. Dazu richte ich zunächst nochmals einen Blick auf verschiedene Aspekte des Habitus-Begriffs. Bei Pierre BOURDIEU hat sich das Habituskonzept „aus empirischen Forschungsfragen entwickelt. Aus diesem Grund ist die Habitustheorie von Pierre BOURDIEU als relativ offenes Konzept angelegt und kann auch, je nach Forschungs- und Argumentationszusammenhang, unterschiedliche Akzente haben" (SCHWINGEL 2005, S. 59). Diese Offenheit des Konzeptes nehme ich auch für meine Untersuchung in Anspruch, wenn ich das Habituskonzept mit der Qualitativen Inhaltsanalyse in der Form der „Typisierenden Strukturierung" von Philipp MAYRING verbinde.

Der Begriff des Habitus wird bei Pierre BOURDIEU zweifach verwendet: Zum einen für eine sozial handelnde Gruppe mit spezifischen Praxisformen und zum anderen für das Individuum – den „sozialen Akteur" – als Verkörperung dieses Habitus. Während ich bei Betrachtung der Passung eher individuelle Aspekte berücksichtigt habe, soll hier ein Gesamtbild aufgrund einer typisierenden Strukturierung konstruiert werden.

Wenn in diesem Zusammenhang von Handlungs- und Praxisformen die Rede ist, sind jeweils keine isolierten Praktiken gemeint, vielmehr kann der Einzelne in einem Rahmen oder, um mit Pierre BOURDIEU zu sprechen, in einem vom Habitus festgelegten Spielfeld agieren. Wenn hier also von einem pädagogischen TZI-Habitus die Rede ist, so werden Spielräume beschrieben, innerhalb derer TZI-Ausgebildete tätig sind.

Der pädagogische TZI-Habitus hat für Lehrende einen allgemein pädagogischen Hintergrund. In der Konstruktion eines solchen pädagogischen TZI-Habitus beziehe ich mich speziell auf professionell pädagogische Akzente, wie sie sich empirisch belegbar in den Interviews finden lassen.

Zur Typisierung beziehe ich mich auf die von Pierre BOURDIEU entwickelten Kategorien von Wahrnehmungs-, Denk- und Handlungsschemata und deren Ausdifferenzierung. Diese Schemata wirken immer zusammen und werden nur zu analytischen Zwecken getrennt behandelt. Eine ähnliche analytische Trennung muss auch bei der Darstellung eines TZI-Habitus vorgenommen werden. Auch dort wirken verschiedene Inhalte gleichzeitig zusammen. Das lässt sich auch für die Interviewten zeigen und kommt in dem Gedanken zum Ausdruck, dass sie TZI in ihr Leben integriert hätten. Einige lehnen es ab, den Ausdruck „ich wende TZI an" zu gebrauchen, sondern sie sagen „es muss in meine Person integriert sein", „ich lebe TZI". Im Rahmen eines TZI-Kurses erhalten sie entsprechend manchmal die Rückmeldung: „Das, was Du über TZI uns vermittelst, das lebst Du auch" (Thea Elsner 20,13). In gleichem Sinne taucht die Formulierung „Das ist mir in Fleisch und Blut übergegangen" (Luise Palmer 6,48) wiederholt auf.

Es geht im Folgenden nicht darum, die bisher erwähnten pädagogischen Konzepte nur in die Schemata BOURDIEUS umzuwandeln, sondern um die Frage: Was lässt sich empirisch gehäuft als Ausdruck eines pädagogischen TZI-Habitus finden? Eine Abgleichung zu früheren Konzepten kann dann folgen.

Zunächst führe ich die Schemata von Pierre BOURDIEU ein und wandele sie sodann für meine Zwecke ab. Der Habitus „gewährleistet die aktive Präsenz früherer Erfahrungen, die sich in jedem Organismus in Gestalt von Wahrnehmungs-, Denk- und Handlungsschemata niederschlagen" (BOURDIEU 1987, S. 101). Anknüpfend an dieses Zitat kann man folgende Aspekte des Habitus analytisch auseinanderhalten:

„1. die Wahrnehmungsschemata, welche die alltägliche Wahrnehmung der sozialen Welt strukturieren (man könnte auch, um sie vom nächsten Punkt abzugrenzen, vom sensuellen Aspekt der praktischen Erkenntnis sprechen), 2. die Denkschemata, zu denen (a) die ‚Alltagstheorien' und Klassifikationsmuster zu rechnen sind, mit deren Hilfe die Akteure die soziale Welt interpretieren und kognitiv ordnen, (b) ihre impli-

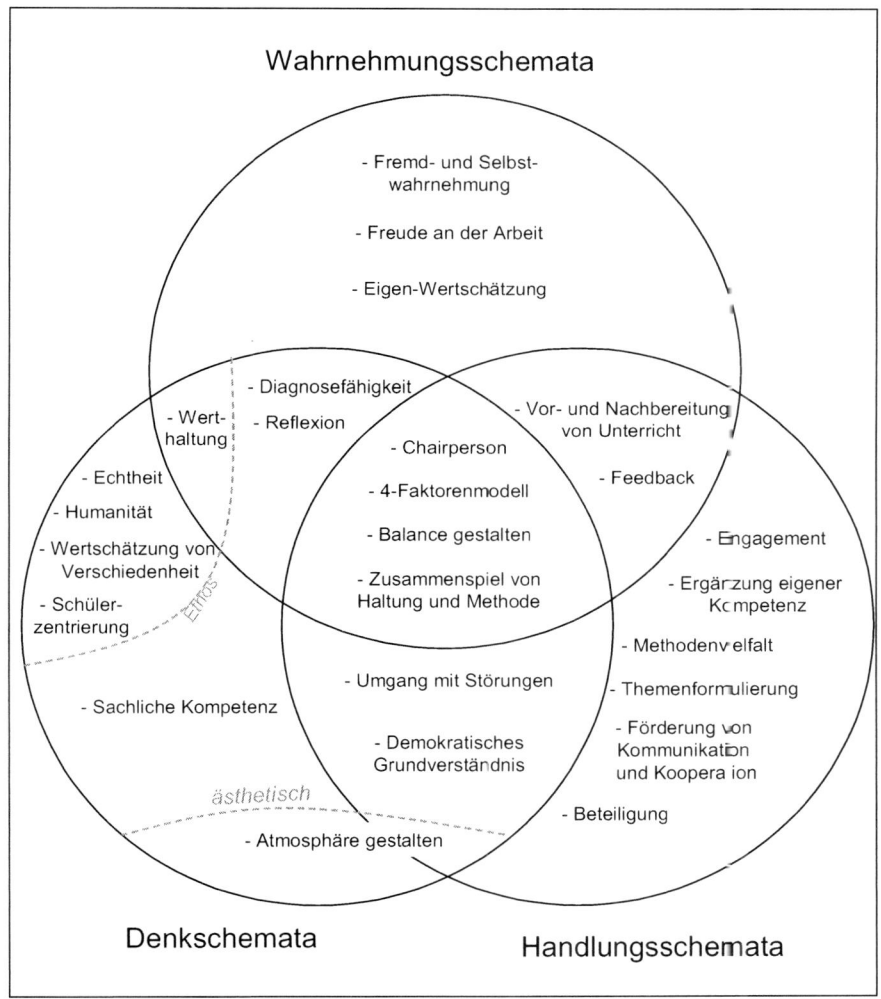

Abbildung 2: Überblick „TZI-Habitus" – Elemente eines professionellen TZI-Habitus nach BOURDIEUs Dispositionen in den Schemata

ziten ethischen Normen zur Beurteilung gesellschaftlicher Handlungen, d. h. ihr ‚Ethos' (BOURDIEU 1967, S. 167 passim), und (c) ihre ästhetischen Maßstäbe zur Bewertung kultureller Objekte und Praktiken, kurz ihr ‚Geschmack' (BOURDIEU 1982, S. 278, passim), 3. schließlich die Handlungsschemata, welche die (individuellen oder kollektiven) Praktiken der Akteure hervorbringen" (SCHWINGEL 2005, S. 62).

Im Folgenden werden die in der Typisierung herausgearbeiteten Elemente eines pädagogischen TZI-Habitus dargestellt. Um dabei das Zusammenwirken der Schemata zum Ausdruck zu bringen, habe ich – heuristisch – eine Grafik mit Schnittmengen gewählt, in der die einzelnen Oberbegriffe angeordnet wurden (siehe Abbildung 2).

5.3.6 Ausführliche Darstellung der in den generativen Schemata enthaltenen Dispositionen für einen typisierten pädagogischen TZI-Habitus

Vorbemerkungen: 1. Die folgende Darstellung der generativen Schemata ist nur vor dem Hintergrund und in Zusammenhang mit der in Kapitel 5.3.1 geschilderten TZI-Studienkultur als Feld fachspezifischer Sozialisation zu sehen. Der pädagogische TZI-Habitus geht aus diesem Feld hervor, wie es auch in den Dichten Beschreibungen und dem Kapitel 5.3.3 über die Erlangung einer erweiterten beruflichen Passung durch TZI-Kurse beschrieben ist. Umgekehrt existiert dieses Feld durch Lehrende und TZI-Praktizierende, die diese generativen Schemata verinnerlicht haben, in entsprechenden Situationen und Kontexten je nach persönlicher Charakterdisposition präsent haben und innerhalb der institutionellen Bedingungen, in die sie eingebunden sind, praktizieren. Beide Faktoren, die persönliche Note und das jeweilige berufliche Umfeld sind in den Dichten Beschreibungen dargelegt.

2. TZI beinhaltet keine eigene berufliche Ausbildung, sondern fördert die berufliche Tätigkeit durch das Einbringen reflexiver, kommunikativer, methodischer und ethischer Faktoren. In der Darstellung des pädagogischen TZI-Habitus geht es um eine empirisch begründete, besondere Ausformung eines pädagogischen Habitus, dessen Art durch Sozialisation in die TZI-Studienkultur geprägt wurde.

3. Für die Darstellung des TZI-Habitus gilt das, was Pierre BOURDIEU für die Schemata formuliert hat: Alle Elemente wirken zusammen, sie werden lediglich für analytische Zwecke getrennt behandelt.

4. Die Schemata des pädagogischen TZI-Habitus sind in den Dichten Beschreibungen bereits inhaltlich implizit enthalten. Eine explizite Darstellung des pädagogischen TZI-Habitus erfolgt nun anhand einer inhaltlichen Typisierung.[13]

5.3.6.1   Denkschemata – Ethos

BOURDIEU hat eine Differenzierung seiner Denkschemata in drei Bereiche vorgenommen: a) Alltagstheorien, b) Ethos, c) Ästhetische Maßstäbe. Für den pädagogischen TZI-Habitus spielt das *Ethos* eine grundlegende Rolle.

Ein besonderes Kennzeichen der TZI ist die Wertebasis, wie sie im zweiten Axiom zum Ausdruck kommt: „Ehrfurcht gebührt allem Lebendigem und seinem Wachstum. Respekt vor dem Wachstum bedingt bewertende Entscheidungen. Das Humane ist wertvoll, Inhumanes wertbedrohend" (COHN 1984, S. 358). In der TZI-Pädagogik hat dieses Axiom für die Pädagogen einen besonders hohen Stellenwert. Das kommt darin zum Ausdruck, dass sie einmal selbst eine besondere Wertschätzung erfahren haben und in der Lage sind, diese, unabhängig von jeweiligen situativen Kontexten, auch weiterzugeben. Deutlich trat das in den Schilderungen der Bewältigung unterschiedlicher Situationen, wie beispielsweise bei Rita Ebner, Gisela Weber, Sonja Reinhardt und Luise Palmer, hervor.

Die typische Wertehaltung wurde in dem oben abgebildeten Modell im Bereich des Ethos als Teil der Denkschemata angesiedelt. Hier sind auch humanistische Werte, wie Schülerzentriertheit, Echtheit und die Wertschätzung von Verschiedenheit, als typische Merkmale eines TZI-Habitus zu verorten. Die Schülerzentriertheit äußert sich darin, dass die Lehrenden sich neben der Vermittlung von Fachwissen um eine angemessene Zuwendung zu jedem einzelnen Lernenden bemühen. Durch die Wertschätzung von Verschiedenheit werden jedem Einzelnen hierbei eigene Wege zur Wissensaneignung zugestanden. Hierzu gehört auch, dass unterschiedliche Möglichkeiten und Interessenlagen der Schüler/innen anerkannt und berücksichtigt werden. Diese Zugewandtheit zu den Lernenden ist dabei Ausdruck einer umfassenden humanistischen Haltung. Die Inhalte des Ethos sind grundlegend für das gesamte Wirken eines Pädagogen, werden als wertvolles Gut angesehen und haben damit Auswirkungen auf die Wahrnehmung der eigenen Persönlichkeit.

---

13   Im Rahmen dieser Auswertung greife ich auf das Programm MAXqda zurück, welches das Systematisieren ähnlicher Inhalte innerhalb eines umfangreichen Datenmaterials erleichtert. Ich nutze diese Unterstützung für mein gesamtes Datenmaterial in der Beschreibung der Schemata.
Den Quellennachweis für die Schemata des nach Sequenzen bei MAXqda geordnet vorliegenden Textes gebe ich in einer gesonderten Zusammenstellung im Anhang B. Dort ist auch der Codebaum zu finden. Ich gehe in dieser Weise vor, um die Lesbarkeit nicht zu beeinträchtigen.

5.3.6.2　　　Wahrnehmungsschemata

Die Selbstwahrnehmung ist von einer positiven Wertschätzung der eigenen Persönlichkeit gekennzeichnet. Diese Wertschätzung beinhaltet die eigenen Potenziale und Stärken ebenso wie die Schwächen. Interviewpartner/innen berichten, wie sie in der TZI durch Betrachtung ihrer eigenen Biographie diesen Dingen auf die Spur gekommen sind. Diese Erfahrung geht auch in die wertschätzende Wahrnehmung der Potenziale und Schwächen anderer ein.

Die Selbst- und Fremdwahrnehmung findet im Chairperson-Postulat ihren Ausdruck und fließt in Wahrnehmung, Denken, Entscheiden und Handeln ein: Ob als kontinuierliche Selbstwahrnehmung, als Wahrnehmung der Potenziale der Lernenden oder durch Abwägen, wie viel einem Anderen zugemutet werden muss oder darf im Sinne von Herausforderung bei Vermeidung von Überforderung. Pädagogen, die eine TZI-Ausbildung beginnen, erhalten für die eigene Reifung und Entwicklung wertvolle Impulse. Dies führt sie zu einer selbstbewussteren Lebenshaltung. Diese Änderung der Lebenshaltung wirkt sich auch positiv auf die Unterrichtsgestaltung aus. Die Lehrenden beschreiben sich als ausgeglichener, können sich sensibler in sich selbst und in andere einfühlen, können sich dadurch auch vor unbedachten Reaktionen – „Ausrastern" – bewahren und fair bleiben. Sie entwickeln ein Gefühl für ihre eigene Rolle, können sich abgrenzen und Nähe und Distanz ausbalancieren. Sie stehen zu dem, was sie denken und fühlen, wissen aber auch, was sie dem Anderen mit Rücksicht auf dessen Verfassung und auf ihre eigene Situation vermitteln sollten.

Die Wichtigkeit der Entwicklung der eigenen Wahrnehmung drücken sie aus, indem sie die Lehrerpersönlichkeit als zentrales Medium ihrer Tätigkeit, als ihr wichtigstes Handwerkszeug betrachten, mit einem guten Stand im Berufsfeld. Diese Bewusstheit beinhaltet auch ein Gefühl für die Polarität von Autonomie und Interdependenz, also das Wissen darum, dass die eigenen Handlungsmöglichkeiten immer von inneren und äußeren Gegebenheiten abhängen, realistisch eingeschätzt werden müssen und dadurch die vorhandenen Handlungsmöglichkeiten besser begriffen und genutzt werden können.

Die Beachtung von Balance in Lehr- und Lernprozessen lässt sich anhand des Vier-Faktoren-Modells, aber auch darüber hinaus, erkennen. So ist die Wahrnehmung eines TZI-Tätigen stets darauf gerichtet, das Verhältnis von in Beziehung stehenden Faktoren zu beachten, seien es beispielsweise Nähe und Distanz oder die Elemente des Vier-Faktoren-Modells Ich, Wir, Thema, Globe.

Diese spezielle Art der Wahrnehmung wird innerhalb eines längeren Prozesses erworben und als einverleibtes und integriertes Wissen beschrieben. Solche Lehr- und Lernprozesse in TZI-Kursen oder im Unterricht werden von den Beteiligten zeitweise als fließend, „Flow", und als beglückend erlebt. Insgesamt geht die positive Selbst- und Fremdwahrnehmung mit ausgeprägter Freude an der eigenen Arbeit einher.

Im Rahmen der TZI-Ausbildung wird eine Stärkung der eigenen Persönlichkeit erfahren, die beispielsweise in folgende Rückmeldungen an die Ausbildungsleiter mündet: „Ich habe am meisten für meine Praxis profitiert" (s. Anhang B, Sequenz nach MAXqda im Interviewtext: Härtel 108). „Ich stehe mehr zu mir, bin angstfreier und frecher geworden, in der Hierarchie Kritik zu üben" (Nolde 175). „Ich bin mutiger und authentischer geworden, (…) habe größere Selbständigkeit, (…) kann besser mit Konflikten umgehen, (…) besitze größerer Risikofreudigkeit" (Diehl 277, 287).

5.3.6.3 Denkschemata – Alltagstheorien

Als Alltagstheorien zum pädagogischen TZI-Habitus muss man die Denkschemata oder Gedanken ansehen, die sich mit dem „Wie" des TZI-Konzeptes beschäftigen, worin es also darum geht, das Konzept der TZI in die eigene Gedankenwelt (den Gedankenhorizont) einzuordnen, zu bewerten und auf seine konkrete Umsetzung hin zu überprüfen.

Die TZI wird von den Lehrenden als ein Teil der eigenen Qualifikation angesehen, die die bereits vorhandene fachliche Qualifikation ergänzt und durchdringt. Diese Teilqualifikation beinhaltet die Fähigkeit, eine Gruppe und sich selbst zu leiten, und ist verbunden mit einem Interesse an gesellschaftlicher Entwicklung. Auch wenn es nicht jeder so formuliert wie Ruth COHN, „dass Auschwitz nicht wieder passiert", so ist doch im pädagogischen TZI-Habitus enthalten, einen eigenen Beitrag, „den trillionstel Teil" (COHN), zur Weiterentwicklung der Gesellschaft zu leisten. Hierzu gehört der Anspruch, vor einem holistischen Weltbild und demokratischen Grundverständnis den einzelnen Menschen in seiner Entwicklung zu unterstützen. Entwicklung wird dabei angesehen als ein dialektisches Verhältnis von individueller und kooperativer Entfaltung. Das Vier-Faktoren-Modell als Haltung und Methode dient hierbei als gedankliches Konzept, um sowohl individuell als auch im Gruppenprozess die Entwicklung zu fördern und anstehende Aufgaben zu bewältigen.

Das TZI-Konzept wird als gut durchdacht und äußerst stimmig angesehen, es lässt sich aufgrund seiner Offenheit auf Veränderungen und neue Entwicklungen ausrichten und sowohl in verschiedenen Lebensaltern als auch unterschiedlichen Berufsfeldern einsetzen.

Bestimmend für den TZI-Habitus ist der Gedanke, dass Spielräume für Innovation vorhanden sind, die gefunden und mutig ausgeschöpft werden müssen. Menschen sehen Grenzen in Verhältnissen, die sich bei genauerer Betrachtung und geschicktem Herangehen erweitern lassen. Die Suche nach solchen Freiräumen ist charakteristisch für TZI-Lehrende. Es werden aber auch bestehende

Grenzen anerkannt, die sich als feststehend erweisen und in Globe-Faktoren und den eigenen Begrenzungen begründet sind.

Das TZI-Konzept wird nicht als abstrakte Philosophie, sondern als Ausdruck der Methodisierung eines natürlichen Liebeswillens angesehen, der das Lernen von Inhalten für den Lernenden zur Freude macht. Das Hauptanliegen ist die konkrete Umsetzung in Verhalten und Haltung, die theoretische Arbeit am Konzept ergänzt dieses Bemühen.

5.3.6.4   Denkschemata – Ästhetische Maßstäbe

Wie man bei einem liebevollen Umgang auf eine schöne, stilvolle Gestaltung Wert legt, so drückt sich das auch beim pädagogischen TZI-Habitus in einer stilvollen Raum- und Zeitgestaltung aus. Konkret bedeutet das, dass die Gestaltung des Unterrichts- bzw. Seminarraumes ebenso wie die Schaffung einer angenehmen, vertrauensvollen Atmosphäre bzw. eines angenehmen Klimas und die Berücksichtigung von Zeitrhythmen mit bedacht wird.

5.3.6.5   Handlungsschemata

Der Bereich der Handlungsschemata beschreibt die Hervorbringung von Praktiken. Die TZI-Praxis ist geprägt von einem Engagement, etwas zu bewirken. Das kommt beispielsweise in der Bereitschaft zum Ausdruck, erweiterte Funktionen zu übernehmen, wie z. B. die des Vertrauenslehrers oder der Schulleitung, zu deren Erfüllung auf ein breites methodisches Repertoire aus verschiedenen Kompetenzbereichen zugegriffen werden kann. Zu einem solchen Engagement gehört auch die stetige Erweiterung eigener Kompetenzen durch Fortbildung, Supervision oder kollegialen Austausch.

Ausgehend von dem Gedanken, dass Lehren und Lernen zwei Pole mit eigener Dynamik sind, spielt die Formulierung eines Themas für die Entwicklung eines Lernprozesses eine ganz entscheidende Rolle. Die Frage ist: Wie bezieht man die Lernenden in diesen Prozess mit ein? Für den TZI-Lehrenden stellt die Themenformulierung ein zentrales Medium dar, um die innere Teilnahme der Lernenden zu gewinnen und sie zur Eigentätigkeit anzuregen. Die Art der Themenformulierung muss geeignet sein, an die Gedankenwelt der Teilnehmer anzuknüpfen und verschiedene, individuelle Zugänge zu ermöglichen. Im TZI-Habitus ist das Bewusstsein enthalten, dass Themen immer leitende Funktionen übernehmen und dass geheime und sensible Themen wahrgenommen und artikuliert sowie eventuell behandelt werden müssen, um einen lebendigen Prozess zu erhalten.

Zur Behandlung der Themen werden Einzelarbeit und unterschiedliche Konstellationen von Gruppen effektiv eingesetzt, z. B. Zweiergruppen, Kleingruppen, Plenum, Fishbowl.

Das demokratische Grundverständnis drückt sich bei der Gestaltung der Gruppenarbeit in der Weise aus, dass eine möglichst vielseitige Beteiligung aller an dem zu bearbeitenden Gegenstand erreicht wird. Dazu gehören auch partizipierende Leitung, Rundgespräche, die Auffassung, dass wirklich jeder Beitrag zuerst einmal willkommen ist, dass man sich über gemeinsame Regeln und eine Arbeitsteilung miteinander verständigt. Diese Methoden sollen nicht nur die Kommunikation fördern, sondern den Schülern und Teilnehmern Mitsprache und Mitverantwortung erlauben. Dabei ist beispielsweise der wöchentliche Klassenrat ein wichtiges Element. Er dient zu Planungen, zu Aussprachen und zur Bewältigung von Problemen und Störungen. Genauso werden in anderen Konstellationen immer besondere Zeiten für diese Angelegenheiten reserviert.

Der pädagogische TZI-Habitus rechnet generell mit Störungen und Konflikten, die sich aus der Verschiedenheit der Menschen und den jeweiligen Situationen ergeben. Zum Umgang mit Konflikten zählt, dass sie wertschätzend interpretiert werden können, wenn sie eine dahinter liegende Ursache andeuten, die bearbeitet werden muss, um den Arbeitsprozess voranzubringen. Es existiert die Bereitschaft, Konflikte zu thematisieren und in der Interaktion zu behandeln. Allerdings wird auch abgewogen, inwieweit eine Störung unbedingt bearbeitet werden muss, damit der Arbeitsprozess fortschreiten kann.

Für Gruppenprozesse und Interaktion bildet das Vier-Faktoren-Modell eine tragende Basis, die dem Pädagogen jederzeit präsent ist. Es dient zur Situationsanalyse, zu eventuellen Interventionen, zur Unterrichtsreflexion, als Diagnoseinstrument von Fähigkeiten, zur Vorbereitung und Nachbereitung von Lernprozessen.

In diesen Zusammenhang gehört zum pädagogischen TZI-Habitus eine besonders entwickelte Feedbackkultur, die auf verschiedenen Ebenen und in unterschiedlichen Intervallen praktiziert wird. Auf dem Gebiet der Gruppenleitung werden, je nach Situation, Rückmeldungen mit ungefähr folgenden Fragen eingeleitet: Wie ging es mir in dieser Unterrichtseinheit, mit dem Thema und der Struktur seiner Behandlung, mit der Gruppe und der Interaktion, mit mir selbst und meinem Beitrag, mit der Leitung und der dynamischen Balance in dem Gesamtgeschehen? Wenn ein Lehr-/Lernprozess stagniert, kann durch ein „Blitzlicht" in der Runde die aktuelle Situation erhellt werden. Dabei geht es nicht um den gesamten Fragenkomplex, sondern um eine kurze Zustandsbeschreibung der Teilnehmer: Wo bin ich jetzt mit meinen Gedanken, Gefühlen, körperlichen Empfindungen? Es besteht kein Zwang zur Beantwortung, aber in der Regel lassen sich die meisten darauf ein und das hilft, neue Strukturen und Strategien für den weiteren Verlauf zu entwickeln. Das habitualisierte Vier-Faktoren-Modell unter Einbeziehung der Postulate, Chairperson und Störungsvorrang, kommt in diesen

Verfahren des Feedbacks insgesamt zur Geltung.[14] Eine andere Form der Rückmeldung betrifft die persönliche Ebene. Sie gibt den Schülerinnen und Schülern Informationen über ihre Leistungen und davon getrennt – in einem Pilotprojekt in Thüringen – über ihre Selbst-, Sach-, Methoden- und Sozialkompetenz[15].

In der TZI wird zur Entwicklung und Förderung des persönlichen Wachstums Feedback in behutsamer Weise arrangiert. Die Feedbackkultur des pädagogischen TZI-Habitus ist Ausdruck eines umfassenden Interesses, andere am eigenen inneren Erleben teilhaben zu lassen, darüber zu reden und zu reflektieren und für die weitere Entwicklung einzusetzen.

5.3.7 *Pädagogischer TZI-Habitus und sein Verhältnis zu den Theorien pädagogischer Professionalität*

Während es im Kapitel 3.10 um Anschlüsse der TZI an Positionen der pädagogischen Professionalität ging, stellt sich nunmehr die Frage, inwieweit der pädagogische TZI-Habitus die Handlungsanforderungen, die teils implizit und teils explizit in den Theorien zur pädagogischen Professionalität enthalten sind, erfüllt.

Für eine Antwort auf diese Frage greife ich zunächst noch einmal auf die von Pierre BOURDIEU entwickelten generativen Schemata und ihre analytische Beschreibung, wie sie beim pädagogischen TZI-Habitus zum Tragen kamen, zurück. Die in der Graphik durch die Schnittmenge heuristisch angedeutete und in der Beschreibung ausgeführte Akzentuierung des Zusammenwirkens verschiedener Schemata bildet einen Strukturkern, von dem aus der pädagogische TZI-Habitus auch als ein Prozess- und Handlungsmodell beschreibbar ist.

Im ersten Interview mit Gerda Iser werden Lehr- und Lernprozesse im Sinne von TZI als zwei Pole mit heftiger Eigendynamik bezeichnet. Der Gedanke der zwei Pole, die aufeinander bezogen werden müssen, erscheint mir konstitutiv für das TZI-Konzept, wie es bereits bei der Deutung durch REISER beschrieben wurde und wie ich es als eine Pendelbewegung zwischen verschiedenen Polen im pädagogischen TZI-Habitus vorfinde. Da sind einmal die beiden Pole in der Chairperson selber mit dem Blick nach innen und dem Blick nach außen, der hin und her oszilliert und für eine realistische Entscheidungsfindung ausbalanciert werden muss. TZI fördert besonders diesen Wahrnehmungsprozess, u. a. mit der Reflexions- und Feedbackkultur. Da sind die beiden Pole des bereits erworbenen Wissens und Könnens und der noch zu erwerbenden Kompetenzen, die in einem

---

14   Vgl. dazu die Praxis von Sonja Reinhardt in Dichte Beschreibungen und ihre Fragebögen im Anhang sowie die Fragebögen zur wissenschaftlichen Begleitung des Projektes der Universität Tübingen zur „Weiterqualifizierung für schulische Führungskräfte" im Anhang.

15   Thüringer Kultusministerium 2003, www.thueringen.de/tkm.

Lernprozess zwischen Über- und Unterforderung mit einer zumutbaren Anforderung ausbalanciert werden müssen. Die Freude am Erreichten muss wieder übergehen in die weitere Neugierde und das Verlangen nach neuen Entdeckungen und Entwicklungen. In der zunächst gemeinsam abgestimmten Themenfindung und den anschließenden Methoden der Bearbeitung versucht TZI, diese Pole auszubalancieren. Da sind die Pole des Ich und des Du bis hin zum Wir. Ruth COHN bekämpft ausdrücklich einen einseitigen Individualismus und verlangt Raum für die Entwicklung der Chairperson des Anderen. TZI bietet mit ihren Methoden einer ausbalancierten Gruppenleitung, in der eine Delegation von Aufgaben und eine Beteiligung an der Leitung anvisiert werden, eine Chance zur Entwicklung sozialer Kompetenzen. Da sind die Pole der unmittelbar den Menschen umgebenden Welt und der „weiten Welt". Der Slogan „Global denken, lokal handeln" passt vom Grundsatz her zu Ruth COHNs schon viel früher entworfenem Globe-Konzept, in dem ein politisches Engagement steckt, das je nach Vermögen ausbalanciert werden muss. Dabei bezieht sie auch die zeitliche Dimension des Einst und Danach mit ein und widerspricht dem bloßen Hier und Jetzt. Auf der Reflexionsebene spielt der Globe in seiner jeweiligen Konstellation für die dynamische Balance eine wichtige Rolle. Das schließt auch die Reflexion der Verflochtenheit des Einzelnen in die Institutionen, des Pädagogen in das Netz der Schule und der Kultusbehörde ein. Zu einer Balancierung kann hier die Sensibilität der TZI für die Spannung zwischen möglicher Erweiterung der Grenzen und der Erkenntnis unabänderlicher Gegebenheiten beitragen. Schließlich rechnet die TZI auch damit, dass die zu unserem Leben und damit auch zu unserem Lehren und Lernen gehörenden Pole in den einzelnen Menschen selbst unterschiedlich stark ausgeprägt sind (1. Axiom), dass allein dadurch Störungen vorprogrammiert sein können und dass außerdem jeder Einzelne mehr oder weniger aus der eigenen Balance geraten kann. Zur persönlichen Entwicklung gehört auch die Erlaubnis, etwas auszuprobieren und Fehler zu machen. Aus Fehlern kann gelernt werden, ebenso wie Störungen Lernchancen sein können. Die Pendelbewegungen zwischen den Polen haben ihren Angelpunkt in den Axiomen, einer dem eigenen Ich, dem Du und dieser Welt verbundenen Wertschätzung.

Die eben aufgeführte Darstellung beschreibt den pädagogischen TZI-Habitus vor dem Hintergrund des Habituskonzepts von BOURDIEU und lässt sich aus den Dichten Beschreibungen und den bisher in diesem 5. Kapitel entwickelten Zusammenhängen im Einzelnen begründen und belegen. Diese Perspektive ist geeignet, auch einen Blick auf die verschiedenen Konzepte der pädagogischen Professionalität zu werfen.

Betrachtet man den pädagogischen TZI-Habitus unter der Perspektive des *machttheoretischen Modells*, so ist er mit seiner demokratischen Grundeinstellung auf der einen Seite um Abbau von Macht, hierarchischen Strukturen und jeglicher Bevormundung bemüht, wie es in seinem gesamten Handlungskonzept zum Ausdruck kommt. Auf der anderen Seite will er durchaus Macht im Sinne von Einfluss auf die Realisierung dieser demokratischen Strukturen ausüben, einen „trillionsten Teil" zur positiven Veränderung dieser Welt beitragen.

Aus *systemtheoretischer Sicht* ist dem pädagogischen TZI-Habitus eine besondere Sensibilität für Interaktionen und eine Mitwirkung der Beteiligten an diesem Prozess eigen. Mit der Struktur des Vier-Faktoren-Modells war der TZI seit ihren Anfängen ein differenziertes, systemisches Denken vertraut. Sieht man im systemischen Denken vorwiegend eine Analyse von sozialen Systemen (z. B. Luhmann), so richtet sich der TZI-Habitus darüber hinaus auf Veränderung der Systeme, wobei ihm das Vier-Faktoren-Modell nicht nur zur Analyse und Diagnose dient, sondern er auch versucht, anhand seines Methodenrepertoires festgefahrene Strukturen aufzulösen und Schieflagen zielführend zu verändern. Damit vermindert er das Technologiedefizit, ohne letzte Sicherheit zu bieten. Aber auch Unsicherheiten und Störungen können, so der Anspruch und das Konzept, kommunikativ bearbeitet werden.

Aus *interaktionistischer Perspektive* spielt die Rekonstruktion interaktiver Prozesse und die Aufdeckung paradoxer Verhältnisse eine besondere Rolle. Aufgrund der dialektischen Struktur des pädagogischen TZI-Habitus besteht die Chance, ein Verständnis für paradox und unauflösbar erscheinende Widersprüche zu gewinnen und damit balancierend umzugehen. So kann die sich anbahnende negative Verlaufskurve einer Interaktion in eine positive Richtung umgewandelt werden. Dies zeigt beispielsweise die Erfahrung von Sonja Reinhardt im Zusammenhang mit der Krise einer Schülerin angesichts von deren unerwartet bevorstehender Abwahl als Klassensprecherin. Durch Umkehrung einer negativen Verlaufskurve der Interaktion in eine positive wurde aus einer Schülerin, die die Schule weinend verlassen wollte, nach Ermunterung zum Bleiben und nach dem Durchstehen einer Konfliktbehandlung ein Mädchen, das am Ende Tränen der Freude vergoss. Gisela Weber ging es als jüngster Kollegin in der Leitung der Förderstufe in einem sozialen Brennpunkt schlecht. Aber durch TZI-Supervision und TZI-Ausbildung konnte sich die Verlaufskurve ihrer Interaktion positiv verändern. Der Routine in ihrer negativen Fixierung wird durch das Eingehen des Lehrenden auf die Gedankenwelt der Lernenden im Zuge der Themenfindung und -bearbeitung entgegengewirkt. Die positive Seite einer Entlastung, vorhandenes Material der Situation angepasst zu nutzen, bleibt erhalten. Am schwierigsten kann das Ausbalancieren von ziemlich starr vorgegebenen Organisationsstrukturen sein. Das kann den Übergang der Schüler/innen in eine andere Schulform nach der 4. Klasse betreffen (s. Dora Lührs), die vom Kollegium fest beschlossene Sitzordnung in „Busformation" (s. Erika Härtel), die Not mit der Notengebung bei gleichzeitiger Berücksichtigung persönlicher Entwicklungslagen von Schülerinnen und Schülern, ungünstige Stundenpläne und festgelegte Leistungsanforderungen (Standards). Aber auch hier öffnen sich manchmal Spielräume, wie bei Ludwig Kanig und Gerda Iser mit der Einführung von Doppelstunden, oder bei Gisela Weber, die zurzeit eine Spur verfolgt, mit einer schülerorientierten Themenbehandlung fest vorgegebene Inhalte zu bearbeiten.

Bezogen auf das *strukturtheoretische Modell* mit seinem Anspruch auf eine Integration körperlicher, psychischer und sozialer Aspekte zugunsten einer gesunden Entwicklung bietet der pädagogische TZI-Habitus mit seinen ganzheitlichen, ausbalancierenden Verfahren des Ansprechens aller Sinne und Fähigkeiten eine angemessene Antwort (s. Thomas Roth). Die von Ulrich OEVERMANN beschriebene teilweise diffuse, teilweise rollenförmige Beziehung zwischen Lehrern und Schülern unterschiedlicher Entwicklungsstufen kann angesichts einer reflektierten eigenen Lebensentwicklung in den TZI-Kursen und des sensiblen Ausbalancierens von Nähe und Distanz mit dem pädagogischen TZI-Habitus zufriedenstellend gestaltet werden.

Das *kompetenztheoretische Modell* von Karl-Oswald BAUER steht in seinen empirisch fundierten Erkenntnissen über das Zusammenspiel von Handlungsrepertoire und professionellem Selbst dem pädagogischen TZI-Habitus nahe, wie bereits in Kapitel 3.10 ausgeführt wurde. Besonders in dem Bestreben des professionellen Selbst, sich auch ohne äußeren Druck immer wieder neue Ziele zu setzen und die berufliche Weiterentwicklung als lohnende Aufgabe zu betrachten, sehe ich eine Parallele zu der Entwicklung der Chairperson beim pädagogischen TZI-Habitus.

Die *berufsbiographischen Aspekte* der pädagogischen Professionalität spielen bei der TZI-Ausbildung zur Entwicklung eines pädagogischen TZI-Habitus und in der Reflexion während der beruflichen Praxis eine wichtige Rolle. Das deckt sich mit der in Kapitel 3.7 von Margret KRAUL zitierten Forderung und der in einem weiteren Zitat von Werner HELSPER geäußerten Erwartung der „Herausbildung eines professionellen Habitus", der in der Lage ist, „zu den eigenen Positionierungen im Spannungsfeld der Antinomien reflexiv Stellung zu beziehen" (HELSPER 2002, S. 95). Dabei geht die Pendelbewegung der Gedanken in der TZI von der Ist-Situation mit eventuellen aktuellen Problemen – vielleicht sogar als Anliegen in eine Supervision eingebracht – zurück zu dem Gewordensein mit seinen Mustern und deren Einfluss auf das jetzige Handeln sowie zu der Frage nach neuen Perspektiven und Innovationen.

Pädagogisches Handeln als Vermittlung wird als „Kernstruktur des Pädagogischen" angesehen. Die Darlegungen in Kapitel 3.9 und meine Erläuterungen zu den Anschlüssen der TZI an diese Position in Kapitel 3.10 weisen u. a. auf meinen Ausgangspunkt hin, dass Lehr- und Lernprozesse zwei Pole mit heftiger Eigendynamik sind, die als solche erst einmal realisiert und akzeptiert werden müssen, weil es „zu den größten Irrtümern pädagogischen Handelns (gehört) anzunehmen, das, was im Kopf des Professionellen ist, lasse sich in gleicher Weise im Kopf des jeweiligen Klienten vorfinden oder gar linear transportieren" (COMBE/HELSPER 2002, S. 45). Als Brückenschlag für eine Vermittlung bedarf es des „Interaktionstyps der Anerkennung", der im TZI-Konzept Ruth COHNs auf der Basis des 2. Axioms und einer Kommunikationskultur entwickelt ist. Auf dieser Grundlage lassen sich Themen gemeinsam herausfinden, ansprechend formulieren und in weitgehend selbst motivierter Weise vielseitig bearbeiten. Damit wird ein Weg eröffnet, notwendiges Wissen zur Lebensführung zu vermitteln sowie „Brücken des Verstehens" zwischen unterschiedlichen Betrachtungsweisen zu bauen.

Der pädagogische TZI-Habitus erweist sich gemäß den Dichten Beschreibungen und einer allgemein gefassten Form auf der Basis der generativen Schemata von Pierre BOURDIEU – sowie aus einer dialektischen Sicht – in der Lage, grundlegende Anliegen pädagogischer Professionalität in einer ihm eigenen Form zu erfüllen.

Wenn ich auf die zu Beginn des 2. Kapitels gegebene Definition über Professionalität von KADE/NITTEL/SEITER zurückkomme und auf die dort anschließend aufgeworfene Frage eingehe, ob eine TZI-Ausbildung die Qualität professionellen Handelns erkennbar fördert, so haben die bisherigen Ausführungen, bezogen auf die Erfahrungen der Interviewpartner/innen, den Nachweis dafür erbracht. Der aus den Interviews erschlossene pädagogische TZI-Habitus erfüllt die dort genannten Kriterien und vermag Folgendes herzustellen:

- einen Zugang zum situativen Handeln und zur Wissensbasis des Handelns sowie zur Qualität einer personenbezogenen Dienstleistung,

- eine Einheit von Wissen und Können,

- eine Fähigkeit, widersprüchliche Phänomene auszubalancieren und diese angemessen zu reflektieren.

Im Hinblick auf die von Uwe SCHAARSCHMIDT u. a. angestellte Untersuchung über „Psychische Gesundheit im Lehrerberuf" und die dann von Ewald TERHART zitierte und von mir in Kapitel 5.3.2 wiedergegebene Typologie gehören die Lehrenden meiner Untersuchung mit einem pädagogischen TZI-Habitus zum Typus der Gruppe mit dem Bewältigungsmuster G = Gesundheit. Das

beinhaltete berufliches Engagement, ausgeprägte Widerstandsfähigkeit gegenüber Belastungen und positives Lebensgefühl.

Angesichts dieses Ergebnisses besteht aus meiner Sicht e n Handlungs-
bedarf auf verschiedenen Ebenen.

Der Bekanntheitsgrad des TZI-Konzeptes sollte erhöht werden. Ein Weg
dazu wird u. a. 2007 die *didacta* sein, auf der dieser Ansatz erstmals vertreten
sein wird.

In allen Bundesländern sollten von staatlicher Seite TZI-Angebote gemacht
werden.

Lehrer/innen sollten die vom „Ruth Cohn Institute for TCI – International"
angebotenen TZI-Kurse für ihre vom Staat geförderte und auc1 mit eigenen
Mitteln finanzierte Fortbildung nutzen. Es sollte zugleich evaluiert werden, wie
das Konzept von unterschiedlichen Personen erlebt wird, um Hemmnisse und
Schwierigkeiten der Passung zu entdecken, die im professionellen Habitus oder
in der Biographie liegen können.

6 Ausblick auf Forschungsdesiderate

Diese Studie untersucht den Beitrag einer TZI-Ausbildung zur Entwicklung pädagogischer Professionalität von Lehrerinnen und Lehrern. Forschungsdesiderate finden sich auf verschiedenen Ebenen.

Da ist einmal die *biographische Ebene*. In dieser Untersuchung wurde nur die berufliche Seite im Zusammenhang mit dem TZI-Konzept in einer für eine Monographie noch leistbaren Variationsbreite erforscht. Wenn auch der erste Zugang zur TZI von mir erfragt wurde und – wie sich herausstellte – aus unterschiedlichen Motiven und oft zufallsbedingt erfolgte, so bleiben Fragen offen: Gibt es Dispositionen aus Kindheit und Jugend, die die besondere Bereitschaft zur Weiterbildung und zum Einstieg in dieses TZI-Konzept begünstigen, und wo könnten Hindernisse liegen, sich damit zu beschäftigen? Und ferner: Hat das TZI-Konzept mit der Einbindung der Persönlichkeitskurse einen Einfluss auf die gesamte Biographie, und wie lässt sich dieser Einfluss darstellen? Es geht also um eine Biographieforschung, die das gesamte Leben eines Lehrenden im Zusammenhang mit dem TZI-Konzept einbezieht und sich dabei auf methodisch vielfältig schon vorhandene Quellen und Beispiele stützen kann. Ich nenne hier einmal die bereits von mir in Kapitel 3.7 erwähnte „ZBBS-Buchreihe: Biographie und Profession", ebenso wie die Zeitschrift ZBBS 1/2005 mit dem „Schwerpunkt: Biographie und Lernen", ferner den Artikel von Sabine REH und Carla SCHELLE über „Biographieforschung in der Schulpädagogik. Aspekte biographischorientierter Lehrerforschung" in KRÜGER/MAROTZKI 1999. Sie fordern darin methodische Verfahren, „die es den Beteiligten ermöglichen, ihre subjektiven Sichtweisen, ihre eigenen Geschichten zur Geltung zu bringen und die es den Forschern und Forscherinnen erlauben, diese auch entsprechend zu analysieren" (ebd., S. 388). Solche Biographien ließen sich dann ergänzen durch Unterrichtsbeobachtungen sowie Aufnahme von Unterrichtssequenzen, ebenso wie Sequenzen aus der Elternarbeit und sonstigen besonderen Aktivitäten, die das TZI-Konzept in der Praxis darstellen und sich noch einmal gesondert interpretieren lassen.

Diese Untersuchungen könnten dazu beitragen, den hier entwickelten pädagogischen TZI-Habitus zu erweitern und auf Unterrichtshandeln hin zu präzisieren.

Weiter knüpfe ich an die *institutionelle Ebene* an, indem ich frage, wie TZI-Konzepte sich im Netzwerk der Institutionen auswirken. In meiner Arbeit wird u. a. berichtet, wie sich die Arbeit von Tanja Lenz als Schulleiterin im Kollegium und mit den Eltern veränderte, wie Luise Palmer als Vertrauenslehrerin einen besonderen Stil in diese Arbeit hineinbrachte, wie Thomas Roth in der Referendarausbildung TZI-Elemente verwendete, wie Uwe Fiedler in der Sonderschule auf verschiedenen Ebenen das TZI-Konzept praktizierte. Wünschenswert wäre hier eine vergleichende Studie über die Wirkung von TZI-Konzepten in verschiedenen institutionellen Netzwerken aufgrund von bereits bestehendem und noch zu erhebendem Material. Wichtig wäre auch eine Folgeuntersuchung über die Führungskräfte, die in Verbindung mit der Universität Tübingen nach dem TZI-Konzept ausgebildet wurden. Die Universität nimmt zurzeit nur eine Evaluation der Ausbildungskurse vor (s. Anhang E). Die Folgeuntersuchung sollte die neu ausgebildeten Führungskräfte über einen Zeitraum vom Einstieg in eine neue Verantwortung bis zu einer gewissen Etablierung begleiten. Solche Längsschnittstudien liefern qualitativ hochwertige Ergebnisse, die Aufschluss über die Wirkung des pädagogischen TZI-Habitus in Führungspositionen geben könnten.

Auf der *Ebene der Didaktiken* ist nach dem Ort oder der „Schnittmenge" des TZI-Konzeptes mit den verschiedenen Didaktiken zu fragen. So nimmt Herbert GUDJONS (2003, S. 77-100) die TZI in die „Didaktik zum Anfassen" mit dem Titel „Lebendig lehren und lernen" auf, Reinhold MILLER (2003) beschreibt TZI in der Beziehungsdidaktik, mein Interviewpartner Thomas Roth arbeitet zurzeit in einem Team mit Kersten REICH zusammen. Sie erarbeiten zur Erweiterung seiner „Konstruktivistischen Didaktik" (REICH 2006) Beispiele für die Unterrichtspraxis und Thomas Roth bringt entsprechende aus der TZI kommende Beiträge ein.

Allein diese Aufzählung zeigt eine gewisse Breite und Anpassungsfähigkeit des TZI-Konzeptes. Daran knüpft sich die Frage nach der von Ruth COHN seinerzeit behaupteten Weiterentwicklung dieses offenen Systems (s. Kapitel 2.2). Um dem nachzuspüren, könnte man u. a. auf die seit 1987 halbjährlich erschienene Zeitschrift Themenzentrierte Interaktion zurückgreifen. In ihr findet die Auseinandersetzung mit gegenwärtigen Tendenzen und Problemen statt. So war ein ganzes Heft der Diskussion der PISA-Ergebnisse gewidmet.

Damit verbunden ist auch eine Auseinandersetzung mit den *Standards und Kompetenzen* in der Lehrerbildung, die ja als Antwort auf die in den PISA-Studien sichtbar gewordenen Defizite im deutschen Bildungssystem von der Kultusministerkonferenz am 16.04.2004 in einer „Vereinbarung zu den Standards für die Lehrerbildung: Bildungswissenschaften" mit 4 Kompetenzbereichen, 11 Kompetenzen und 84 Standards eine ausführliche Formulierung erhielten. Vorausgegangen war dem eine intensive Diskussionen um Standards in der

Lehrerbildung (vgl. u. a. OSER 2002, TERHART 2002). Diese Diskussion hält weiterhin an (vgl. u. a. Zeitschrift für Pädagogik 50, 2005, REH 2005) und nimmt auch heute noch einen breiten Raum ein, wie es in dem umfangreichen Werk „Standards und Kompetenzen – neue Qualität in der Lehrerbildung?", herausgegeben von Annegret Helen HILLIGUS und Hans-Dieter RINKENS (2006), in Beiträgen von 72 Autoren auf 522 Seiten zum Ausdruck kommt.

Der auf empirischer Basis gefundene pädagogische TZI-Habitus mit seinen ihm eigenen Kompetenzen ergänzt einen von MERZYN aufgezeigten Mangel. Nach ihm „stehen einer Fülle an Veröffentlichungen mit normativen Orientierungen nur punktuelle empirische Studien gegenüber" (zit. n. HILLIGUS/RINKENS 2006, S. 19). Eine genauere Abgleichung, inwieweit der pädagogische TZI-Habitus die in Frage stehenden Kompetenzen abdeckt, steht noch aus und ist ebenfalls als eine Forschungsaufgabe anzusehen.

Bezüglich der *Verwendungsforschung* wäre es von Bedeutung, wenn an Hochschulen und Universitäten sowie in den einzelnen Bundesländern, die trotz der erwähnten Vereinbarung unterschiedliche Wege zur Erreichung der Ziele gehen, wenigstens Angebote mit ausdrücklichem TZI-Charakter im Rahmen der Ausbildung und der Fortbildung gemacht und diese dann evaluiert würden. Außerdem wäre es wünschenswert, dass in der Vermittlung von Inhalten in der Aus- und Weiterbildung auch Strukturen aus dem pädagogischen TZI-Habitus zum Tragen kämen (vgl. FISCHER/FRIEBERTSHÄUSER/KLEINAU 1999) und Evaluationen und Vergleiche stattfinden könnten.

Es wäre schön, wenn diese Arbeit andere Forschende anregt, sich den vielen noch offenen Forschungsfragen zuzuwenden.

Alle mit der Aus- und Weiterbildung Befassten hat diese Studie vielleicht neugierig gemacht auf das TZI-Konzept, dessen Potenziale und Wirkungen für die berufliche Arbeit hier dargestellt wurden.

Literaturverzeichnis

ARENS, Barbara 1997: Identitätsproblematik und Identitätsfindung „kritischer" Lehrerinnen und Lehrer in den 70er und 80er Jahren. Kleine Verlag GmbH Bielefeld.

AVENARIUS, Hermann u. a. 2003: Bildungsbericht für Deutschland. Opladen.

BASTIAN, Johannes/HELSPER, Werner 2000: Professionalisierung im Lehrberuf – Bilanzierung und Perspektiven. In: BASTIAN u. a. 2000, S. 168-192.

BASTIAN, Johannes/HELSPER, Werner/REH, Sabine/SCHELLE, Carla (Hrsg.) 2000: Professionalisierung im Lehrerberuf. Opladen.

BASTIAN, Johannes/COMBE, Arno 2003: Angriffe auf den Lehrerberuf. In: PÄDAGOGIK 3/2003.

BASTIAN, Johannes/ COMBE, Arno/LANGER, Roman 2005: Feedback-Methoden. Weinheim und Basel.

BAUER, Karl-Oswald/KOPKA, Andreas/BRINDT, Stefan 1996: Pädagogische Professionalität und Lehrerarbeit, eine qualitative empirische Studie über professionelles Handeln und Bewußtsein. Weinheim und München.

BAUER, Karl-Oswald 2000: Konzepte pädagogischer Professionalität und ihre Bedeutung für die Lehrerarbeit. In: BASTIAN u. a. 2000.

BAUER, Karl-Oswald 2002: Kompetenzprofil: LehrerIn. In: Zeitschrift für Pädagogik 2002.

BAUER, Karl-Oswald 2005: Pädagogische Basiskompetenzen. Weinheim und München.

BAYER, Manfred/CARLE, Ursula/WILDT, Johannes (Hrsg.) 1997: Brennpunkt: Lehrerbildung, Strukturwandel und Innovation im Europäischen Kontext. Opladen.

BAYER, Manfred/BOHNSACK, Fritz/KOCH-PRIEWE, Barbara/WILDT, Johannes 2000: Lehrerin und Lehrer werden ohne Kompetenz? Bad Heilbrunn

BENJAMIN, Jessica 2004: Die Fesseln der Liebe. Frankfurt am Main und Basel.

BECK, Gertrud/SCHOLZ, Gerold 2003: Fallstudien in der Lehrerausbildung. In: FRIEBERTSHÄUSER/PRENGEL.

BERGER, P:/LUCKMANN, Thomas. 1969: Die gesellschaftliche Konstruktion der Wirklichkeit. Frankfurt.

BERNSTEIN, Basil 1977: Klassifikation und Rahmung pädagogisch vermittelten Wissens. In: Ders. Beiträge zu einer Theorie des pädagogischen Prozesses. Frankfurt.

BLÖMEKE; Sigrid 2006 KMK- Standards für die LehrerInnenbildung in Deutschland. Ein Kommentar. Journal für Lehrerinnen- und Lehrerbildung 1/2006.

BOHNSACK, Ralf/MAROTZKI, Winfried/MEUSER, Michael (Hrsg.) 2003: Hauptbegriffe qualitativer Forschung. Opladen.

BOURDIEU, Pierre 1970: Soziologie der symbolischen Formen. Frankfurt.

BOURDIEU, Pierre 1976: Entwurf einer Theorie der Praxis auf der ethnologischen Grundlage der kabylischen Gesellschaft. Frankfurt/M.

BOURDIEU, Pierre1976: Die feinen Unterschiede. Kritik der gesellschaftlichen Urteilskraft. Frankfurt/M.

BOURDIEU, Pierre 1983: Ökonomisches Kapital, kulturelles Kapital, soziales Kapital. In Kreckel 1983, S. 183-198.

BOURDIEU, Pierre 1987: Sozialer Sinn. Kritik der theoretischen Vernunft. Frankfurt/M.

BOURDIEU, Pierre 1993: Über die „scholastische Ansicht". In: Gebauer G./Wulf Ch. (Hrsg.): Praxis und Ästhetik. Neue Perspektiven im Denken Pierre Bourdieu. Frankfurt/M.

BOURDIEU, Pierre 1997, 2002: Das Elend der Welt. Konstanz.

BOURDIEU, Pierre 2001: Meditationen. Zur Kritik der scholastischen Vernunft. Frankfurt/M.

COHN, Ruth C. 1975: Von der Psychoanalyse zur themenzentrierten Interaktion. Stuttgart.

COHN, Ruth C. 1979: Ich, das Thema und die anderen. In: psychologie heute 3/1979.

COHN, Ruth C. 1979: Ich bin ich, ein Aberglaube. In: psychologie heute 3/1979.

COHN, Ruth C./FARAU, Alfred 1984: Gelebte Geschichte der Psychotherapie. Zwei Perspektiven. Stuttgart.

COHN, Ruth C. 1989: Es geht ums Anteilnehmen. Freiburg, Basel, Wien.

COHN, Ruth C./TERFURTH, Christina (Hrsg.) 1993: Lebendiges Lehren und Lernen. TZI macht Schule, Stuttgart.

COHN, Ruth/HERRMANN, Helga/KROEGER, Matthias 1994: TZI und Aggression – ein Gespräch. In: Aggression in Gruppen. Hrsg. Hahn, Karin/Schraut, Marianne/ Schütz, Klaus-Volker/Wagner, Christel.

COHN, Ruth C. 1994: Gucklöcher – Zur Lebensgeschichte von TZI und Ruth C. Cohn. In: Gruppendynamik 25 (4), S. 345-370.

COHN, Ruth/HERRMANN, Helga/KROEGER, Matthias 1994: Der schützende und produktive Rahmen der Aggressionsbehandlung in der TZI. In: Themenzentrierte Interaktion 2/1994, S. 34-49.

COMBE, Arno/HELSPER, Werner 1996: Pädagogische Professionalität, Untersuchungen zum Typus pädagogischen Handelns. Frankfurt.

COMBE, Arno/HELSPER, Werner 2002: Professionalität. In: OTTO, Hans-Uwe/RAUSCHENBACH, Thomas/VOGEL, Peter (Hrsg.): Erziehungswissenschaft: Professionalität und Kompetenz. Opladen S. 29-47.

CORBIN, Juliett 2003: Grounded Theory. In: BOHNSACK u. a. 2003.

DAHEIM, H. 1992: Zum Stand der Professionssoziologie. Rekonstruktionen machttheoretischer Modelle der Profession. In: DEWE, B./FERCHOFF, W./RADTKE, F.O. (Hrsg.): Erziehen als Profession. Opladen, S. 21-26.

DENNER, Lieselotte 2000: Gruppenberatung für Lehrer und Lehrerinnen. Bad Heilbrunn.

DEWE, Bernd/FERCHHOFF, Wilfried/RADTKE, Frank – Olaf 1992: Erziehung als Profession. Zur Logik professionellen Handelns in pädagogischen Feldern. Opladen.

DLUGOSCH, Andrea 2003: Professionelle Entwicklung und Biografie. Bad Heilbrunn.

FABEL-LAMLA, Melanie 2004: Ostdeutsche Lehrerbiographien – Professionalisierungspfade im doppelten Modernisierungsprozess. In: FIEDLER, Werner u. a.: Biogra-

phie und Profession. Studien zur qualitativen Bildungs-, Beratungs- und Sozialforschung. ZBBS-Buchreihe Band 1, S. 43-62. Wiesbaden.

FABEL-LAMLA, Melanie 2004: Professionalisierungspfade ostdeutscher Lehrer. Wiesbaden.

FERNUNIVERSITÄT Hagen, http://psychologie.fernuni-hagen.de. Stand 24.06.2004.

FISCHER, Dietlinde/ FRIEBERTSHÄUSER, Barbara/KLEINAU, Elke (Hrsg.) 1999:
Neues Lehren und Lernen an der Hochschule. Weinheim.

FLICK, Uwe 2004: Triangulation, Eine Einführung. Wiesbaden.

FLICK, Uwe/KARDOFF, Ernst von/STEINKE, Ines (Hrsg.) 2004: Qualitative Forschung. Ein Handbuch. Reinbek bei Hamburg.

FLICK, Uwe/KARDOFF, Ernst von/STEINKE, Ines 2004: Was ist qualitative Forschung? Einleitung und Überblick. In Flick u. a. 2004.

FLAAKE, Karin 1989: Berufliche Orientierung von Lehrerinnen und Lehrern. Eine empirische Untersuchung. Frankfurt/M. und New York.

FRIEBERTSHÄUSER, Barbara 1992: Übergangsphase und Studienbeginn. Weinheim
und München.

FRIEBERTSHÄUSER, Barbara 2003: Dichte Beschreibung. In: BOHNSACK u. a.2003.

FRIEBERTSHÄUSER, Barbara/PRENGEL, Annedore (Hrsg.) 2003: Handbuch Qualitative Forschungsmethoden in der Erziehungswissenschaft. Weinheim. München.

FRIEBERTSHÄUSER, Barbara/PRENGEL, Annedore 2003:. Einleitung: Profil, Intensio-
nen, Traditionen und Inhalte des Handbuches. In: FRIEBERTSHÄUSER/PREN-
GEL 2003, S. 11-23.

FRIEBERTSHÄUSER, Barbara 2003: Interviewtechniken – ein Überblick. In: FRIE-
BERTSHÄUSER/PRENGEL 2003, S. 371-395.

FRIEBERTSHÄUSER, Barbara 2003: Feldforschung und teilnehmende Beobachtung. In:
FRIEBERTSHÄUSER/PRENGEL 2003, S. 503-534.

FRIEBERTSHÄUSER, Barbara/RIEGER-LADICH, Markus/WIGGER, Lothar (Hrsg.)
2006: Reflexive Erziehungswissenschaft. Wiesbaden.

GEERTZ, Clifford 1983: Dichte Beschreibung: Beiträge zum Verstehen kultureller Systeme. Frankfurt/M.

GEERTZ, Clifford 1993: Die künstlichen Wilden. Der Anthropologe as Schriftsteller.
Frankfurt/M.

GLASER, Barney G./STRAUSS, Anselm L. 1967, 1998: Grounded Theory. Strategien
qualitativer Forschung. Bern.

GLINKA, Hans-Jürgen 2003: Das narrative Interview. Weinheim und München.

GRAUMANN, C.F. 1977: Psychologie – humanistisch oder human? In: psychologie heute 4/1977.

GRUSCHKA, Andreas 2002: Didaktik. Das Kreuz mit der Vermittlung. Wetzlar.

GUDJONS, Herbert 1995: Die Themenzentrierte Interaktion (TZI). In: PÄDAGOGIK
11/95.

GUDJONS, Herbert 2003: Didaktik zum Anfassen. Bad Heilbrunn.

GUDJONS, Herbert/Winkel, Rainer (Hrsg.) 2002: Didaktische Theorien. Hamburg.

HÄNSEL, Dagmar 1991: Die weibliche und die männliche Form des Lehrerseins. In:
Neue Sammlung 31/1991, S. 187-202.

HAHN, Karin/SCHRAUT-BIRMELIN, Marianne/SCHÜTZ, Klaus/WAGNER, Christel 1987: Gruppenarbeit: themenzentriert. Mainz.

HAHN, Karin/SCHRAUT-BIRMELIN, Marianne/SCHÜTZ, Klaus/WAGNER, Christel 1994: Aggression in Gruppen. Mainz.

HELSPER, Werner 2002: Lehrerprofessionalität als antinomische Handlungsstruktur. Seite 64-102 in: KRAUL u. a.

HELSPER, Werner 2004: Lehrerbiographien im Transformationsprozess. Kommentar zum Beitrag von Melanie Fabel. In: FIEDLER, Werner u. a.: Biographie und Profession. Studien zur qualitativen Bildungs-, Beratungs- und Sozialforschung. ZBBS-Buchreihe Band 1, S. 63-74. Wiesbaden.

HELSPER, Werner 2004: Pädagogische Professionalität als Gegenstand des erziehungswissenschaftlichen Diskurses. Einführung in den Thementeil. In: Zeitschrift für Pädagogik, 3/2004, S. 303-308.

HELSPER, Werner/KRÜGER, Heinz-Hermann/WENZEL, Hartmut (Hrsg.) 1996: Schule und Gesellschaft im Umbruch. Weinheim.

HELSPER, Werner/KRÜGER, Heinz-Hermann/RABE-KLEBERG, Ursula 2000: Professionstheorie, Professions- und Biographieforschung – Einführung in den Themenschwerpunkt. In: ZBBS 1/2000, S. 5-19.

HERRMAN; Ulrich/HERTRAMP, Herbert 1997: Reflektierte Berufserfahrung und subjektiver Qualitätsbedarf. Eine Pilotstudie mit Lehrerinnen und Lehrern an Schule in Ulm. In: Jahrbuch für Lehrerforschung Bd. 1. Weinheim, München.

HERZMANN, Petra 2001: Professionalisierung und Schulentwicklung. Opladen.

HILLIGUS, Annegret Helen/RINKENS, Hans-Dieter 2006: Standards und Kompetenzen – neue Qualität in der Lehrerausbildung? Berlin 2006.

HILLIGUS, Annegret Helene/RINKENS, Hans-Dieter 2006: Einleitung. In HILLIGUS und RINKENS 2006, S. 13-27.

HIRSCH, Gertrude 1990: Biographie und Identität des Lehrers. Weinheim.

HITZLER, Ronald 2003: Ethnografie. In BOHNSACK u. a. 2003.

HOLZBRECHER, Alfred 2006: Schüleraktivitäten und Lehrerprofessionalität als Arbeit am Habitus. In: RIHM 2006.

HOLZKAMP, Klaus. 1993: Lernen. Eine subjektwissenschaftliche Grundlegung. Frankfurt, New York.

HUBER, Ludwig 1991: Sozialisation in der Hochschule. In: Hurrelmann/Ulich (Hrsg.). Neues Handbuch der Sozialisationsforschung, S. 417-441.

HUBERMANN, Michael 1991: Der berufliche Lebenszyklus von Lehrern: Ergebnisse einer empirischen Untersuchung. In: TERHART 1991, S. 249-267.

HUTTEL, Marianne/IMSCHWEILER, Volker/KROCK, Bernd/PEUKERT, Detlef E. 2000: Schule der Zukunft – veränderte Anforderungen an die Professionalität von Lehrer/innen: Lebendiges Lernen mit Themenzentrierter Interaktion (TZI) in der Lehreraus-, fort- und -weiterbildung. Fuldatal.

ILTEN, Veronika/PEUKERT, Detlef E./SACH, M. 2005: „Digitales Portfolio" im Rahmen von „Medienprofile im Studienseminar" In: Hess. Kultusministerium und Amt für Lehrerbildung (Hrsg.). Frankfurt.

INGWERSEN, Ruth 1999: Vom „Mädchen für alles" zur Führungskraft im mittleren Management. Hamburg.

JAKOB, Gisela: Das narrative Interview in der Biographieforschung. In: FRIEBERTS-HÄUSER/PRENGEL 2003, S. 445-458.

KADE, Jochen/LÜDERS, Christian 1996: Lokale Vermittlung. In: COMBE/HELSPER 1996, S. 887-923.

KADE, Jochen/NITTEL, Dieter/SEITTER, Wolfgang 1999: Einführung in die Erwachsenenbildung/Weiterbildung. Stuttgart.

KIEL; Ewald/GEIDER, Franz Josef/JÜNGER, Werner 2004. In: Die Deutsche Schule 2/2004.

KOCH-PRIEWE, Barbara 1997: Grundlegung einer Didaktik der Lehrerbildung. In: BAYER u. a. 1997, S. 139-164.

KÖSEL, Edmund 1997: Das Modellieren von Lernwelten. Ein Handbuch zur subjektiven Didaktik. Elztal-Dallau.

KRAUL, Margret/MAROTZKI, Winfried/SCHWEPPE, Cornelia (Hrsg.) 2002: Biographie und Profession. Bad Heilbrunn.

KRAUL, Margret u. a.2002: Biographie und Profession. Eine Einleitung. In: KRAUL u. a. 2002.

KROEGER, Matthias 1989: Themenzentrierte Seelsorge. Stuttgart.

KROEGER; Matthias 1992: Ruth C. COHN 80 – WILL 25 – WILL Europa 20. Festrede beim Jubiläumsakt Gwatt am 24.4.92. In: Themenzentrierte Interaktion 2/1992.

KRÜGER, Heinz-Hermann/MAROTZKI, Winfried (Hrsg.) 1999: Handbuch erziehungswissenschaftlicher Biographieforschung. Opladen.

KRECKEL, Reinhard 1983: Soziale Ungleichheiten. Göttingen (Soziale Welt – Sonderband 2).

KUCKARTZ, Udo 2005: Einführung in die computergestützte Analyse qualitativer Daten. Wiesbaden.

KUCKARTZ, Udo/GRUNENBERG, Heiko/LAUTERBACH, Andreas (Hrsg.) 2004: Qualitative Datenanalyse computergestützt. Wiesbaden.

LANGMAACK, Barbara 2001: Einführung in die Themenzentrierte Interaktion. Weinheim und Basel.

LAMNEK, Siegried 1995: Qualitative Sozialforschung. Band 1, Methodologie. Weinheim.

LEGEWIE, Heiner 2006: 11. Vorlesung: Qualitative Forschung und der Ansatz der Grounded Theory. In: http/www.tu-berlin.de/ztg/download/legewie/Dokumente/Vorlesung11.pdf (07.03.2006).

LEHMANN, Gabriele/NIEKE, Wolfgang 2001: Zum Kompetenz-Modell. In: WEINERT F. E. 2001. Vergleichende Leistungsmessung in Schule. Eine umstrittene Selbstverständlichkeit.

LIEBAU, Eckart/HUBER, Ludwig 1985: Die Kulturen der Fächer. In: Die neue Sammlung 3/85, S. 315-339.

LÖHMER, Cornelia 2000: Der andere Blick auf die eigene Seminararbeit. In: Themenzentrierte Interaktion 2/2000, S. 93-105.

LÖHMER, Cornelia/STANDHARDT, Rüdiger (Hrsg.) 1993: TZI Pädagogisch-therapeutische Gruppenarbeit nach Ruth C. Cohn. Stuttgart.

LÖHMER, Cornelia/STANDHARDT, Rüdiger (Hrsg.) 2006: TZI – Die Kunst, sich selbst und eine Gruppe zu leiten. Stuttgart.

LOTZ, Walter 2003: Sozialpädagogisches Handeln. Eine Grundlegung sozialer Bezie-
hungsarbeit mit Themenzentrierter Interaktion. Mainz.

LUHMANN, Niklas/SCHORR, Eberhard 1979: Das Technologiedefizit der Erziehung
und der Pädagogik. In: Zeitschrift für Pädagogik 3/1979.

MACHA, Hildegard/KLINKHAMMER, Monika 2003: Auswertungsstrategien methoden-
kombinierter biographischer Forschung. In: FRIEBERTSHÄUSER/PRENGEL
2003, S. 569-583.

MAROTZKI, Winfried 1999: Forschungsmethoden und -methodologie der erziehungswissenschaftlichen Biographieforschung. In: KRÜGER/MAROTZKI 1999.

MAROTZKI, Winfried 2003: Thematisches Interview. In: BOHNSACK, Ralf/MAROTZ-
KI, Winfried/MEUSER, Michael: Hauptbegriffe Qualitativer Sozialforschung. Opladen 2003.

MATZDORF, Paul/COHN, Ruth 1993: Das Konzept der Themenzentrierten Interaktion.
In: LÖHMER/STANDHARDT 1993.

MAYRING, Philipp 2003: Qualitative Inhaltsanalyse. Weinheim und Basel.

MERKENS, Hans 2003: Stichproben bei qualitativen Studien. In: FRIEBERTSHÄUSER/
PRENGEL, S. 97-106.

MILLER, Reinhold 2003: Beziehungsdidaktik. Weinheim und Basel.

NITTEL, Dieter 1992: Gymnasiale Schullaufbahn und Identitätsentwicklung. Weinheim.

NITTEL, Dieter 2002: Professionalität ohne Profession? In: KRAUL u. a. 2002.

OEVERMANN, Ulrich 1996: Theoretische Skizze einer revidierten Theorie professionalisierten Handelns. In: COMBE u. a., S. 70-182.

OEVERMANN, Ulrich: Professionalisierungsbedürftigkeit und Professionalisiertheit pädagogischen Handelns. In: KRAUL u. a. 2002, S. 19-63.

OSER, Fritz 2002: Standards in der Lehrerbildung. Entwurf einer Theorie kompetenzbe-
zogener Professionalisierung. journal für lehrerInnenbildung 2/2000, S. 7-19.

OSWALD, Hans 2003: Was heißt qualitativ forschen? Eine Einführung in Zugänge und
Verfahren. In: FRIEBERTSHÄUSER/PRENGEL, S. 71-87.

PEUKERT, Detlef E.: Diagnostizieren, beurteilen, fördern, bewerten.
In: http://studienseminar.bildung. hessen.de/dbfb.

PORTELE, Gerhard 1985: Habitus und Lernen. In: Neue Sammlung 3/85, S. 298-313.

PORTELE, Gerhard/HUBER, Ludwig 1995: Hochschule und Persönlichkeitsentwicklung. In: Enzyklopädie Erziehungswissenschaft, Band 10, S. 90-113. Stuttgart.

PORTELE, Gerhard/HEGER, Michael (Hrsg.) 1995: Hochschule und lebendiges Lernen.
Beispiele für Themenzentrierte Interaktion. Weinheim.

RABE-KLEBERG, Ursula 1996: Professionalität und Geschlechterverhältnis. In COM-
BE/HELSPER 1996.

RAGUSE, Hartmut 1993: Kritische Bestandsaufnahme der TZI. In: LÖHMER/STAND-
HARDT.

REH, Sabine 2005: Die Begründung von Standards in der Lehrerbildung. Theoretische
Perspektiven und Kritik. In. Zeitschrift für Pädagogik 2/2005, S. 259-265.

REH, Sabine/SCHELLE, Carla 1999: Biographieforschung in der Schulpädagogik. Aspekte biographisch orientierter Lehrerforschung. In: KRÜGER/MAROTZKI 1999.

REH, Sabine/SCHELLE, Carla 2000: Biographie und Professionalität, Die Reflexivität
biographischer Erzählungen. In: Professionalisierung im Lehrerberuf. BASTIAN
u a. 2000.

REICH, Kersten 2006: Konstruktivistische Didaktik. Lehr- und Studienbuch mit Methodenpool. Weinheim und Basel.

RIEMANN, Gerhard 1987: Das Fremdwerden der eigenen Biographie. München.

RIHM, Thomas 2006: Schulentwicklung. Vom Subjektstandpunkt ausgehen. Wiesbaden.

REISER, Helmut 1993: Die TZI als pädagogisches System. In: Themenzentrierte Interaktion 2/1993, S. 52-72. Mainz.

REISER, Helmut 2006: Psychoanalytisch-systemische Pädagogik. Erziehung auf der Grundlage Themenzentrierter Interaktion. Stuttgart.

REISER, Helmut/DLUGOSCH, Andrea 1997: Einführung in die Themenzentrierte Interaktion. FernUniversität – Gesamthochschule Hagen.

REISER, Helmut/LOTZ, Walter 1995: Themenzentrierte Interaktion als Pädagogik. Mainz.

RIEGER, Markus 2000: Aufdringlich authentisch – Beobachtungen zum TZI-Habitus. In Themenzentrierte Interaktion 2/2000, S. 9-22.

ROHNER, Peter 1992: Phasentheorie und Gruppenvielfalt. In: Themenzentrierte Interaktion 1/1992.

ROSENTHAL, Gabriele 1995: Erlebte und erzählte Lebensgeschichte. Frankfurt/New York.

RUBNER, Angelika/RUBNER Eike 1991: Entwicklungsphasen einer Gruppe. In: Themenzentrierte Interaktion 2/1991.

RUBNER, Angelika/RUBNER Eike 1993: Ein Modell der Entwicklungsphasen von Gruppen? In: Themenzentrierte Interaktion 1/1993.

SCHAARSCHMIDT, Uwe (Hrsg.) 2004: Halbtagsjobber. Weinheim und Basel.

SCHMIDT, Christiane 2003: „Am Material": Auswertungstechniken für Leitfadeninterviews. In: FRIEBERTSHÄUSER/PRENGEL.

SCHÖNKNECHT, Gudrun 1997: Innovative Lehrerinnen und Lehrer, Beruflich Entwicklung und Schulalltag. Weinheim.

SCHREYÖGG, Astrid 1993: „Globe" – die unbekannte Größe. In: Themenzentrierte Interaktion 1/93, S. 12-28.

SCHREYÖGG, Astrid 1993: Erwiderung auf Kritik von REISER in TZI ../1993. In: Themenzentrierte Interaktion 2/1993.

SCHÜTZE, Fritz 1977: Die Technik des narrativen Interviews in Interaktionsfeldstudien. Bielefeld.

SCHÜTZE, Fritz 1983: Biographieforschung und narratives Interview. In Neue Praxis 3, 1983, 283-293.

SCHÜTZE, Fritz 1987: Das narrative Interview in Interaktionsfeldstudien. Hagen.

SCHÜTZE, Fritz 1996: Organisationszwänge und hoheitsstaatliche Rahmenbedingungen im Sozialwesen: Ihre Auswirkung auf die Paradoxien des professionellen Handelns. In: COMBE/HELSPER 1996, S. 183-275.

SCHÜTZE, Fritz u. a. 1996: Überlegungen zu Paradoxien des professionellen Lehrerhandelns in den Dimensionen der Schulorganisation. In: HELSPER, W. / KRÜGER, H. H. / WENZEL, H. (Hrsg.): Schule und Gesellschaft im Umbruch. Bd. 1. Weinheim, S. 333-377.

SCHÜTZE, Fritz 1999: Verlaufskurven des Erleidens als Forschungsgegenstand der interpretativen Soziologie. In: KRÜGER/MAROTZKI. Opladen.

SCHÜTZE, Fritz 2000: Schwierigkeiten bei der Arbeit und Paradoxien des professionellen Handelns. Ein grundlagentheoretischer Aufriss. In: ZBBS 1/2000, S. 50-95.

SCHÜTZE, Fritz 2002: Supervision als ethischer Diskurs. In: KRAUL u. a. 2002, S. 135-164.

SCHWINGEL, Markus 2005: Pierre Bourdieu zur Einführung. Hamburg.

STRAUSS, Anselm L. 1998: Grundlagen qualitativer Sozialforschung. München.

STRAUSS, Anselm/CORBIN, Juliet 1996: Grounded Theory: Grundlagen qualitativer Sozialforschung. Weinheim.

STICHWEH, Rudolf 1996: Professionen in einer funktional differenzierten Gesellschaft. In: COMBE/HELSPER 1996, S. 49-69.

STRÜBING, Jörg 2003: Theoretisches Sampling. In: BOHNSACK/MAROTZKI/MEUSER. Opladen.

STRÜBING, Jörg 2004: Grounded Theory. Wiesbaden.

STUDIENBUCH 2003 für die Ausbildung in Themenzentrierter Interaktion (TZI). Ruth Cohn Institute for TCI – International.

TERHART, Ewald 1991: Unterrichten als Beruf. Neuere amerikanische und englische Arbeiten zur Berufskultur und Berufsbiographie von Lehrern und Lehrerinnen. Köln, Wien, Böhlau.

TERHART, Ewald (Hrsg.) 1994: Lehrerbiographien. Lüneburg, Bochum.

TERHART, Ewald 1995: Lehrerbiographien. In: Bilanz qualitativer Forschung, Band II: Methoden (Hrsg.): König, Eckard/Zeidler, Peter 1995, S. 225-264. Weinheim.

TERHART, Ewald 1996: Berufskultur und professionelles Handeln bei Lehrern. In: COMBE/HELSPER 1996, S. 448-471.

TERHART, Ewald 2000: Perspektiven der Lehrerbildung in Deutschland. Weinheim und Basel.

TERHART, Ewald 2001: Lehrerberuf und Lehrerbildung, Forschungsbefunde, Problemanalysen, Reformkonzepte. Weinheim und Basel.

TERHART, Ewald 2002: Standards für die Lehrerbildung. Eine Expertise für die Kultusministerkonferenz Münster.

TERHART, Ewald 2003: Entwicklung und Situation des qualitativen Forschungsansatzes in der Erziehungswissenschaft. In: FRIEBERTSHÄUSER/PRENGEL.

TERHART, Ewald 2006: Was wissen wir über gute Lehrer? In: Pädagogik 5/2006, S. 42-47.

TERHART, Ewald 2006: Standards und Kompetenzen in der Lehrerbildung. In: HILLIGUS/RINKENS 2006, S. 29-42.

WAHL, Diethelm 1991: Handeln unter Druck. Der weite Weg vom Wissen zum Handeln bei Lehrern, Hochschullehrern und Erwachsenenbildnern. Weinheim.

WAHL, Diethelm 2002: Mit Training vom trägen Wissen zum kompetenten Handeln? In: Zeitschrift für Pädagogik, Jg. 48, Heft 2.

WILL-INTERNATIONAL 1987, Editorial. In Themenzentrierter Interaktion, 1. Jg., Heft 1, S. 2.

WOLFF, Stephan 2004: Clifford Geertz. In: FLICK u. a. 2004, S. 84-96.

ZBBS-Buchreihe Bd.1 2004: Biographie und Profession, Studien zur qualitativen Bildungs-, Beratungs- und Sozialforschung. Wiesbaden.

Anhang

Anhang A: Codebaum der axialen Codierung 208

Anhang B: Quellenangaben zur typisierenden Strukturierung 210

Anhang C: Was wissen wir über gute Lehrer? 216

Anhang D: Informationsblatt der Eberhadt-Karls-Universität Tübingen zu
einer TZI Weiterqualifizierung für schulische Führungskräfte .. 219

Anhang E: Evaluationsfragebogen der Forschungsstelle für
Schulpädagogik, Eberhard-Karls-Universität Tübingen 222

Anhang F: TZI Vorbereitung auf den Unterricht nach M. Kröger (1983) ... 224

Anhang G: Fragebogen zur Unterrichtskritik 225

Anhang H: TZI als Modell: Das „TZI-Haus",
nach Paul Matzdorf 1993, S. 339 227

Anhang I: Strukturmodell der TZI 228

Anhang A: Codebaum der axialen Codierung

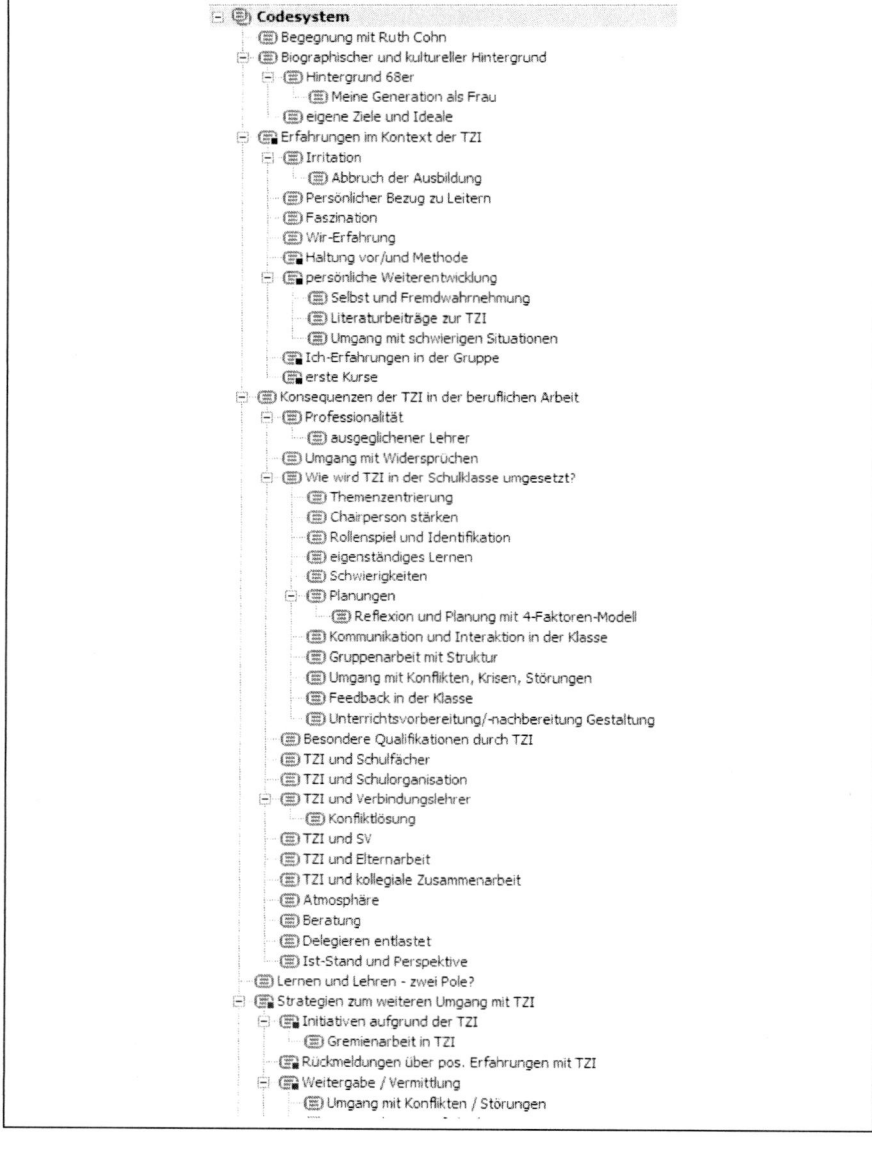

- Kommunikation auf gleicher Auge
- Wege der TN zu den Seminaren
- Kursthemen
- Lehrerfortbildung
- Kritik am Ausbildungssystem
- Wer sind die Teilnehmer an TZI-Kursen
- Anliegen in TZI Kurse einbringen
- Supervision
  - Supervision für Lehrer
- Methode der Weitergabe
  - Wahrnehmung von Personen und Gruppen
  - Transparenz
  - personlicher Zugang der Schüler / TN
  - personlicher Zugang der Lehrer / Dozenten
  - Reflexion
  - ausbalancierte Interaktion
  - Eigene Lernerfahrung reflektieren
  - Analyse unter dem TZI-Dreieck
  - Rollenspiel
  - Den Globe berücksichtigen
  - Ganzheitliche Weitergabe
  - Sachauftrag
  - Beteiligung der TN an Planung / Leitung
  - Prozess und sequenzielles Arbeiten
  - Feedback
  - Lerntagebuch
  - strukturierter Austausch
- Ausbildung
  - Grundausbildung
  - Zäsur
  - Ausbildungskommission
  - Übergang in Alltag
  - ergänzende Ausbildung/en
  - Intensivkurs
  - Graduierung und Funktionen
  - Ausbildungskommission
  - Ausbildungssystem
  - Selbstsupervision
  - Literatur zur TZI
  - Empfehlungen & Co Leitung
  - Diplomierung
  - W-Kurse
  - Krisenkurs
  - Voraussetzung Selbsterfahrung
  - Peer-Gruppe
- weitere Kurse
  - Supervision als Hilfe
- System der TZI
  - Einfluss auf politische Ebene
  - Methoden
    - Themenzentrierung
  - Interaktion der Elemente / Balance
  - Kritik am Konzept / Grenzen
  - allgemein

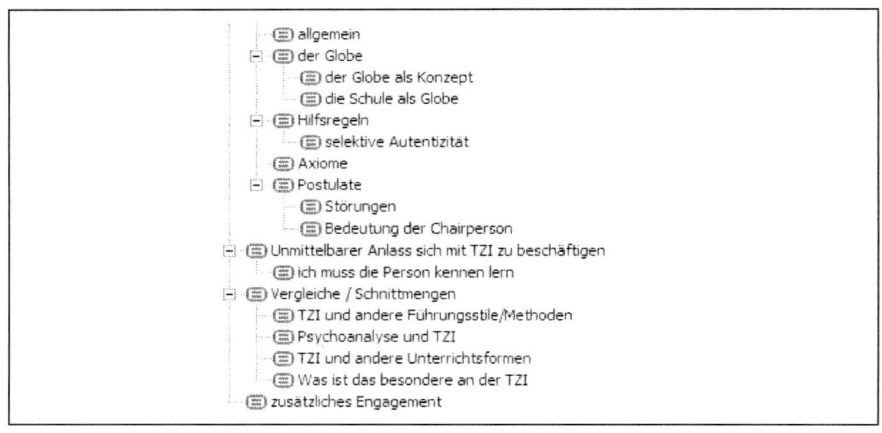

Anhang B: Quellenangaben zur typisierenden Strukturierung

Quellennachweis für die Darstellung des pädagogischen TZI-Habitus auf der Basis einer typischen Strukturierung anhand der Schemata von BOURDIEU

Den Schemata von BOURDIEU sind die Themenschwerpunkte in Stichworten aus den codierten und bereits im Sinne von MAYRING paraphrasierten Interviewtexten aus MAXqda (73 Seiten) zugeordnet.

Nach den Stichworten deuten die Pfeile → auf die Interviewpartner/innen und die Sequenzen im jeweiligen Interviewtext hin, in denen der Sachverhalt enthalten ist.

Mit dieser Liste werden die Graphik und der dazu verfasste Text von Zitatenangaben entlastet.

Wahrnehmungsschemata:
Chairpersonprinzip:
– Selbstwahrnehmung der eigenen Person → Diehl 221, Ebner 86, Elsner, Lehmann 15
– besonders als Frau → Iser 6, May 18
– Selbsterfahrung → Lührs 5,
– in Gruppe → Elsner 17, Nolde 6
– sehr langer Weg nach innen → Iser 12
– selbstbewusstere Lebenshaltung → Elsner 28, Weber 41

– das wichtigste Curriculum des Lehrers ist seine Person → Euler 88, Härtel 108
– „ich bin mein wichtigstes Handwerkszeug" → Kanig 5
– mit Lust Lehrer und Ausbilder sein → Roth 61
– Autonomie und Interdependenz erfahren → Elsner 25

– Effekt der Reifung und Entwicklung zunächst für einen selbst → Kanig 5, May 23, 25
– Autonomie stärken → Reinhardt 53, 116
– eine Hilfe, seine Stärken und Schwächen zu kennen → May 92
– Bewahrung vor „Ausrasten" → Ebner 30, Kanig 5
– fair bleiben → Ebner 92
– sensible Einfühlung → Ebner 86
– Selbstreflexion → Lührs 110
– sich abgrenzen können → Härtel 150
– Nähe und Distanz ausbalancieren → Lührs 36
– Lehrerpersönlichkeit als zentrales Medium in Schule → May 38

– Gleichzeitiger Kontakt mit Ich/Wir/Thema/Umfeld → Vier-Faktoren-Modell → Elsner 17
– Selbstbezug zum Thema → Iser 105, Reinhardt 13
– Bewusstsein für Balance → Lührs 40
– integriertes, einverleibtes Wissen wird zu automatischem Verhalten und Wahrnehmen, geht in Lebenspraxis ein → Elsner 125, 161
– alles ist im Fluss → Palmer 28
– beglückende Zeiten → Palmer 54, Elsner 130
– mit TZI einen guten Stand im Berufsfeld und in schwierigen Situationen → Ebner 8, 20
– ausbalanciert Situationen beenden können → Kanig 5
– gelungener Unterricht → Kanig 28

Rückmeldung von TZI-Kursteilnehmern an Graduierte:
– am meisten profitiert für die eigene Praxis → Härtel 108
– mehr zu sich selbst stehen, „angstfreier und frecher" geworden sein, in der Hierarchie Kritik zu üben → Nolde 175
– immer gutes Feedback → Iser 164
– Ich stärkend und Kompetenz stärkend → Martens 42
– „in der Balance liegt die Chance" → Euler 76

– mutiger und authentischer geworden, methodisches Know-how, größere Selbständigkeit, größeres Methodenrepertoire, besser mit Konflikten umgehen können, größere Risikofreudigkeit → Diehl 277, 287
– Schüler/innen seien lt. Schulbehörde wirklich gut → Martens 15

Feedback von Schülern an Lehrende:
– Unterricht macht viel mehr Spaß → Martens 125
– Unterrichtsstoff wurde auf spielerische Art beigebracht, alles war sehr anschau-

lich, sehr lebendig, jeder konnte sich einbringen, hat sehr viel Spaß gemacht → Roth 38

Denkschemata
(a) Alltagstheorien:
– Interesse für Gruppenprozesse → Diehl 89, May 5, Lührs 110
– für Potenzial der Gruppe → Diehl 289

– Arbeitsergebnisse im Rahmen konstruktiver Ethik erzielen, Möglichkeit, dass Menschen sich an ihrer Aufgabe ent-

- für Großgruppe → Kanig 48
- für beruflichen Austausch → Elsner 17
- für Weiterbildung → (s. Tabelle 2 „Biographische Daten der Interviewpartnerinnen und Interviewpartner")
- Weiterentwicklung → Weber 28
- für politische Entwicklung → Elsner 25, 31, Nolde 141, Martens 106, Euler 21, 23, 79, Diehl 31
- intensiver Weg nach außen und nach innen → Iser 12
- Baustein auf Baustein → Iser 14
- TZI ein systemischer Ansatz → Härtel 70
- zufriedenstellender Umgang mit: Verschiedenheit → Martens 92
- Vielseitigkeit/Lebendigkeit → May 5
- unterschiedlichen Persönlichkeiten → Fiedler 85
- Personenkult → Weber 11
- Ecken und Kanten → Härtel 25
- teilnehmende Leitung → Martens 92, Palmer 17
- jeder transportiert TZI anders → Weber 11
- Methodenbewusstsein → Härtel 13
- TZI ist die Methodisierung von Liebeswillen → Lehmann 68
- Interaktion zwischen Thema und Person ist das Besondere der TZI → Lehmann 60, 174
- kein exklusiver Anspruch → Diehl 31
- Cohns Konzept ist so gut durchdacht und klug überlegt, dass es staubfreie Aktualität erhalten hat → Lehmann 72, unglaublich hochgradig stimmig → Lehmann 116

- wickeln → Elsner 41
- Möglichkeit, dass die Person gefördert wird und Organisationen die Voraussetzungen schaffen, dass Menschen psychisch, seelisch, körperlich, geistig, spirituell gesund aufwachsen → Elsner 35
- Grenzen erweitern → Lührs 78
- bewährt sich bei Kindern und Erwachsenen → Lührs 32
- ungeheuer kombinierbar → Lehmann 116
- Grenzen im Globe, wenn man TZI-Kursstil unmittelbar in seinen Alltag übertragen will → Ebner 90, May 35
- Grenzen in der eigenen Person → Lehmann 116
- Fehler machen dürfen → Diehl 23, 279
- Verunsicherungen produzieren → Elsner 25, 150
- Vier-Faktoren-Modell: Balance darin herstellen → Lenz 20
- Schwerpunkte unterschiedlich → May 25
- Mit TZI reflektieren und strukturieren → Palmer 56
- Keine abgehobene Philosophie → Alltagsphilosophie führt zu Verhalten und Haltung → Elsner 29
- Genialität: Lernen können, scheinbare Banalität in Verhalten und Haltung umzusetzen → Elsner 119
- in der Sache sicher sein → Lührs 110
- Kompetenz in Methodik und Didaktik → Härtel 74, 111
- die Grundlagen der TZI kann man in allen Fächern anwenden → Kanig 7
- biographischer Aspekt: Wie habe ich gelernt und was hat das mit meinem Lehren zu tun? → Iser 117, Diehl 259

(b) Ethos: Was hier unter Ethos aufgeführt ist, steht auch im Zusammenhang mit durchgeführter Praxis bei den Interviewten.

- Auseinandersetzung mit Axiomen beeinflusst Handeln → Palmer 10

- Vertrauen aufbauen → May 62, Ebner 106

- Werthaltungen → Härtel 70
- im Lernprozess human mit dem Einzelnen umgehen → Iser 2
- Wertschätzung, „jeder zählt" → Ebner 10,
- eigene Wertschätzung → Palmer 17
- total von Akzeptanz durchsetzt → Palmer 28, Martens 28, 98
- aneinander Anteil nehmen → May 46
- pädagogische Liebe wird durch TZI nachvollziehbar, lehr- und lernbar → Euler 73

Schülerzentrierung/-begleitung:
- Schüler/innen individueller sehen → Lenz 7
- Wichtignehmen von Schülern, ihren Möglichkeiten und Interessen → Iser 62, Elsner 41, Euler 88
- neben den Fächern auch den Menschen sehen → Kanig 5
- Lernende als Subjekte ihres Lernprozesses auffassen → Härtel 31
- Selbsttätigkeit der Schüler/innen das Allerwichtigste → Härtel 35, Roth 5
- Menschen und Sachen in angemessener, Freude bereitender Form, zusammenbringen → Lehmann 149
- Routine balanciert einsetzen → Diehl 75
- Lernbegleiter → Martens 149
- Schüler/innen Geborgenheit/Angenommensein vermitteln → May 5, Ebner12
- Verlässlichkeit geben → Lührs 32

(c) Ästhetische Maßstäbe:
- gute Atmosphäre schaffen → Lenz 7, Lührs 42
- Klima im Unterricht → Härtel 35, Ebner 53, Fiedler 96
- Klassenraum verändern → Kanig 11

- echt sein → Fiedler 73, 94
- Transparenz im Handeln → Euler 97
- Autonomie der Jugendlichen fördern → Nolde 6
- Traumatisierungen erkennen und damit umgehen → Martens 149
- Kenntnis in Entwicklungspsychologie und in Persönlichkeitsstrukturen → Martens 149, Lenz17, Lehmann 58, 60, Euler 73, 88, Reinhardt 79
- zu eigenen Gedanken stehen → Härtel 35
- Überzeugungen leben → Martens 104
- Ideale nicht aufgeben → Martens 13
- Haltung ist immer da → Lührs 50
- gibt Stärke → Iser 56
- Haltung und Methode fließen zusammen/werden gelebt → Euler 88, Lehmann 62, Diehl 53
- Chairpersonship stärken → Martens 108
- bei Schülern entwickeln → Kanig 101, Palmer 28
- Schüler mit entscheiden lassen → May 58
- Verantwortung übernehmen → Lenz 51
- Gelassenheit → Iser 6, Lenz 27, May 92
- soziale Kompetenz erweitern → Diehl 223
- Kommunikation und Interaktion fördern → May 44, 46
- Literaturkenntnis in TZI gefordert und bei allen belegt, ebenso Fachkompetenz verbunden mit Liebe zum Fach

- durch Gestaltung von Räumen Aggressivität vermindern → May 70
- Schule als Schulstube → May 68
- Lernatmosphäre schaffen, in Augenhöhe kommunizieren → Euler 97, 99

Handlungsschemata:

- Etwas bewirken wollen → Nolde 29
- Engagement für Reformprojekte und erweiterte Funktionen: Stufenleiterin, Beratungslehrer/innen, Vertrauenslehrer/-innen, Schulleiter/innen, Referendarausbildner/innen, Lehrauftrag an Hochschulen (s. Tabelle „Berufsbiograph. Daten")
- 1. Ganztagsschule → Härtel 7
- Kooperationsmodell →Elsner 15
- Rollenspiele, Interaktionsspiele → Diehl 221
- Selbstwahrnehmungsmöglichkeiten → Diehl 221
- Bereitschaft zu Selbsterfahrung und Lernprozessen → Nolde 6
- schrittweise vorwärts gehen → Weber 28, Elsner 163
- gezielt auswählen → Weber 6
- selektive Authentizität → Weber 28, Reinhardt 114
- Methodenkompetenz für Balance einsetzen → Martens 108
- was Haltung und die Axiomatik vermögen → Lehmann 64
- Anleihen aus anderen humanistischen Methoden, wie Gestalt, TA, Psychodrama → bei fast allen Interviewten S. 69/70 der paraphrasierten Codings
- Kenntnis anderer Methodiken und Didaktiken → u. a. Palmer 8, Euler 50, 119
- Körperarbeit, die den Menschen ernst nimmt → Elsner 90
- verständliche, lebendige Themenformulierung mit Beteiligung → Lehmann 62, Lenz 7, Palmer 56, Reinhardt 81
- unterschiedliche Schüler/innen finden unterschiedliche Zugänge → Härtel 121, 125, May 40, 62, Reinhardt 13
- auch heimliche und persönliche Themen → May 7

- Zeitstrukturen beachten → Kanig 11
- partizipierende Leitung → Kanig 16
- Rundgespräche mit Erzählstein → Reinhardt 102
- erleben lassen, dass tatsächlich jeder Beitrag zuerst einmal willkommen ist → Euler 88, 60, Roth 15
- gemeinsam Regeln setzen für Kommunikation und das Miteinander → Roth 13
- Hilfsregeln nutzen → Nolde 147, Elsner 140
- Erarbeitung der Arbeitsteilung → Roth 15,
- Vier-Faktoren-Modell, automatisierte Reflexion → Weber 28, 94, Lenz 20
- Unterricht nach Vier-Faktoren-Modell planen, prozessorientiert in dynamischer Balance gestalten, reflektieren → Kanig 5, 125, Roth 15, Iser 119, 121, Reinhardt
- Reflexion am Ende einer Unterrichtseinheit → Reinhardt 13
- am Ende eines Vormittags, einer Woche → Lührs 103
- im Unterricht als Diagnoseinstrument → Diehl 275, 273
- ein Kompass für die Balance → Lührs, Härtel 33, Nolde 139, Kanig 101, Palmer 21, 26, Ebner 30
- geübte Emotion der Wahrnehmung, der Zuwendung und des technischen Könnens → Lehmann 178
- Balance im Dreieck Struktur, Prozess, Vertrauen → Fiedler 77, Weber 72, Ebner 30
- Störungen thematisieren, bearbeiten, Lösungen finden → Weber 31, 55, Kanig 48
- mit Konflikten offen und wertschätzend umgehen → Palmer 62
- in Balance → 36 Palmer

- delegieren können → Lenz 51, 55
- sensible Themen zur Sprache bringen → Nolde 27
- Thema als Fokus → Kanig 5
- das Thema leitet eigentlich immer → Nolde 29, Kanig 101
- Chairperson stärken → Martens 118
- nicht als einzelner, sondern eingebunden in die Gemeinschaft agieren → Lührs 54
- Selbstverantwortung, Selbstbestimmung, Selbstbewusstsein → Martens 48
- dazu eine Art Vertrag schließen → Martens 123
- neuer Zugang zu Kompetenzen → Martens 52, 112
- Schüler/innen viel Mitspracherecht einräumen → Roth 53
- Mitgestaltung → Fiedler 73
- die Beziehung trägt die Arbeit → Elsner 139,
- Burnout-Prophylaxe → Diehl 273
- Wahrnehmung von Körperbedürfnissen, z. B. Bewegung → Elsner 121
- Erfahrungen einbringen → Lenz 35
- lebendiges Lernen, Gruppenarbeit organisieren → Härtel 35, Kanig 11, Roth 5, Reinhardt 31

- auf Augenhöhe → Elsner 125
- wir müssen klären, was jetzt los ist → Lührs 66
- abwägen, wann und wie Störung behandelt wird → Weber 31, Elsner 18
- Arbeitsfähigkeit wiederherstellen → Härtel 134, Nolde 138, Fiedler 65
- Widerstände und Störungen bringen den Prozess voran, eine Chance → Nolde 168, Euler 60
- Klassenrat bei weitgehend selbständiger Bearbeitung von Störungen → Reinhardt 25
- keiner darf Außenseiter werden als demokratisches Grundverständnis → Reinhardt 37
- sagen, wo es klemmt → Roth 42
- Vieles selbst erarbeiten lassen → Martens 42
- präsentieren lassen → Roth 5
- hohe Beteiligung im Unterricht → Reinhardt 102, Fiedler 73
- Bereitschaft zum Experimentieren bezüglich Strukturierung des Unterrichts → Diehl 67
- Anfänge und Abschlüsse bewusst gestalten → Lenz 9
- Feedbackkultur praktizieren, qualitativ und quantitativ → Roth 5
- immer mit Wertschätzung verbunden → Palmer 113

Positive Kooperation mit allen im Netzwerk Schule Beteiligten:

- Schüler (s. SV) → Palmer 6, 19, 36
- Eltern → Lührs 44, Härtel 66, Weber 35, 61, Kanig 58, Palmer 32, Lenz 41, Roth 55, Fiedler 57, 59, 61
- Kollegen → Härtel 62, Weber 62, Ebner 71, 73, Kanig 25, Diehl 67, 71
- teilnehmend leiten → Weber 28, Lenz 37, Fiedler 96
- zur Leitungsrolle stehen → Weber 28, Härtel 148, 150

- Wertschätzung von Krisen als Anstöße, Fehler als Lernchancen → Diehl 279
- neue Initiativen bei neuen Erkenntnissen und veränderten Situationen ergreifen → Diehl 71

Feedbackkultur
- in der Klasse →Lührs 66
- dass TZI „nährt, persönliches Wachstum ermöglicht" → Härtel 133, Palmer 42

– Bilanzgespräche führen und Feedback
  einholen → Weber 76
– Öffnung nach außen → Weber 57
– wenig Konkurrenz, sehr kollegiales
  Miteinander → Lührs 80
– Konsens im Kollegium suchen → Lührs
  32, 40
– Dem Globe und den in ihm angelegten
  Widersprüchen Rechnung tragen (z. B.
  Bildungsstandards) → Härtel 116, Nol-
  de 27
– Mit Störungen rechnen und diese situa-
  tiv als Prozesshilfe nutzen → Lenz 11

– ritualisiert und konkret → Härtel 153
– beschreibende Ebene von TZI → Martens 96
– vom/von der Schüler/in zum/zur Lehrer/
  -in → Weber 76
– sichtbar machen, dass Leistung und
  nicht der Mensch bewertet wird →
  Ebner 92
– Zumutung von Leistung → Ebner 94
– Selbstsupervision → Iser 42, 44
– Angebot von Supervision → Palmer 6

Anhang C: Was wissen wir über gute Lehrer?

Was wissen wir über gute Lehrer?

Ewald Terhart, Pädagogik 5/2006, S. 42. In: Ebd., S. 42-47

Eigentlich ist ein guter Lehrer recht einfach zu beschreiben: Er ist pünktlich und
zuverlässig im Dienst, er ist freundlich gegenüber seinen Schülern, Kollegen, Eltern und Vorgesetzten, er ist fleißig, engagiert und belastbar, und er hat die Be-
lange seiner Schule, seiner Klassen und einzelner Schüler/innen im Auge. Seine
Fachkompetenz in seinen Unterrichtsfächern ist genauso hoch entwickelt wie
seine didaktisch-methodischen sowie seine pädagogisch-erzieherischen Fähigkeiten. Sein Unterricht ist angemessen anspruchsvoll; die Lernfortschritte seiner
Schüler/innen sind beachtlich. Er bemüht sich darum, eine positive Lernhaltung
sowie ein lernförderliches Klima in den von ihm unterrichteten Klassen zu eta-
blieren. Andere (Fach)Kollegen übernehmen gerne seine Klassen. Als Person er-
freut er sich einer natürlichen Autorität gegenüber seinen Schülern, er wird von
ihnen geachtet und geschätzt. Er bildet sich in seinen Fächern und hinsichtlich
seiner pädagogisch-didaktischen Fähigkeiten fort, übernimmt die Betreuung von
Praktikanten oder Referendaren, er kann konstruktiv mit beruflichen Beanspruchungen umgehen und wehrt zugleich zu hohe Belastungen erfolgreich ab. In
Arbeitsgruppen zeigt er seine Teamfähigkeit; an Elternsprechtagen versteht er es,
Eltern ein klares Bild ihrer Kinder zu vermitteln und – wo nötig – konstruktive
Hinweise zu geben. Er identifiziert sich voll und ganz mit seinem Beruf – und
kann doch vom Beruf abschalten.

So weit das Idealbild. Die empirische Bildungsforschung aber fragt: Wie
sieht es in den Klassen- und Lehrerzimmern aus? (…)

Was sollen gute Lehrer heute alles können?

Im Jahre 2000 haben sich die Kultusminister der Bundesländer und die wichtigsten Lehrerverbände auf eine Aufgabenbeschreibung für den Lehrerberuf geeinigt, der zu entnehmen ist, was man heute von einem guten Lehrer erwarten darf:

Lehrerinnen und Lehrer sind Fachleute für das Lernen, ihre Kernaufgabe ist die gezielte und nach wissenschaftlichen Erkenntnissen gestaltete Planung, Organisation und Reflexion von Lehr- und Lernprozessen sowie ihre individuelle Bewertung und systematische Evaluation.

Lehrerinnen und Lehrer sind sich bewusst, dass die Erziehungsaufgabe in der Schule eng mit dem Unterricht und dem Schulleben verknüpft ist.

Lehrerinnen und Lehrer üben ihre Beurteilungsaufgabe im Unterricht und bei der Vergabe von Berechtigungen für Ausbildungs- und Berufswege kompetent, gerecht und verantwortungsbewusst aus.

Lehrerinnen und Lehrer entwickeln ihrer Kompetenzen ständig weiter und nutzen geeignete Fort- und Weiterbildungsangebote, um die neuen Entwicklungen und wissenschaftlichen Erkenntnisse in ihrer beruflichen Tätigkeit zu berücksichtigen und zu nutzen.

Lehrerinnen und Lehrer beteiligen sich an der Schulentwicklung und der Gestaltung einer lernförderlichen Schulkultur und eines motivierenden Schulklimas.

Gemeinsame Erklärung des Präsidenten der Kultusministerkonferenz und der Vorsitzenden der Bildungs- und Lehrergewerkschaften sowie ihrer Spitzenorganisationen Deutscher Gewerkschaftsbund und Beamtenbund und Tarifunion. Beschluss der Kultusministerkonferenz vom 5.10.2000

Anhang D: Informationsblatt der Eberhadt-Karls-Universität Tübingen zu
einer TZI Weiterqualifizierung für schulische Führungskräfte

TAFF
TÜBINGER
AKADEMIE
FÜR
FORTBILDUNG

 EBERHARD KARLS
UNIVERSITÄT
TÜBINGEN

Forschungsstelle für Schulpädagogik – Münzgasse 22-30 – 72070 Tübingen

Schule kreativ, effizient und lustvoll gestalten
Weiterqualifizierung für schulische Führungskräfte
3. Durchgang 2006 - 2008

Schule und Schulverwaltung haben sich in den vergangenen Jahren deutlich verändert. Dies hat für Schulleitungen und schulische Führungskräfte neue Herausforderungen zur Folge. Dass diese Gestaltungsaufgaben kreativ, lustvoll und effizient gelöst werden können, wird dabei meist als Provokation erlebt. Die Forschungsstelle für Schulpädagogik der Universität Tübingen hat in Zusammenarbeit mit dem ehemaligen Oberschulamt Tübingen ein zweieinhalbjähriges Weiterqualifizierungsangebot entwickelt. In 5 Modulen werden zentrale Fragestellungen der Leitung und Führung von Schule bearbeitet und in schulischen Alltag transferiert. In wechselseitiger Ergänzung werden methodische und theoretische Aspekte von Führung mit Persönlichkeitsentwicklungsperspektiven verbunden.
Wir arbeiten in den Modulen mit einer festen Gruppe von höchstens 20 Teilnehmenden. Zum Lernkonzept gehören ergänzend Intervision und Supervision sowie eine auf die eigene Schule bezogene Projektarbeit. Dabei orientieren wir uns an den Anliegen der TeilnehmerInnen und am gemeinsamen Lernprozess und nutzen gängige Methoden der Erwachsenenpädagogik. Die Ausbildungsgruppe steht uns zur Reflexion der Gruppenprozesse zur Verfügung.
Alle Module der Weiterqualifizierungsreihe werden vom Ruth-Cohn-Institut for tci international für eine Grundausbildung/Zertifikat als 3 Persönlichkeit- und 2 Methoden Kurse angerechnet. Um eine Grundausbildung/Zertifikat beim RCI international abzuschließen, benötigen TeilnehmerInnen noch einen weiteren M-Kurs außerhalb der Weiterqualifizierungsreihe (Umfang 18 Arbeitseinheiten à 90 Min.). Unabhängig davon wird die Weiterqualifizierung von der Forschungsstelle für Schulpädagogik der Universität Tübingen zertifiziert.

Entscheidungs- und Startworkshop: Vom Kontakt zum Kontrakt. Wie gestalte ich Entscheidungsprozesse und wie treffe ich Entscheidungen? Die eigene Entscheidung an dieser Qualifizierungsmaßnahme teilzunehmen, wird anhand dieser Fragen überprüft und ggf. erneut getroffen. Wir reflektieren das Treffen von Entscheidungen auch als Teilaspekt von Führung.

Modul 1: Führung und Persönlichkeit. Alle Erfahrungen mit Führung und Leitung prägen unser eigenes Führungs- und Leitungsverhalten. Im Mittelpunkt steht die Auseinandersetzung mit den bewussten und verborgenen Mustern, mit unseren Vorbildern und Vorstellungen und mit theoretischen Ansätzen und Modellen. (P-Kurs)

Modul 2: Prozessverständnis, Prozesssteuerung, Projektmanagement. Die Steuerung von Prozessen stellt immer wieder eine besondere Herausforderung für Führungskräfte dar. Aus der Perspektive von Führung und Leitung werden Möglichkeiten zur Analyse, Gestaltung und Reflektion vorgestellt und erarbeitet. Ein besonderes Augenmerk gilt dabei der Arbeit in Projekten. (M-Kurs)

Modul 3: Konflikte und Konfliktmanagement. Konflikte und krisenhafte Situationen gehören zum Alltag von Schulleitungen. Wir betrachten unser eigenes Verhalten in Konflikten und analysieren Situationen und Verläufe. Weitergehend entwickeln und erproben wir mögliche Lösungsstrategien. (P-Kurs)

TAFF
TÜBINGER
AKADEMIE
FÜR
FORTBILDUNG

EBERHARD KARLS
UNIVERSITÄT
TÜBINGEN

Modul 4: Lernprozesse als Schulentwicklung. Ein wesentliches Instrument zur Gestaltung von Lernprozessen ist das Suchen, Entdecken, Entwickeln und Setzen von Themen. Als weitere Instrumente zur Schulentwicklung werden Prozess- und Strukturanalyse kennen gelernt. Davon ausgehend, leiten wir mögliche Interventionen und Handlungsalternativen ab. (M-Kurs)

Modul 5: Change Management. Entwicklungs- und Veränderungsprozesse beinhalten erwartete und unvorhersehbare Dynamiken. Eine wichtige Leitungsaufgabe ist es, verlockende Aufbruchstimmungen und ‚veränderungsresistente' Widerstände zu integrieren und produktiv nutzbar zu machen. Wir erweitern und verfeinern dahingehend unser Interventions- und Steuerungsrepertoire. (P-Kurs)

Abschluss- und Zertifikatsworkshop: Feedback und Abschluss. Anhand der Reflexion der persönlichen Lernwege und den Entwicklungsprozessen in der Gruppen sowie durch den Austausch über unsere Projektarbeiten, schärfen wir unser Selbstverständnis als Führungskraft. Ein wesentliches methodisches Element wird das Erhalten und Geben von Rückmeldungen sein.
Abschließend würdigen wir die gemeinsame Arbeit durch das Überreichen der Zertifikate. Sofern Teilnehmende einen weiteren TZI-Kurs besucht haben (s.o.), erhalten Sie hier auch das Zertifikat Grundausbildung des Ruth Cohn Instituts for tci international.

Die Grundlage für das Weiterqualifizierungsangebot bildet die Themenzentrierte Interaktion nach Ruth C. Cohn. Die Module entsprechen den Standards des Ruth-Cohn-Instituts for tci international mit Sitz in Basel.

Leitung:
Die Module werden von erfahrenen FortbildnerInnen sowohl aus dem Bereich schulischer als auch außerschulischer Führungskräftequalifikation geleitet. Für den vorliegenden Durchgang sind dies Ulrike Meyer (Tübingen), Arnulf Greimel (Marbach a.N.), Hansfried Nickel (Ebern) und Ernst Schrade (Esslingen). Die FortbildnerInnen sind Lehrbeauftragte des Ruth-Cohn-Instituts for tci international. Die Ausbildungsleitung übernimmt Ernst Schrade (Esslingen). Für die wissenschaftliche Begleitung ist im Rahmen der Forschungsstelle für Schulpädagogik Christoph Huber verantwortlich.

Terminübersicht der einzelnen Module:
Einzelne Abschnitte der Module finden in der unterrichtsfreien Zeit statt, so dass die zeitliche Belastung sowohl auf die TeilnehmerInnen als auch auf die Schule verteilt werden.

| 2006 |

Entscheidungs- und Startworkshop   26.-28.01.2006 (Do-Sa) Blaubeuren

Modul1   01.-05.03.2006 (Mi-So) Herrenberg
Modul 2a 22.-24.06.2006 (Do-Sa) Blaubeuren
Modul 2b 16.-18.11.2006 (Do-Sa) Blaubeuren

| 2007 |

Modul 3   10.-14.01.2007 (Mi-So) Blaubeuren
Modul 4a 04.-06.05.2007 (Do-Sa) Blaubeuren
Modul 4b 04.-06.10.2007 (Do-Sa) Blaubeuren
Modul 5   28.11.-02.12.2007 (Mi-So) Blaubeuren

TAFF
Tübinger
Akademie
Für
Fortbildung

Eberhard Karls
UNIVERSITÄT
TÜBINGEN

2008

Abschluss- und Zertifikatsworkshop 13.-15.03.2008 (Do-Sa) Ort noch offen (voraussichtlich Blaubeuren)

Kosten:

Die Kosten belaufen sich für alle Module zusammen auf 2.975,- €.

Darin sind enthalten: 108 Arbeitseinheiten à 90 Minuten, drei Supervisionssitzungen, Arbeitsmaterialien, Betreuung und Begutachtung einer Projektarbeit, das Zertifikat der Forschungsstelle für Schulpädagogik.

Nicht enthalten sind Kosten für Fahrten, Übernachtungen und Verpflegung. Die Module werden im Fabri-Institut in 89143 Blaubeuren sowie in der Tagungsstätte der evangelischen Diakonieschwesternschaft in 71083 Herrenberg durchgeführt (derzeit kosten Einzelzimmer Vollpension zwischen 40,- € und 56,- € je Übernachtung).

Zahlungsmodalitäten:

Um die Kosten möglichst zu verteilen, kann in Raten bezahlt werden.

1. Rate Dezember 2005: *700 €*   2. Rate Juni 2006: *1.050 €*
3. Rate Juni 2007: *800 €*   4. Rate Januar 2008: *425 €*

Nach Absprache können im Einzelfall alternative Zahlungsweisen vereinbart werden.

Anmeldung:

InteressentInnen können sich ab sofort bei der Forschungsstelle für Schulpädagogik verbindlich anmelden (Adresse siehe unten).

Sollten Sie noch weitere Fragen haben, freuen wir uns auf Ihren Anruf oder Ihre E-Mail.

Mit freundlichen Grüßen

i.A. Christoph Huber

Universität Tübingen
Forschungsstelle für Schulpädagogik
Münzgasse 22-30
72070 Tübingen

☎ 07071/29-74122
✆ 0171/101 99 40
🖳 chr.huber@uni-tuebingen.de

Anhang E: Evaluationsfragebogen der Forschungsstelle für Schulpädagogik, Eberhard-Karls-Universität Tübingen

---

TÜBINGER
AKADEMIE
FÜR
FORTBILDUNG

EBERHARD KARLS
UNIVERSITÄT
TÜBINGEN

Forschungsstelle für Schulpädagogik – Münzgasse 22-30 - 72070 Tübingen

April 2006

Liebe Teilnehmerinnen, liebe Teilnehmer,

im Rahmen der wissenschaftlichen Begleitung möchten wir Euch bitten, diesen Fragebogen auszufüllen.
Für Eure Unterstützung bedanken wir uns.

Herzliche Grüße

I. Ihre persönlichen Angaben
(Diese Angaben werden ausschließlich im Rahmen der wissenschaftlichen Begleitung anonymisiert verwendet.)

Bitte geben Sie hier Ihren persönlichen Code ein. Bei weiteren Befragungen verwenden wir den Code/Namen ausschließlich zur Verknüpfung der Datenblöcke.

II. Inhalte und Arbeitsweisen

	stimmt voll und ganz	stimmt überwiegend	stimmt teilweise	stimmt eher nicht	stimmt überwiegend nicht	stimmt überhaupt nicht
1. Die Inhalte und Themen waren für mich interessant.	☐	☐	☐	☐	☐	☐
2. Die Inhalte und Themen sind für mich persönlich wichtig.	☐	☐	☐	☐	☐	☐
3. Die Inhalte und Themen sind für mich als Führungskraft wichtig.	☐	☐	☐	☐	☐	☐
4. Die Inhalte und Themen haben meinen Erwartungen entsprochen.	☐	☐	☐	☐	☐	☐
5. Die Arbeitsstrukturen (Sozialformen) waren hilfreich.	☐	☐	☐	☐	☐	☐
6. Die Themenformulierungen haben die Arbeitsprozesse angeregt.	☐	☐	☐	☐	☐	☐
7. Die Zeitvorgaben waren für die Erarbeitung der Inhalte ausreichend.	☐	☐	☐	☐	☐	☐
8. Ein roter Faden war für mich deutlich erkennbar.	☐	☐	☐	☐	☐	☐
9. Die eingesetzten Medien waren für mich hilfreich.	☐	☐	☐	☐	☐	☐

10. Folgendes Thema war mir persönlich besonders wichtig:

11. Folgendes Thema war mir als Führungskraft besonders wichtig:

FB Modul 6 – April 2006   © TAFF

TAFF
Tübinger
Akademie
für
Fortbildung

Eberhard Karls
UNIVERSITÄT
TÜBINGEN

II. Inhalte und Arbeitsweisen

	stimmt voll und ganz	stimmt überwiegend	stimmt teilweise	stimmt eher nicht	stimmt überwiegend nicht	stimmt überhaupt nicht

12. Anmerkungen und Anregungen:

III. Arbeitsatmosphäre und Klima

	stimmt voll und ganz	stimmt überwiegend	stimmt teilweise	stimmt eher nicht	stimmt überwiegend nicht	stimmt überhaupt nicht
1. Ich habe mich in der Gruppe wohl gefühlt.	☐	☐	☐	☐	☐	☐
2. Ich habe mich in der Gruppe integriert gefühlt.	☐	☐	☐	☐	☐	☐
3. Die Arbeitsatmosphäre war unterstützend.	☐	☐	☐	☐	☐	☐
4. Die Arbeitsatmosphäre war vertrauensvoll.	☐	☐	☐	☐	☐	☐
5. Die Arbeitsatmosphäre war kühl.	☐	☐	☐	☐	☐	☐
6. Alle TeilnehmerInnen waren integriert.	☐	☐	☐	☐	☐	☐
7. Die Interessen und Wünsche aller TeilnehmerInnen wurden berücksichtigt.	☐	☐	☐	☐	☐	☐
8. Meine Interessen wurden berücksichtigt.	☐	☐	☐	☐	☐	☐
9. Ich konnte meine Anliegen gut einbringen.	☐	☐	☐	☐	☐	☐
10. Die Arbeitsweisen waren für das Klima förderlich.	☐	☐	☐	☐	☐	☐
11. Das Tagungshaus bot gute Rahmenbedingungen.	☐	☐	☐	☐	☐	☐

12. Anmerkungen und Anregungen:

IV. Leitung des Workshops

	stimmt voll und ganz	stimmt überwiegend	stimmt teilweise	stimmt eher nicht	stimmt überwiegend nicht	stimmt überhaupt nicht
1. Die Leitung war fachlich kompetent.	☐	☐	☐	☐	☐	☐
2. Die Leitung war präsent und aufmerksam.	☐	☐	☐	☐	☐	☐
3. Die Inhalte und Themen wurden verständlich vermittelt.	☐	☐	☐	☐	☐	☐

FB Modul 6 – April 2006   © TAFF

TAFF
Tübinger
Akademie
für
Führung

EBERHARD KARLS
UNIVERSITÄT
TÜBINGEN

IV. Leitung des Workshops

	stimmt voll und ganz	stimmt überwiegend	stimmt teilweise	stimmt eher nicht	stimmt überwiegend nicht	stimmt überhaupt nicht
4. Die Arbeitsaufträge waren klar und deutlich.	☐	☐	☐	☐	☐	☐
5. Es wurden alle TeilnehmerInnen einbezogen.	☐	☐	☐	☐	☐	☐
6. Alle TeilnehmerInnen waren integriert.	☐	☐	☐	☐	☐	☐
7. Die Leitung war motiviert.	☐	☐	☐	☐	☐	☐
8. Die Leitung war engagiert.	☐	☐	☐	☐	☐	☐
9. Die Interventionen waren für mich hilfreich.	☐	☐	☐	☐	☐	☐
10. Die Interventionen waren für den Gruppenprozess hilfreich.	☐	☐	☐	☐	☐	☐

11. Anmerkungen und Anregungen:

V. Gesamteindruck

	stimmt voll und ganz	stimmt überwiegend	stimmt teilweise	stimmt eher nicht	stimmt überwiegend nicht	stimmt überhaupt nicht
1. Ich bin insgesamt zufrieden.	☐	☐	☐	☐	☐	☐
2. Ich hatte mehr erwartet.	☐	☐	☐	☐	☐	☐
3. Ich freue mich auf das nächste Modul.	☐	☐	☐	☐	☐	☐
4. Ich bin gegenüber der Fortbildungsreihe noch skeptisch.	☐	☐	☐	☐	☐	☐
5. Der Workshop hat das gehalten, was in der Ausschreibung beschrieben worden war.	☐	☐	☐	☐	☐	☐
6. Ich konnte Neues ausprobieren.	☐	☐	☐	☐	☐	☐
7. Ich habe für mich persönlich wertvolle Impulse erhalten.	☐	☐	☐	☐	☐	☐
8. Ich habe für meine berufliche Tätigkeit wertvolle Impulse erhalten.	☐	☐	☐	☐	☐	☐

9. Das Highlight für mich war:

VI. Anmerkungen zum Fragebogen
Sollten Sie zum Schluss noch Anregungen/Anmerkungen zum Fragebogen haben, finden Sie hier und auf der Rückseite Platz.

FB Modul 6 – April 2006   © TAFF

Anhang F: TZI Vorbereitung auf den Unterricht nach M. Kröger (1983)

Ich-Vorbereitung	Wir-Vorbereitung	Themen-Vorbereitung
Wie geht es mir gerade, und wie fühle ich mich bei dem Gedanken, dass ich jetzt an der Vorbereitung einer Stunde arbeiten will? Was freut mich, ist mir recht daran und was hält mich ab und stört mich?	Ich wähle mir eine/einen Teilnehmer/-in (später einen zweiten und dritten),	Ich vergegenwärtige mir den Stoff, den ich für die Sitzung plane. Was mag ich, was ist wichtig, was freut, langweilt mich an ihm?
	a) der mir nahe steht oder sympathisch ist,	
Wie möchte ich gern in mir als Leiter/in sein, wenn es schön, gelungen, balanciert sein soll?	b) der mir fern steht oder unsympathisch, fremd, verschlossen ist, gegen mich opponiert,	Ich stelle mir wieder wie in der Wir-Vorbereitung einzelne Teilnehmer/-innen vor (s. dort).
Mit was für Gedanken, Empfindungen, Wünschen und Stoss-Seufzern denke ich an die Gruppe:	c) der mir eher egal ist.	1. Schritt. Wunschthema der Teilnehmer/innen:
a) an Einzelne, die ich mag, nicht mag, fürchte, die mir egal sind,	Ich stelle mir jede/jeden Einzelne/n real vor und phantasiere: Wie erging es ihr/ihm in der letzten Stunde, was war ihr/-sein Erleben, Gefühl, Lernerfolg, Aha-Erlebnis (mit sich, mit den anderen, mit dem Thema und der Struktur)? Mit welchen Gedanken, Gefühlen, Wünschen und Absichten geht sie/er in die nächste Sitzung?	Was an dem geplanten Stoff (wenn überhaupt) würde sie/ihn interessieren und wie sollte ich es ihnen nahe bringen, verständlich machen? Was wünscht sie/er sich im Blick auf Thema und Struktur?
b) die Gruppe als Ganzes?		
Wie bin ich den Teilnehmer/-innen und der Gruppe als Ganzes gegenüber und wie möchte ich es als Leiter/-in sein?		2. Schritt. Zumutungsthema:
Welche Themen-Stoffbereiche soll die Stunde haben und wie geht es mir beim Gedanken daran?		Welcher Themenaspekt steht vom „Globe" aus an und was will ich meinen Teilnehmer/innen daraus zumuten? Welchen Themenaspekt sieht sie/er (noch) nicht, vermeidet ihn vielleicht und sollte sich doch damit auseinandersetzen?
Was denke und empfinde ich persönlich für mich dabei?	Was wünscht sie/er sich,	
	- um sich in ihrer/seiner Haut wohl zu fühlen,	
Was müsste in dieser Stunde passieren, damit ich selbst gerne in ihr bin? Und was würde ich fürchten?	- mit/in der Gruppe und der/dem Leiter/in,	
	- im Blick auf Stoff und Thema,	
Habe ich noch ein unausgesprochenes Gefühl, einen Zwiespalt, eine Spannung in mir, die mich hindert, mich mit den anderen zu beschäftigen?	- im Blick auf die Arbeitsform?	
	Ich stelle mir vor, die Gruppe spräche mit einem Mund und einer Stimme: Was würde sie sagen?	

Anhang G: Fragebogen zur Unterrichtskritik

Fragebogen zur Unterrichtskritik (5 - 7)   Verantwortlich ▓▓▓▓▓

Mit diesem Fragebogen hast Du die Möglichkeit, der Lehrerin / dem Lehrer Hinweise zu geben, was D i an ihrem / seinem Unterricht gut findest und was Dir nicht gefällt.

Kreuze bitte bei jeder Frage die Bewertung an, die Deiner Meinung nach die Arbeit der Lehrerin / des Lehrers am besten beschreibt (-3:besonders schlecht; 0: durchschnittlich; +3: besonders gut).

Die anonym ausgefüllten Fragebögen werden der Lehrerin / dem Lehrer gegeben und von ihr / ihm ausgewertet. Wir halten es für sinnvoll, daß sie / er in einer SV-Stunde oder Tutorenstunde mit Euch über die Ergebnisse des Fragebogens spricht.

1. Hast Du den Eindruck, daß der Unterricht gut vorbereitet ist?
   nie `-3 -2 -1 0 +1 +2 +3` immer

2. Helfen Dir die eingesetzten Arbeitsmittel (Tafelbild, Folien, Arbeitsblätter etc.), den Unterricht gut zu verstehen?
   nie `-3 -2 -1 0 +1 +2 +3` immer

3. Werden Vorschläge und Wünsche von Euch nach Möglichkeit berücksichtigt?
   nie `-3 -2 -1 0 +1 +2 +3` immer

4. Bietet Dir der Unterricht die Möglichkeit, aktiv mitzuarbeiten, oder mußt Du passiv einem "Alleinunterhalter" zuhören?
   immer passiv `-3 -2 -1 0 +1 +2 +3` sehr häufig aktiv

5. Ist der Unterricht ein "Privatgespräch" zwischen Lehrer/in und "guten" Schülern, oder haben alle eine Chance, mitzumachen?
   meistens "Privatgespräch" `-3 -2 -1 0 +1 +2 +3` immer mit allen

6. Fühlst Du Dich manchmal vor der Gruppe blamiert?
   häufig `-3 -2 -1 0 +1 +2 +3` nie

7. Werden alle Schüler gleich behandelt, oder gibt es Lieblingsschüler/innen?
   ausgeprägte "Lieblinge" `-3 -2 -1 0 +1 +2 +3` alle gleich

8. Beziehen sich Tests und Arbeiten auf den Stoff des Unterrichts? Werden eventuelle Absprachen eingehalten?
   man weiß nie, was drankommt `-3 -2 -1 0 +1 +2 +3` immer zuverlässig

9. Ist die Notengebung zu verstehen und gerecht?
   so gut wie nie `-3 -2 -1 0 +1 +2 +3` immer

10. Kannst Du im Unterricht das sagen, was Du denkst, oder hast Du bei diesem Lehrer / dieser Lehrerin Angst davor?
    habe häufig Angst `-3 -2 -1 0 +1 +2 +3` kann alles sagen

11. Hast Du das Gefühl, bei der Lehrerin / dem Lehrer im Unterricht viel zu lernen oder eher wenig?
    sehr wenig `-3 -2 -1 0 +1 +2 +3` sehr viel

12. Gehst Du gern in diesen Unterricht?
    sehr ungern `-3 -2 -1 0 +1 +2 +3` sehr gern

Fragebogen zur Unterrichtskritik (8 - 13)   Verantwortlich: ▮▮▮▮▮

Mit diesem Fragebogen hast Du die Möglichkeit, der Lehrerin / dem Lehrer Hinweise zu geben, welche Unterrichtsmethoden veränderungsbedürftig sind, aber ebenso, welche Dir gut gefallen und so bleiben sollen.

Kreuze bitte bei jeder Frage die Bewertung an, die Deiner Meinung nach die Arbeit der Lehrerin / des Lehrers am besten beschreibt (-3:besonders schlecht; 0: durchschnittlich; +3: besonders gut).

Die anonym ausgefüllten Fragebögen werden der Lehrerin / dem Lehrer gegeben und von ihr / ihm ausgewertet. Wir halten es für sinnvoll, daß sie / er in einer SV-Stunde oder Tutorenstunde mit Euch über die Ergebnisse des Fragebogens spricht.

Nr.	Frage	links	-3	-2	-1	0	+1	+2	+3	rechts
1.	Hast Du den Eindruck, daß der Unterricht gut vorbereitet ist?	nie								immer
2.	Bauen die Unterrichtsthemen aufeinander auf, werden Zusammenhänge erkennbar?	nie								immer
3.	Helfen Dir die eingesetzten Arbeitsmittel (Tafelbild, Folien, Arbeitsblätter etc.), das Unterrichtsproblem zu verstehen?	nie								immer
4.	Werden die Unterrichtsformen (Tafelunterricht, Gruppenarbeit, Einzelarbeit etc.) häufig gewechselt?	immer gleich								viel Abwechslung
5.	Ist der Unterricht lebensnah oder abgehoben? Werden z.B. zum Thema passende Besichtigungen gemacht oder werden schwierige Inhalte gut veranschaulicht?	immer abgehoben								immer möglichst lebensnah
6.	Werden Wünsche und Anregungen der Schüler/innen nach Möglichkeit berücksichtigt?	nie								immer
7.	Bietet Dir der Unterricht die Möglichkeit, Probleme aktiv (mit) zu erarbeiten, oder bist Du nur in einer passiven Zuhörerrolle?	immer passiv								sehr häufig aktiv
8.	Ist der Unterricht ein "Privatgespräch" zwischen Lehrer/in und "guten" Schülern, oder wird die ganze Klasse einbezogen?	meistens "Privatgespräch"								immer mit allen
9.	Fühlst Du Dich manchmal vor der Gruppe blamiert?	häufig								nie
10.	Werden alle Schüler gleich behandelt, oder gibt es Lieblingsschüler/innen?	ausgeprägte "Lieblinge"								alle gleich
11.	Beziehen sich Tests und Arbeiten auf den Stoff des Unterrichts? Werden eventuelle Absprachen eingehalten?	man weiß nie, was drankommt								immer zuverlässig
12.	Ist die Notengebung nachvollziehbar und gerecht?	so gut wie nie								immer
13.	Geht die Lehrerin / der Lehrer tolerant mit Andersdenkenden um, oder werden abweichende Vorstellungen unterdrückt?	ablehnend, unterdrückend								stets tolerant
14.	Hast Du das Gefühl, bei der Lehrerin / dem Lehrer im Unterricht viel zu lernen oder eher wenig?	sehr wenig								sehr viel
15.	Gehst Du gern in diesen Unterricht?	sehr ungern								sehr gern

Kursreflexion/Grundkurs Ethik 12

1. Thema

a) Gibt es einen Themenschwerpunkt, der mich besonders angesprochen hat?
Wenn ja, welcher? Inwiefern?

c) Wurden die Themen methodisch so erarbeitet, dass ich davon profitiert habe?
(Texterarbeitung, Unterrichtsgespräche, Arbeitsgruppenphasen, Referate)

d) Bin ich sicherer in der Anwendung von Methoden geworden? (Texterarbeitung,
Gesprächsbeiträge formulieren, Referat usw.)

2. Gruppe

a) Haben die Mitglieder des Kurses sich so eingebracht, dass es meine eigenen
Gedanken anregte?

b) Bestand eine offene Gesprächsatmosphäre, so dass ich meine eigenen
Überlegungen einbringen konnte?

c) Hat die Kursleitung den Kurs in seinem Arbeitsprozess angemessen unterstützt?

3. Ich

a) Habe ich mich ausreichend auf die Kursthemen eingelassen?

b) Habe ich die Texte mit dem notwendigen Arbeitsaufwand vorbereitet?

c) Habe ich mich bemüht, die Unterrichtsgespräche durch eigene Beiträge zu
bereichern?

d) Wurde meine Arbeitsleistung von der Kursleitung angemessen bewertet?

Anhang H: TZI als Modell: Das „TZI-Haus", nach Paul Matzdorf 1993, S. 339

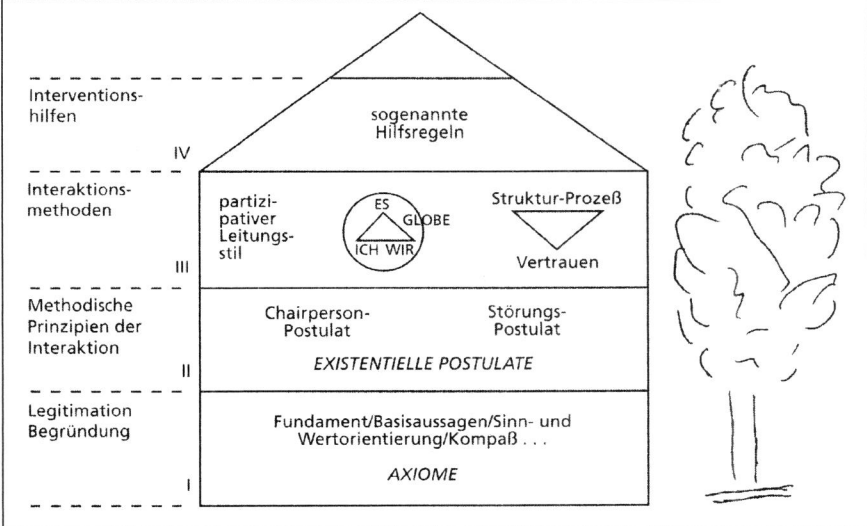

Anhang I: Strukturmodell der TZI

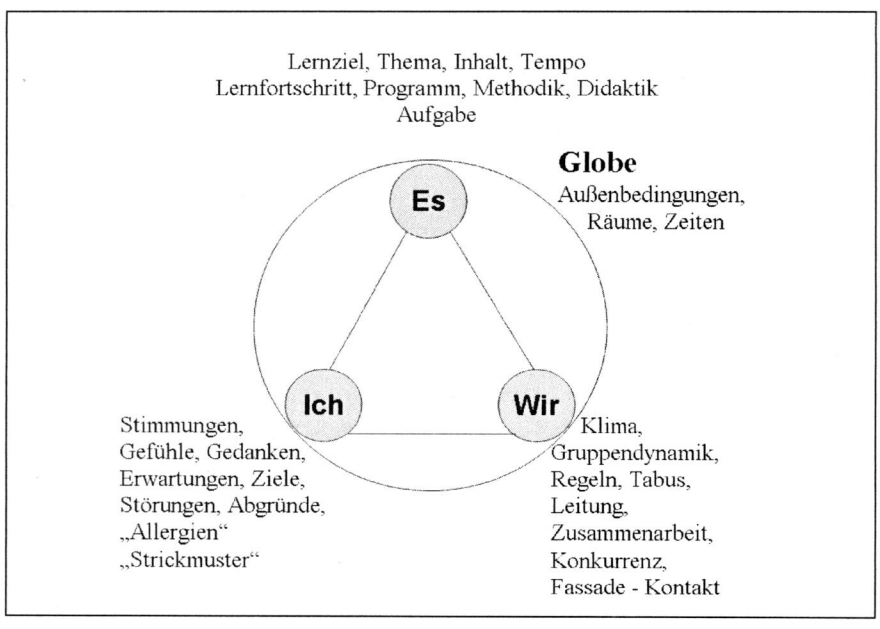

Lernziel, Thema, Inhalt, Tempo
Lernfortschritt, Programm, Methodik, Didaktik
Aufgabe

Globe
Außenbedingungen,
Räume, Zeiten

Stimmungen,
Gefühle, Gedanken,
Erwartungen, Ziele,
Störungen, Abgründe,
„Allergien"
„Strickmuster"

Klima,
Gruppendynamik,
Regeln, Tabus,
Leitung,
Zusammenarbeit,
Konkurrenz,
Fassade - Kontakt